WISO: Altervorsorge

Georg Döller arbeitet als Online- und TV-Redakteur für die WISO-Redaktion. *Jana Schulze* absolvierte ein Volontariat bei der Frankfurter Rundschau, bevor sie dort als Online-Redakteurin tätig war. Seit 2011 arbeitet sie freiberuflich, unter anderem für den DuMont Verlag, für arte und das ZDF.

Georg Döller, Jana Schulze
Michael Opoczynski, Martin Leutke (Hrsg.)

Alters-
vorsorge

Campus Verlag
Frankfurt/New York

Immer aktuell

Über Gesetzesänderungen, die sich nach Redaktionsschluss ergeben haben, informieren wir Sie hier:

www.campus.de/wiso/altersvorsorge

Einfach den QR-Code scannen oder auf unserer Website zum Buch nachschauen!

ISBN 978-3-593-39824-2

Umschlaggestaltung: hauser lacour, frankfurt; melanie opad
Umschlagmotiv: © getty images
Typografie & Herstellung: Julia Walch, Bad Soden
Gesetzt aus der Swiss 721 BT
Druck und Bindung: Beltz Druckpartner, Hemsbach
Printed in Germany

Dieses Buch ist auch als E-Book erschienen.
www.campus.de

Inhalt

Vorwort

»Arbeiten, um zu leben« oder »leben, um zu arbeiten«? Immer mehr Menschen müssen mehr arbeiten, um den Lebensunterhalt zu verdienen. Nicht nur in den USA, sondern auch in Deutschland nehmen immer mehr Menschen einen Nebenjob an, um den Lebensunterhalt zu verdienen, den Kindern das Studium zu ermöglichen und die eigene Immobilie abzuzahlen. Und dann kommt noch die Altersvorsorge hinzu: Früher hat es meist gereicht, in die gesetzliche Rentenversicherung einzuzahlen und vielleicht noch in eine Kapitallebensversicherung. Dem finanziell entspannten Lebensabend stand in aller Regel fast nichts mehr im Weg.

Mittlerweile ist das alles leider nicht mehr so einfach. Der Staat verlagert immer mehr Leistungen auf die Schultern der Bürger, vor allem wenn es um das Thema Rente geht. Zum einen müssen die Menschen immer länger arbeiten, erhalten aber weniger Rente aus der gesetzlichen Rentenversicherung. Die private Vorsorge wird zwar gefördert, aber mit Rentenbeginn auch besteuert. Zum anderen soll man auch die Pflege im Alter am besten privat absichern, denn die gesetzliche Pflegeversicherung reicht nicht für alle mit entsprechend hohen Leistungen.

In der Summe heißt das: Man muss für einen angenehmen Lebensstandard im Alter deutlich mehr privat vorsorgen als noch vor 20 oder 30 Jahren. Doch genau das Gegenteil scheint bei vielen Deutschen der Fall zu sein: 2005 gab der Deutsche dafür laut einer Befragung des Allensbach-Instituts durchschnittlich im Monat 204 Euro aus. Sieben Jahre und eine Finanzkrise später ist diese Summe geschrumpft: Mittlerweile werden laut einer aktuellen Studie nur noch 185 Euro monatlich für das Alter zur Seite gelegt. Außerdem beschäftigen sich die Deutschen im Allgemeinen lieber mehr mit dem nächsten Urlaub oder dem Kauf eines neuen Autos, als sich Gedanken über die eigenen Finanzen und das Rentenalter zu machen.

Dieser Ratgeber kann nicht die individuelle Situation jedes Lesers erfassen und maßgeschneiderte Lösungen für die Altersvorsorge beziehungsweise die Finanzsituation im Alter anbieten. Das kann kein Buch, das können nur Sie, wenn Sie sich mit Ihrer finanziellen Situation beschäftigen, sich unabhängigen Rat holen und schlussendlich Entscheidungen treffen. Dieser Ratgeber erklärt aber, wie die Grundlagen und ersten Schritte für eine solide Altersvorsorgestrategie aussehen können. Und gibt Tipps und zeigt Fallstricke auf. Er soll ein Leitfaden für verschiedene Adressaten sein: Für all jene, die bislang Angst hatten und sich wenig bis gar nicht ums Geld im Alter gekümmert haben. Für alle, die sich in Finanzkrisenzeiten verunsichert fühlen und vor lauter Inflationsgedanken lieber weniger als mehr in die Altersvorsorgespardose geben. Und nicht zuletzt für jene, welche die Vorsorge auch bislang schon ernst genommen haben, aber dankbar für den einen oder anderen kleinen WISO-Tipp am Rande sind.

Wir wünschen viel Spaß beim Lesen – und nicht zuletzt Erfolg bei der Geldanlage.

Jana Schulze und Georg Döller

Voraussetzungen für eine Rente

Die staatliche Rente gilt als erste Säule im deutschen Rentensystem. Um im Pensionsalter eine Summe zu erhalten, mit der es sich leben lässt, müssen Sie bestimmte Voraussetzungen erfüllen. Dieses Kapitel erklärt, nach welcher Formel die staatliche Rente berechnet wird, wer Anspruch auf Grundsicherung hat und wie Erziehungszeiten und Minijobs sich auf die spätere Rente auswirken.

Wie sicher ist die staatliche Rente?

Demografische Daten Die Bevölkerung in Deutschland schrumpft – und zugleich steigt die Zahl der Pensionäre und Rentner. Das ergab Ende 2012 eine Studie des Bundesinstituts für Bau-, Stadt- und Raumforschung: Danach lebten im Jahr 2010 81,2 Millionen Menschen in Deutschland, 2030 werden es noch 79,2 Millionen sein. Das Durchschnittsalter der Bevölkerung wird bis 2030 von derzeit 43 Jahren auf über 47 Jahre steigen, in weiten Teilen Ostdeutschlands sogar auf über 50 Jahre. Die Gruppe der über 80-Jährigen wird parallel den größten Zuwachs erleben.

Düstere Zukunfts-
aussichten »Was hat das alles mit meiner Rente zu tun?«, werden Sie vielleicht fragen. Die staatliche Rente funktioniert nach dem Umlageverfahren und nicht wie ein privates Sparbuch, bei dem im Laufe der Jahre dank Zinsen und Zinseszinsen die Gewinne wachsen. Jeder abhängig Beschäftigte zahlt in die gesetzliche Rentenversicherung ein. Den Beitrag von derzeit 19,2 Prozent des Bruttoeinkommens (bis zur Beitragsbemessungsgrenze von 5600 Euro in den alten und 4800 Euro in den neuen Bundesländern) teilen sich Arbeitnehmer und Arbeitgeber. Sind Sie versicherungspflichtiger Selbstständiger oder freiwillig Versicherter, zahlen Sie Ihre Beiträge allein. Die eingenommenen Beiträge, die Sie monatlich automatisch von Ihrem Bruttolohn abgezogen bekommen, werden sofort wieder an die heutigen Rentner ausgezahlt. Die Deutsche Rentenversicherung hat gerade einmal Geld für einen Tag in der Kasse. Weil es in Zukunft immer weniger junge Menschen geben wird, die in die Rentenkassen einzahlen, dafür aber immer mehr ältere Menschen Rentenbezieher werden, müssen Sie sich auf sinkende gesetzliche Rentenleistungen einstellen.

Der Durchschnittsrentner erhielt 2012 rund 47 Prozent seines vorherigen Bruttogehalts. 2030 wird die Durchschnittsrente bereits auf 43 Prozent des letzten Bruttoeinkommens geschrumpft sein, schätzt der Sachverständigenrat. Nimmt man an, dass ein Rentner 45 Jahre lang durchschnittlich verdient und dafür Rentenbeiträge gezahlt hat, bekam er 2012 rund 1263 Euro Monatsrente. Im Jahr 2030 wären es – ohne Berücksichtigung von Rentensteigerungen – nur etwa 1086 Euro. Wer aber unterdurchschnittlich verdient oder keine 45 Jahre eingezahlt hat, wird in 30 Jahren nicht einmal diese 43 Prozent erreichen – und das sind laut Prognosen die meisten deutschen Rentner.

Kurzum: Die gesetzliche Rente ist sicher – aber sie reicht nur noch für die Grundversorgung aus.

Was ist die Renteninformation?

Die Deutsche Rentenversicherung schickt jährlich jedem Versicherten (der 27 Jahre alt ist und mindestens fünf Monate Rentenbeiträge gezahlt hat) seine Renteninformation. Aus dem Formular ergibt sich die voraussichtliche Höhe der gesetzlichen Rente. Diese Prognose liefert jedoch lediglich einen Anhaltspunkt über die zu erwartende Rente, darauf weisen Verbraucherschützer hin.

Wenn sich also Ihre berufliche Situation verändert, etwa durch Kindererziehungszeiten oder Arbeitslosigkeit, ändern sich auch die Rentenansprüche. Auf Grundlage der Hochrechnung der Deutschen Rentenversicherung können Sie jedoch grob ermitteln, wie viel Sie später als staatliche Rente erhalten – und wie viel Sie zusätzlich zum Leben benötigen.

Der Rentenbeitragssatz

Der Rentenbeitragssatz sagt aus, wie viel Prozent Ihres Bruttogehalts für die gesetzliche Rente abgeführt wird. Nach geltender Rechtslage und Prognosen über die Entwicklung der wirtschaftlichen Lage Deutschlands wird sich der Rentenbeitrag nach Angaben des Bundesministeriums für Arbeit wie folgt entwickeln:

Der Rentenbeitragssatz wird steigen

Entwicklung des Beitragssatzes

2013:	19,2 Prozent
2014–2018:	19,0 Prozent
2019:	19,1 Prozent
2020:	19,9 Prozent
bis 2025:	Anstieg auf 20,9 Prozent

Der Beitrag wird laut der sogenannten Rentenformel berechnet – diese ist etwas kompliziert:

Ein wichtiger Faktor ist dabei Ihr Einkommen während des Arbeitslebens sowie die Berufsjahre bis zum Renteneintritt. Entscheidend für die Höhe der Rente sind außerdem die persönlichen Entgeltpunkte (diese werden in Ost- und Westdeutschland immer noch unterschiedlich angesetzt). Sie ergeben sich, wenn man für jedes Jahr der Beitragszahlung das individuelle Jahreseinkommen durch das Durchschnittsentgelt aller Versicherten teilt.

Das Durchschnittsentgelt in 2012 betrug 32 446 Euro (2704,83 pro Monat). Wer exakt so viel verdiente, bekam 1,0 persönliche Entgeltpunkte. Wer weniger verdiente, kam auf einen jährlichen Entgeltpunkt von weniger als 1,0 – und erhielt damit weniger als die Standardrente.

Die Rentenformel – so wirkt sich das Einkommen auf die Rente aus

Beispiel 1: Arbeitnehmer, 45 Versicherungsjahre
immer mit Durchschnittseinkommen
Rentenbeginn November 2012:
West: Entgeltpunkte (45 Jahre x 1,0 = 45) x aktueller Rentenwert
(West = 28,07 Euro) = 1263,15 Euro Monatsrente
Ost: Entgeltpunkte (45 Jahre x 1,0 = 45) x aktueller Rentenwert
(Ost = 24,92 Euro) = 1121,40 Euro Monatsrente

Beispiel 2: Arbeitnehmer, 45 Versicherungsjahre
jeweils nur drei Viertel des Durchschnittseinkommens
Rentenbeginn November 2012:
West: Entgeltpunkte (45 Jahre x 0,75 = 33,75) x aktueller Rentenwert
(West = 28,07 Euro) = 947,36 Euro Monatsrente
Ost: Entgeltpunkte (45 Jahre x 0,75 = 33,75) x aktueller Rentenwert
(West = 24,92 Euro) = 947,36 Euro Monatsrente

Berechnet mit Beitragssatz 19,6 Prozent, Stand: November 2012,
Quelle: Deutsche Rentenversicherung Bund

Schriftlicher Antrag Beachten Sie: Ihre gesetzliche Rente erhalten Sie – als ehemaliger Arbeitnehmer – nicht automatisch. Sie müssen spätestens drei Monate vor Renteneintritt einen Antrag stellen! Die Formulare dafür können Sie per Post oder telefonisch bei der Deutschen Rentenversicherung Bund bestellen oder auf der Homepage der Organisation herunterladen. Danach senden Sie den vollständig ausgefüllten Antrag (mit Kontodatenangaben) an Ihren Rentenversicherungsträger. Halten Sie Ihre Steueridentifikationsnummer immer parat.

Die Rentenbeiträge

Die Deutsche Rentenversicherung kann laut Gesetz dann die monatlichen Rentenbeiträge absenken, wenn die Rücklagen – also das, was sie durch Beiträge eingenommen hat – der Rentenkasse eineinhalb Monatsausgaben überschreiten. Dies war 2012 der Fall; deshalb wurde der Rentenbeitrag zum Jahreswechsel 2012/13 herabgesetzt. So widersprüchlich es klingt: Wenn der Beitrag sinkt, dann wirkt sich das – wenn auch zeitverzögert – positiv für die Rentenanpassung aus. So sind im Jahr 2013 die Renten leicht angestiegen.

Parallel wird das Renteneintrittsalter seit 2013 schrittweise erhöht. Wer 1964 geboren wurde, wird erst mit 67 Jahren in den Ruhestand treten können. Wer vor dem Erreichen der Regelaltersgrenze in Rente gehen will, sollte sich über die Abschläge bei der gesetzlichen Rente informieren. Diese liegen aktuell bei 0,3 Prozent pro Monat. Wollen Sie also frühzeitig in den Ruhestand gehen, bekommen Sie weniger Rente pro Monat: Wer also mit 65 Jahren anstelle von 67 Jahren aufhört, zu arbeiten, muss mit einer Minderung von 7,2 Prozent rechnen. (Siehe »Steuertipps für Rentner«)

Renteneintrittsalter

Lebensveränderungen, die Ihre Rente beeinflussen

Minijobs

Ab dem 1. Januar 2013 besteht auch für Minijobs eine Rentenversicherungspflicht, allerdings können Sie sich davon befreien lassen. Den schriftlichen Befreiungsantrag müssen Sie dafür an Ihren Arbeitgeber stellen; er gilt für die Dauer der gesamten Beschäftigung.

Wer sich nicht befreien lässt, trägt den Differenzbetrag zum Pauschalbeitrag des Arbeitgebers (aktuell 15 Prozent des Arbeitslohns). Damit will die Bundesregierung all jene locken, die sich bislang geweigert haben, die Beitragsaufstockung zur Rentenversicherung wahrzunehmen und damit der Altersarmut entgegenzuwirken.

Beitragsaufstockung

Waren Sie vor dem 1. Januar 2013 in Ihrem Minijob tätig, haben Sie Bestandsschutz und die Versicherungsfreiheit bleibt bestehen. Ihnen steht aber frei, die Versicherungspflicht in der gesetzlichen Rentenversicherung zu wählen. Für 400-Euro-Minijobber kann es durchaus sinnvoll sei, auf die sogenannte »Versicherungsfreiheit« zu verzichten. Denn: Der Arbeitgeber entrichtet einen Pauschalbetrag in Höhe von 15 Prozent des Arbeitsentgelts zur Rentenversicherung. Der volle Beitrag beträgt seit Januar 2013 18,9 Prozent. Darum erwerben Minijobber nur anteilige Beitragsmonate für die Erfüllung der verschiedenen Wartezeiten einer Rente.

Das bedeutet, dass für ein Jahr Arbeit lediglich zwei Monate für die Rente angerechnet werden. Verzichten Sie allerdings auf Ihre Versicherungsfreiheit und zahlen monatlich den Eigenanteil von 3,9 Prozent in die Rentenversicherung ein, wird jeder Monat des Jahres Ihrer Rente gutgeschrieben. Zwar wirkt sich der gezahlte Eigenanteil nicht deutlich in der Summe der ausgezahlten Rente aus, aber Sie bekommen mehr Entgeltpunkte, die später in der Altersrente angerechnet werden.

Beispiel

Eine Frau (Jahrgang 1951) beginnt mit 16 Jahren eine dreijährige Lehre, arbeitet danach zwei weitere Jahre. 1972 bekommt sie ihr Kind, wird Hausfrau. Von 1999 bis 2011 geht sie einer geringfügigen Arbeit nach, bis sie 60 Jahre alt wird. Aufgrund ihres 400-Euro-Minijobs kommt sie nicht auf die erforderlichen zehn Jahre, um die Altersrente für Frauen in Anspruch nehmen zu können, obwohl sie zwölf Jahre geringfügig beschäftigt war. Folge: Sie muss fünf weitere Jahre arbeiten gehen.

Hätte sie auf ihre Versicherungsfreiheit verzichtet und den Eigenanteil von 3,9 Prozent monatlich in die Rentenversicherung gezahlt, hätte sie bereits mit 60 Jahren Anspruch auf die Altersrente für Frauen gehabt.

Weiter gilt: Nur sozialversicherungspflichtige Beschäftigungen werden später in Ihrer Rentenberechnung berücksichtigt – keine geringfügigen Beschäftigungen (soweit diese nicht rentenversicherungspflichtig sind).

Kinder

Vor zehn Jahren kamen auf einen Rentner noch 3,6 Beitragszahler. Im Jahr 2050 werden es nur noch 1,8 Beitragszahler sein. Da nicht nur Ihre Rentenbeiträge, sondern auch Kinder als künftige Beitragszahler den Erhalt des Rentensystems sichern, wird bei Ihrer Alterssicherung Ihre etwaige Erziehungsleistung honoriert. Deshalb steigern Zeiten der Kindererziehung die Rente.

Beschluss der Bundesregierung 2012

Für Geburten bis 1991 werden Ihnen das erste Jahr und für Geburten ab 1992 die ersten drei Jahre Erziehungszeit nach der Geburt angerechnet. Ein Erziehungsjahr entspricht einem Entgeltpunkt – also jenem Rentenanspruch, den Sie ansonsten mit einem Jahr mit Durchschnittsverdienst (2012: 32 000 Euro im Jahr) erworben hätten. Die Anrechnung von Kindererziehungszeiten müssen Sie schriftlich bei der Deutschen Rentenversicherung beantragen!

Schritlicher Antrag

Für ein Jahr Kindererziehung ergab sich dadurch eine monatliche Rentensteigerung von 27,47 Euro (West) und 24,37 Euro (Ost).

Mütterrenten

Mütter, die allerdings außer den ein bis vier Jahren Kindererziehungszeiten keine weiteren Einträge auf dem Rentenkonto vorweisen können, bekommen keine monatliche Auszahlung.

Wenn Sie davon betroffen sind, wenden Sie sich an die Deutsche Rentenversicherung, um so viele Monate Beiträge nachzahlen, wie für die erforderliche Wartezeit notwendig sind. Lediglich für die bereits mit Beiträgen belegten Zeiten kann keine Nachzahlung erfolgen.

Aufpumpen der Rente für Mütter

Helga Muster ist 67 Jahre alt. Nach ihrer schulischen Ausbildung hat sie einen Landwirt geheiratet und drei Kinder erzogen. Da sie auf dem Hof half, zahlte sie keine Beiträge in die Deutsche Rentenversicherung, sondern zahlt seit 1995 in die Landwirtschaftliche Alterskasse ein. Daraus erhält sie bereits eine Rente. Die Kindererziehungszeiten würden 28,07 Euro Monatsrente pro Kind, also insgesamt 84,21 Euro betragen. Diese bekommt sie aber nicht, da sie keine 60, sondern nur 36 Monate auf ihrem Rentenkonto mit Beiträgen belegt hat.

Wenn sie jetzt auf Antrag für zwei zurückliegende Jahre Beiträge nachzahlt, sichert sie nicht nur die 84,21 Euro, sondern je nach Nachzahlungssumme eine höhere monatliche Leistung aus der gesetzlichen Rentenversicherung. Außerdem kann sie die Anerkennung ihrer schulischen Ausbildung ab dem 17. Geburtstag, ihre Mutterschutzzeiten sowie ihre Kinderberücksichtigungszeiten (zehn Jahre für das erste Kind) für die Rente anerkennen lassen. Insgesamt kann sie dadurch ihre monatliche Rente sogar verdoppeln.

Nachzahlen lohnt sich!

Kindererziehungszeit

Die Kindererziehungszeit wird dem Elternteil zugeordnet, der das Kind erzogen hat. Erziehen beide Elternteile das Kind, kann die Erziehungszeit nur bei einem von ihnen angerechnet werden. Die Eltern können bei gemeinsamer Erziehung aber vorab bestimmen, wem von beiden die Kindererziehungszeit zugeordnet werden soll. Durch eine gemeinsame Erklärung der Eltern können die Zeiten auch ganz oder teilweise auf dem Rentenkonto des Vaters eingetragen werden. Das kann sich lohnen, wenn der Vater in den entsprechenden Jahren wenig verdient hat.

Kinderberücksichtigungszeit

In den Jahren zwischen dem dritten und zehnten Geburtstag eines Kindes profitieren Eltern, die im Berufsleben stehen. Verdienen sie weniger als der Durchschnitt der Versicherten, so wird ihr Einkommen für die spätere Rentenberechnung hochgewertet: derzeit maximal auf rund 2700 Euro im Monat, aber nie um mehr als 50 Prozent. Wenn Sie also als Teilzeitangestellte 1500 Euro brutto im Monat oder 18 000 Euro im Jahr verdienen, wird für Ihre spätere Rente dieses Einkommen um die Hälfte – also auf 27 000 Euro – aufgewertet. Das bringt Ihnen bei der monatlichen Rente ein Plus von rund 7 Euro pro Jahr der Erziehung. Beachten Sie, dass dies nur gilt, wenn ein Elternteil 25 Jahre sogenannte rentenrechtliche Zeiten nachweisen kann. Dabei zählen auch die Jahre bis zum zehnten Geburtstag eines Kindes voll mit.

Rente aufwerten

Zuschlag auch ohne Job

Eine Sonderregelung gilt für Mütter (aber auch für Väter, wenn diese die Erziehung übernehmen), die zwei oder mehr Kinder unter zehn Jahren gleichzeitig erziehen. Ihnen wird auch ohne Berufstätigkeit in dieser Zeit pro Jahr der Erziehung ein Rentenanspruch in Höhe von einem Drittel Entgeltpunkt gutgeschrieben. Das bringt ihnen in den alten Bundesländern ein monatliches Rentenplus von 9, in den neuen von 8 Euro.

Garantie vom Staat – Grundsicherung

Rentenniveau im Sinkflug

Ist man mit 2500 Euro Bruttogehalt pro Monat ein Sozialfall? Heute sicher nicht, im Jahr 2030 vielleicht schon. Denn bis dahin sinkt das Rentenniveau auf 43 Prozent. Normalverdiener, die dann in Ruhestand gehen, erhalten nach 35 Jahren Vollzeitarbeit eine Rente von durchschnittlich 688 Euro – das entspricht der staatlichen Grundsicherung. Schon jetzt gibt es Schätzungen, dass eine Million Menschen im Rentenalter auf oder unter dem Grundsicherungsniveau leben.

Diese Grundsicherung kann seit 2005 als Sozialhilfeleistung beantragt werden und soll den Alltag von über 65-Jährigen finanziell erleichtern. Wie hoch sie tatsächlich ist, ist abhängig vom Wohnort und den Lebenshaltenskosten des Beziehers.

Im Herbst 2012 entbrannte zwischen Bundesregierung und Opposition ein großer Streit um die Reform der gesetzlichen Rentenversicherung und damit verbunden auch um die Grundsicherung. Arbeitsministerin Ursula von der Leyen (CDU) will aus Sorge um Altersarmut eine Zuschussrente von maximal 850 Euro einführen. Um diese Summe zu erreichen, müssen Sie jedoch Erziehungs- und Pflegezeiten nachweisen. Voraussetzung ist zudem, dass Sie mindestens 40 Jahre in die Rentenkasse eingezahlt haben – und dennoch nicht die Grundsicherung bekommen. Die SPD will dagegen eine sogenannte Solidarrente von 850 Euro im Monat bei 40 Versicherungs- und 30 Beitragsjahren.

Zuschussrente oder Solidarrente?

Wer bekommt bislang die Grundsicherung?

Nur 2,5 Prozent der deutschen Rentner beziehen Grundsicherung. Viele Rentner, die eigentlich Anspruch auf die Hilfsleistung haben, beantragen sie gar nicht. Laut einer Studie der Hans-Böckler-Stiftung verzichten 68 Prozent der Berechtigten auf Grundsicherung im Alter – aus Scham oder weil sie nichts von ihrem Anspruch wissen.

Im Jahr 2011 beantragten rund 952 000 Menschen Grundsicherung in Deutschland. Neurentner, die 2011 in den Ruhestand gegangen sind, erhalten im Durchschnitt eine Altersrente von monatlich 680 Euro ausgezahlt. Das ist weniger als die Grundsicherung und viel weniger, als der Durchschnitt aller Rentner zurzeit bekommt.

Seit 2012 beträgt die Regelleistung für alleinstehende Erwachsene monatlich 374 Euro.

Wer kann die Grundsicherung beantragen?

Die Deutsche Rentenversicherung empfiehlt Rentnern, die nicht mehr als 756 Euro Rente im Monat bekommen, einen Antrag auf Grundsicherung beim zuständigen Sozialamt zu stellen. Der angerechnete Bedarf für die Miete ist regional unterschiedlich. Wenn Sie beispielsweise gehbehindert sind und einen »Mehrbedarf« für Transportkosten haben, dürfte Ihr Einkommen höher sein. Zahlungen aus einer Riester-Rente werden auf die Grundsicherung angerechnet. Somit haben Geringverdiener keinen Vor-

Antrag auf Grundsicherung beim Sozialamt

teil durch eine zusätzliche Altersvorsorge. Doch das soll sich nach Plänen der Politik 2013 ändern, sodass ein Großteil oder sogar die gesamte Höhe von staatlich geförderten Altersvorsorgeprodukten anrechnungsfrei bleiben. (Zu Riester siehe »Zusatzrente mit Hilfe des Staates«)

Keinen Anspruch auf Grundsicherung haben:

- Menschen, die bereits Anspruch auf Leistungen des Asylbewerberleistungsgesetzes haben
- Menschen, die ihre Notlage in den letzten zehn Jahren vorsätzlich oder grob fahrlässig herbeigeführt haben
- Menschen, deren Kinder oder Eltern jeweils mehr als 100 000 Euro verdienen

Was unterscheidet die Grundsicherung von Hartz-IV-Leistungen?

Die Regelleistung für Alleinstehende beträgt – genau wie bei Hartz IV – 374 Euro im Monat, für (Ehe-) Paare sind es 674 Euro. Dazu werden noch die angemessenen Kosten für die Wohnung berücksichtigt, die unterschiedlich hoch ausfallen. Beträgt die Warmmiete eines Ehepaars aus Berlin zum Beispiel 500 Euro, so liegt der rechnerische »Bedarf« der beiden bei 1174 Euro. Davon abgezogen werden fast alle Einkommen: gesetzliche, betriebliche und private Renteneinkünfte. Im Gegensatz zu einem Sozialhilfeempfänger dürfen Bezieher der Grundsicherung jedoch etwas hinzuverdienen – bei einem 400-Euro-Job dürfen sie 120 Euro von den Einkünften behalten, der Rest wird verrechnet.

Was darf ein Grundsicherungsbezieher dazuverdienen oder »besitzen«?

Bevor der Staat mit Zahlungen einspringt, sollten Sie Ihre Rücklagen so weit wie möglich aufbrauchen. Denn die Freibeträge für das erlaubte Vermögen sind niedriger als bei Hartz IV. Ein Alleinstehender darf bis 2600 Euro besitzen, für den Partner kommen 614 Euro hinzu. Deshalb ist es besser, von der gerade ausgezahlten Lebensversicherung etwa eine kleine Eigentumswohnung anzuschaffen und nicht das Geld für den Lebensunterhalt zu verwenden. Denn Geld muss vor der Grundsicherung verbraucht werden, eine kleine Immobilie darf man behalten: »Angemessenes« Wohneigentum ist laut Gesetz für Grundsicherungsbezieher erlaubt. Was das genau bedeutet, darüber gibt es oft Streit. So darf ein alleinstehender Grundleistungsbezieher ein Häuschen mit 70 Quadratmetern oder eine Eigentumswohnung mit 60 Quadratmetern behalten.

Aber wer Grundsicherung bekommt, darf kein Auto besitzen. Zudem gibt es die Grundsicherung auch nur für diejenigen, die ihren »gewöhnlichen Aufenthalt« in Deutschland haben. Wer also eine Jahreshälfte auf einer

Insel verbringt, zählt nicht zu den Berechtigten. Wer für bis zu vier Wochen mal ins Warme entschwinden möchte, sollte sich eine Erlaubnis beim Grundsicherungsamt holen.

Wer Grundsicherung im Alter bezieht, muss im Regelfall nicht damit rechnen, dass seine Kinder vom Amt zur Kasse gebeten werden – es sei denn, ein Kind verdient nach Abzug von Werbungskosten oder Betriebsausgaben über 100 000 Euro im Jahr.

Anders als bei Hartz-IV-Empfängern werden nach dem Tod eines Grundsicherungsbeziehers dessen Erben von den Ämtern nicht zur Rückzahlung verpflichtet – für den Fall, dass es Vermögenswerte gibt.

Die Idee von der Lebensleistungsrente

Die sogenannte Lebensleistungrente (LLR) soll – das Gesetz soll voraussichtlich im Sommer 2013 verabschiedet werden – Menschen helfen, die zwar 40 Jahre lang Rentenbeiträge gezahlt haben, aber dennoch nur eine Minirente unterhalb der Grundsicherung bekommen. Die LLR will der Staat künftig aus Steuermitteln zahlen. Als Bedingung für den Erhalt der Zusatzrente müssen betroffene Rentner zuvor Geld in eine private Altersvorsorge eingezahlt haben. Wie lange sie das getan haben müssen und wie viel, war Ende 2012 noch offen.

Renten aus der privaten Zusatzabsicherung soll man in voller Höhe behalten dürfen, sie werden also nicht – anders als bei der Sozialhilfe und Grundsicherung – mit der Lebensleistungsrente verrechnet. Die soll von der Rentenkasse gezahlt werden und keine Prüfung der sonstigen Einkommen, Vermögen und privaten Altersvorsorge voraussetzen.

Wie hoch soll die neue Rente sein?

Die Lebensleistungsrente soll regional unterschiedlich berechnet werden und würde, wegen der Anrechnung von Unterkunft und Heizung, in Städten wie Düsseldorf oder München höher als etwa in Magdeburg oder Schwerin ausfallen. Weil die fallspezifische Berechnung zu kompliziert würde, wollen die Politiker sich an den hohen Werten der Grundsicherung orientieren. Und das könnten bis zu 850 Euro sein. Arbeitsministerin Ursula von der Leyen sprach sich Ende 2012 für einen Betrag von rund 850 Euro aus.

Wer kann die neue Rente beantragen?

Alle Rentner, die mindestens 40 Jahre in die Rentenkasse gezahlt und in die private Altersvorsorge eingezahlt haben. Die Opposition kritisiert, dass gerade Selbstständige und Geringverdiener dies nicht leisten könnten und deshalb bei der etwaigen LLR außen vor wären. Laut Schätzungen könnten im Jahr 2030 mehr als eine Million Rentner eine LLR beziehen.

Kritik an der LLR

Arbeitgeberverbände sagen, die Idee der LLR missachte den Grundsatz der gesetzlichen Rentenversicherung, dass die spätere Rente von der Höhe der eingezahlten Beiträge abhängig ist.

Der Sozialbeirat der Bundesregierung kritisiert die Idee, dass die LLR abhängig vom Wohnort gezahlt wird. Dies bedeutet: Geringverdiener in teuren Städten lägen dann mit ihrer Lebensleistungsrente knapp über der Grundsicherung, die Bewohner strukturschwacher Regionen deutlich

Regionalisierung der Rentenversicherung?

darüber. Zudem sieht der Beirat argwöhnisch einer »Regionalisierung der Rentenversicherung« entgegen, was bisher zu Recht immer abgelehnt worden ist. Rentenbescheide müssten danach jedes Mal geändert werden, wenn eine Kommune den Regelsatz für die soziale Grundsicherung ändert. Verbraucherschützer kritisieren, dass die Idee zu einem »Zwangsriester für Geringverdiener« werden kann. Wer ohnehin schon wenig verdient, wird in die private Vorsorge getrieben.

Ostdeutsche Unions-Politiker monieren, dass Menschen aus den neuen Bundesländern es kaum erfüllen können, mindestens 40 Jahre in die Rentenversicherung eingezahlt und privat vorgesorgt zu haben.

Warum ein Renten-Baukasten das Beste ist

Die Deutschen sind verunsichert und geben daher laut einer Umfrage so wenig für ihre private Alterssicherung aus wie seit Jahren nicht. Waren es 2005 noch 204 Euro monatlich im Durchschnitt, sind es mittlerweile nur noch 185 Euro, wie eine Ende 2012 eine veröffentlichte Umfrage der Postbank ergab.

Laut der Befragung sinkt auch die Bereitschaft, die private Altersvorsorge auszuweiten. 42 Prozent der Berufstätigen gaben demnach an, sie wollten ihre private Altersvorsorge nicht weiter ausbauen; 2003 waren dies Geringe Bereitschaft zur Vorsorge laut Postbank nur 30 Prozent. Selbst von denjenigen, die ihre Altersvorsorge bisher nicht für ausreichend halten, seien nur 14 Prozent bereit, für mehr Sicherheit später auf Konsum heute zu verzichten. Vor zwei Jahren seien dies noch 22 Prozent gewesen.

Durch die sinkende gesetzliche Rente und die steigende Lebenserwartung werden Sie jedoch um eine private Altersvorsorge und einen verstärkten Vermögensaufbau nicht herumkommen – wenn Sie auch im Alter einen bestimmten Lebensstandard erhalten wollen, sich Hobbys und Reisen, Geschenke für die Kinder und auch eine teurere medizinische Betreuung leisten wollen. Das bedeutet auch für Arbeitnehmer: Die gesetzliche Rente ist lediglich eine Basis. Zusätzlich müssen Sie privat vorsorgen, um die bestehende Versorgungslücke (siehe »Versorgungslücke«) zu schließen: Dafür gibt es einerseits Angebote wie die Riester- oder Rürup-Rente beziehungsweise die betriebliche Altersvorsorge. Vor allem aber sollten Sie zusätzlich jeden Monat in die private Altersvorsorge investieren – auch als Selbstständiger.

Denn die Altersvorsorge hat einen starken Verbündeten, der jedoch oft Wichtig: früher Einstieg in die private Altersvorsorge unterschätzt wird: die Zeit. Je mehr davon bis zur Altersrente bleibt, umso leichter können sich selbst aus kleinen Sparbeträgen beachtliche Summen addieren. Gleichzeitig hat auch das Vorsorgevermögen mehr Zeit zu wachsen – zusätzlich durch Zinsen und Zinseszinsen, die Anleger zwar gern bei Tagesgeldangeboten akribisch vergleichen, aber bei Langzeitanlageprodukten als nicht so wichtig betrachten. Ein früher Einstieg macht die Altersvorsorge einfach leichter.

Beim Vorsorgesparen für das Alter muss zunächst einmal die Summe ermittelt werden, die im Alter benötigt wird.

Dabei hilft folgende Faustformel: Für monatliche 100 Euro Bruttorente im Faustformel Alter müssen Sie rund 20 000 Euro Kapital ansparen. Dann ist die Rente (ab 67 Jahren) für 25 Jahre abgesichert und erwirtschaftet zusätzlich noch 4 Prozent Rendite. Um diese 20 000 Euro zu bekommen, müssen Sie bei 4 Prozent Zinsen und 25 Prozent Abgeltungsteuer über 25 Jahre hinweg monatlich 50 Euro anlegen.

Peilen Sie dagegen ein konkretes Ziel an, lässt sich kaum eine fixe Summe vorhersagen, die Sie für Ausbildung oder Weltreise benötigen werden. Haben Sie stets im Hinterkopf: Geldanlagegeschäfte auf ein, fünf oder zehn Jahre sind etwas anderes als eine langfristige Altersvorsorge. Wenn über einen Zeitraum von mehr als 15 Jahren gespart wird, sollte der Betrag deshalb möglichst in einem rentablen Aktienfonds angelegt werden.

Wer nicht so viel Zeit hat, sollte zunehmend auf Sicherheit setzen und statt eines Fonds eine festverzinsliche Anlage nutzen, um das Geld auch zum gewünschten Zeitpunkt zur Verfügung zu haben. (Siehe zu Anlageprodukten »Geldanlage in Wertpapieren«)

Schlau ist, wer nicht nur auf eine Karte setzt. Investieren Sie in verschiedene Anlageformen, dann verteilt sich das Risiko. Experten empfehlen die individuelle Kombination risikoreicherer und -ärmerer Produkte. Das bewahrt einen sehr risikofreudigen Sparer vor zu großen Verlusten und eröffnet auch einem Sicherheitsliebenden die Chance auf höhere Erträge. Setzen Sie nie auf ein Pferd bei der Altersvorsorge. Finden Sie für sich die passende Lösung, vergleichen Sie, lassen Sie sich neutral und unabhängig beraten! Am besten ist es, sich einen regelmäßigen Vorsorgecheck anzugewöhnen.

Besonderheiten für Frauen, Paare und Singles

Bei Frauen gibt es im Erwerbsleben in der Regel mehr Veränderungen als bei Männern. So legen Frauen nach wie vor häufiger Pausen für die Kindererziehung ein als Männer. Frauen sollten daher beim Sparen fürs Alter vor allem flexible Anlagen in Betracht ziehen, empfiehlt die Aktion »Finanzwissen für alle« der Fondsgesellschaften. Denn nur wenn die Sparrate regelmäßig an das Einkommen angepasst wird, sei sichergestellt, dass Frauen ausreichend vorsorgen, ohne sich zu übernehmen.

Vor allem sollten sich Frauen überhaupt um ihre private Altersvorsorge und Geldanlage kümmern und sich nicht auf die Vorsorge ihres Ehemannes verlassen. Denn das ist zwar heute nicht mehr so oft der Fall wie noch vor einigen Jahrzehnten, dennoch soll an dieser Stelle darauf hingewiesen werden. Dabei sollten Sie auch beachten, dass Frauen in Deutschland durchschnittlich immer noch rund 20 Prozent weniger als Männer verdienen und damit auch weniger in die staatliche Rentenversicherung einzahlen. Dies wirkt sich negativ auf ihre Rentenansprüche später aus. Gleiches gilt für ein halbes Gehalt etwa aus Minijobs oder Teilzeitarbeit. Sollten Sie in der Firma Ihres Gatten arbeiten, fordern Sie ein Angestelltenverhältnis – nur so können Sie fürs Alter vorsorgen: staatlich, aber auch durch Riester-Rente oder betriebliche Altersvorsorge. Diese sind nur mit einem Arbeitsvertrag möglich.

Die Geburt eines Kindes und die damit verbundenen Erziehungszeiten mindern nochmals die Anrechnungsjahre für Ihre staatliche Rente. Und nicht zuletzt: Was passiert, wenn die Liebe einmal zerbricht und Sie für

Flexible Anlagen

Die Ehe ist kein Garant für Sicherheit im Alter.

das eigene Leben jetzt und später zahlen müssen?! Sichern Sie sich auch für den Todesfall des Gatten ab. Bauen Sie für all diese Fälle vor, überprüfen Sie Ihre Vorsorgebeträge – reichen diese in der Langzeitrechnung aus? Schließlich werden Frauen laut aktuellen Statistiken durchschnittlich fast 97 Jahre alt! Es ist also ratsam, früh mit dem Sparen anzufangen und peu à peu in mehrere Geldanlagen zu investieren.

Eine Faustregel sagt: Etwa 10 Prozent des verfügbaren Einkommens sollen für die Altersvorsorge zurückgelegt werden.

Verheiratete Paare profitieren nicht nur von Vorteilen bei der Einkommensteuer (Ehegattensplitting), bei der Lohnsteuer (Eingliederung in niedrigere Lohnsteuerklasse) und vom Verlustausgleich (wird angewendet, wenn ein Partner öfter Verluste macht), sondern auch bei der Altersvorsorge – etwa bei der Riester-Rente: Ist nur ein Partner förderberechtigt, kann der andere über den Ehepartner trotzdem »riestern«. Außerdem kann ein Ehepartner das Vermögen aus einer Riester-Rente inklusive Zulage und Steuervorteile erben. Auch in Bezug auf Rürup-Rente und Betriebsrente haben Verheiratete Vorteile gegenüber Unverheirateten: Selbstständige und Freiberufler, die in eine Rürup-Rente einzahlen, können den Hinterbliebenenschutz für Ehepartner oder Kinder vereinbaren. Ähnlich sieht es bei Betriebsrenten aus. Stirbt der Beschäftigte, stehen dem Ehepartner Ansprüche zu.

Weitere Vorteile für Ehepaare bei der Altersvorsorge

Bei einer Ehescheidung werden – wie der Vermögenszuwachs – auch die während der Ehe erworbenen Ansprüche auf Altersversorgung geteilt. Beim sogenannten Versorgungsausgleich werden sie auf beide Partner verteilt. Wer mehr Rentenansprüche erworben hat, muss also einen Teil abgeben.

Deutlich ist der Vorteil für Ehepaare bei der gesetzlichen Rente. Stirbt ein Partner, erhält der andere Witwen- oder Witwerrente – je nach Alter 25 oder 60 Prozent des Rentenanspruchs des Verstorbenen. In puncto Erbschaft und Schenkung gilt: Liegt kein Testament vor, greift die gesetzliche Erbfolge. So sieht die Zugewinngemeinschaft – also der Regelfall – vor, dass der Ehepartner die Hälfte des Vermögens erbt. Den Rest bekommen die Kinder. Sind keine Kinder da, bekommt der Ehepartner drei Viertel, der Rest geht an Eltern, Geschwister, Nichten und Neffen.

Unverheiratete Paare haben in vielen Vorsorge-, Steuer- und Erbfragen das Nachsehen: So findet kein Versorgungsausgleich im Rahmen von Riester-, Rürup- oder Betriebsrente statt. Unverheiratete Erben müssen

Kein Versorgungsausgleich

die Förderung aus der Riester-Rente zurückzahlen. Hier hilft nur, selbst Vorsorge zu treffen, beispielsweise mit einer privaten Rentenpolice. War das Paar nicht verheiratet, bekommt der Partner auch keine Witwenrente. Auch bei der Betriebsrente haben Nichtverheiratete Nachteile: Nur verheiratete Arbeitnehmer können einen Hinterbliebenenschutz vereinbaren.

Anders verhält es sich bei privaten Rentenversicherungen. Hier kann für die Beitragsrückgewähr – sie garantiert, dass die Hinterbliebenen die eingezahlten Beträge zurückbekommen – auch der Lebenspartner als Begünstigter eingesetzt werden. Der Versicherte kann auch eine lebenslange Hinterbliebenenrente vereinbaren oder eine Garantiezeit, in welcher der Partner Rente beziehen soll.

Risikolebens-
versicherung
Um auch bei höheren Versicherungssummen die steuerlichen Vorteile bei der Erbschaftsteuer zu erhalten, kann die Risikolebensversicherung über Kreuz gewählt werden. Dabei werden bei einem nicht verheirateten Paar zum Beispiel zwei Versicherungsverträge abgeschlossen: Beim ersten Vertrag wird die erste Person als die versicherte Person eingetragen. Beim Tod des Partners gilt die zweite Person als die Versicherungsnehmerin, als Beitragszahlerin und gleichzeitig als die bezugsberechtigte Person. Durch den zweiten Versicherungsvertrag wird das Leben der ersten Person abgesichert und die Versicherung wird über Kreuz, also umgekehrt, abgeschlossen. Somit ist in diesem zweiten Vertrag der Partner der Versicherungsnehmer, Beitragszahler und auch die bezugsberechtige Person. Nur dann ist die Versicherungssumme aus der Risikolebensversicherung von der Erbschaftsteuer befreit.

Vor dem Abschluss dieser Versicherung müssen beide Versicherungsnehmer in der Regel einige Gesundheitsfragen beantworten. Dabei kann es zu Ablehnungen oder auch nur zu Ausschlüssen von einigen Gesundheitsrisiken kommen. Sollte es innerhalb der Versicherungszeit zum Tod des Versicherten kommen, dann zahlt die Versicherung die vereinbarte Versicherungssumme aus.

Unverheiratete Lebenspartner kommen bei der gesetzlichen Erbfolge nicht zum Zug. Hat der Verstorbene kein Testament gemacht, erhält der Lebenspartner nichts, vielmehr geht alles an die Kinder – falls es keine gibt, an seine Eltern, Geschwister, Nichten und Neffen oder gar an Großeltern, Cousins und Cousinen. Soll das nicht passieren, empfiehlt es sich dringend, ein Testament aufzusetzen.

Verpartnerte (homosexuelle) Paare leben – laut 2005 im Deutschen Gesetz verankert – im Güterstand der Zugewinngemeinschaft und haben nach einer Scheidung Anspruch auf einen Versorgungsausgleich oder nach dem Tod des Partners Anspruch auf eine Hinterbliebenenversorgung.

Seit 2011 darf bei der Riester-Rente nicht mehr zwischen Ehepartnern und eingetragenen Lebensgemeinschaften unterschieden werden. Sollte der entsprechende Anbieter der Riester-Rente anders urteilen, so wird dies als diskriminierend eingestuft. Unzulässig ist daher eine geringere Mindestrente als bei Eheleuten.

Zudem ist die jeweilige betriebliche Altersvorsorge von nicht öffentlichen Arbeitgebern auf den Partner übertragbar. Bei einer eventuellen Ungleichbehandlung sollen homosexuelle Paare Anspruch auf Schadensersatzleistungen erhalten.

In Bezug auf die Betriebsrente ist eine gleichgeschlechtliche Ehe einer Hetero-Ehe gleichgestellt – die davon abgeleitete Förderung der Riester-Rente fällt steuerrechtlich in den Bestand einer Ehe. Daher besteht keine Förderung! Jeder einzelne Partner kann natürlich eine Riester-Rente abschließen. Dann besteht Anspruch auf die Grundzulage in Höhe von 154,00 Euro, die garantierte Mindestrendite, sowie die mit der Riester-Rente verbundenen steuerlichen Vorzüge.

WISO Tipp

Auch in einer Partnerschaft – egal, ob verheiratet oder nicht – sollte jeder ein eigenes Konto einrichten und sich damit auch beschäftigen! Wichtig ist eine Vollmacht, damit im Ernstfall einer Zugriff auf das Konto des anderen hat.

Singles profitieren davon, dass sie etwa in einer privaten Rentenversicherung keine Todesfallleistung absichern müssen, weil sie keine Partner (oder Kinder) als Erben einsetzen. Damit sind die Versicherungsprämien günstiger und am Ende gibt es auch mehr Rente. Bei ungeförderten Auszahlplänen sollte der Anleger genau durchrechnen, ob man einen Erben angibt oder nicht.

Fazit

Damit Sie nicht mit 65 Jahren einen Schreck bekommen, wie wenig von der Rentenkasse auf Ihr Konto überwiesen wird, behalten Sie den Überblick und machen sich bei Ihrem Finanzamt und der Deutschen Rentenversicherung über Sonderregelungen schlau. Scheuen Sie sich im Bedarfsfall nicht, die Grundsicherung zu beantragen. Wer in Minijobs arbeitet, sollte beachten, dass sich dies auf die spätere Rentenauszahlung auswirkt. Vereinbaren Sie mit Ihrem Partner/Ihrer Partnerin Vollmachten für Konto und Co.!

Die »Versor-
gungslücke«

Keine Rentenberatung findet heutzutage ohne den Begriff »Versorgungslücke« statt.

Was ist damit gemeint und wie lässt sie sich – zumindest ansatzweise – für jedermann

schließen? Welche Versicherungen sollten Sie unbedingt abgeschlossen haben und

welche sind Geldmacherei der Versicherungsinstitute? Und was haben Aktien und

Fondsdepots mit der Versorgungslücke zu tun? Dazu erfahren Sie mehr in diesem

Kapitel.

Wann sollte man mit dem Sparen für die Rente beginnen?

Die Antwort ist eindeutig: So früh wie (finanziell) möglich! Wenn Sie etwa in der Ausbildung sind, sollte die Summe, die Sie »für später« zur Seite legen Ihrem Gehalt entsprechend klein sein. Unabhängige Finanzberater schlagen die Hände über dem Kopf zusammen, wenn Menschen, vor allem Frauen, erst mit Mitte 40 oder 50 mit der Altersvorsorge starten wollen. Junge Menschen sagen oft: Ich lebe jetzt und hier und will nicht (zumindest nicht alles) Geld für später ausgeben! Generell gilt: Erst wer seine aktuelle Finanzlage sortiert, Ausgaben reduziert, Versicherungen ob ihrer Notwendigkeit kontrolliert hat, kann weitere Sparmaßnahmen für das Rentenalter angehen.

Versicherungsunternehmen verkaufen ihre Produkte gern mit dem Argument: Je früher man damit anfängt, zu sparen, desto günstigere Tarife erhält man. Die Versicherungsmakler der Firma MLP werben deshalb schon gern an Universitäten Studenten an. Doch es entspricht nicht der Wahrheit, dass die Tarife für junge Versicherte günstiger sind. Richtig ist:

Zinsen »machen den Kohl fett«.

Wer früher einzahlt, kann länger für die private Altersvorsorge sparen. Damit wird das Geld länger verzinst und dafür gibt es dann wieder mehr Zinseszinsen. Wer also 25 Jahre sein Geld anlegt, bekommt am Ende mehr ausbezahlt, als wenn nur 20 Jahre lange angespart wird. Zusätzlich ist der Zinsertrag, den man in diesen fünf Jahren bekommt, um die gesamte Anlagedauer verzinst. So braucht ein 20-Jähriger, der später 300 Euro zusätzliche Rente im Monat haben will, nur 33 Euro monatlich ansparen (bei 4 Prozent Zinsen). Wer dagegen erst mit 40 Jahren startet, muss das Dreifache, also 96 Euro pro Monat, stemmen. Rechnet man die Zinsen hinzu, kommen beide zum 65. Geburtstag auf 72 000 Euro. Der 20-Jährige hat aber nur 18 000 Euro ausgegeben – der Rest kam durch Zinsen und Zinseszinsen.

Was Sie für 300 Euro Rente im Monat sparen müssen

Alter	Monatsbetrag	Einzahlungsdauer	Zusätzliche Rente mit 65
20	33 Euro	45 Jahre	72 000 Euro
30	54 Euro	35 Jahre	72 000 Euro
40	96 Euro	25 Jahre	72 000 Euro
50	210 Euro	15 Jahre	72 000 Euro

Quelle: www.altersvorsorge-macht-schule.de

Für die Dauer der Verzinsung ist also vor allem das Alter relevant, in dem man anfängt zu sparen. Der Zeitpunkt des Renteneintritts hat darauf zwar ebenfalls Einfluss, die Verzinsung läuft aber unabhängig davon bis zur letzten Auszahlung – das heißt bis Ihr Kapital aufgebraucht ist oder bis Sie sterben.

Bei 3-prozentiger Verzinsung ergibt sich nach fünf Jahren beispielsweise eine Gesamtverzinsung von 15,9 Prozent. Der Unterschied zwischen einer 25-jährigen und einer 30-jährigen Anlage beträgt aber bereits 33 Prozentpunkte. Nach 25 Jahren steigt das Kapital um 109 Prozent, nach 30 Jahren schon um 143 Prozent. Bei 40 Jahren im Verhältnis zu 35 beträgt der Unterschied schon 45 Prozentpunkte.

Die Anzahl der Jahre macht den Unterschied!

Geldwertentwicklung bei Drei-Prozent-Verzinsung

Anfangskapital	1 Jahr	5 Jahre	10 Jahre	20 Jahre	25 Jahre	30 Jahre	35 Jahre	40 Jahre
50,00€	51,10	57,96	67,20	90,31	104,69	121,36	140,69	163,10
100,00€	103,00	115,93	134,39	180,61	209,38	242,73	281,39	326,20
1000,00€	1030,00	1159,27	1343,92	1806,11	2093,26	2427,26	2813,86	3262,04

Quelle: Eigenberechnung

Wenn Sie eine Schätzung vornehmen, wie viel Sie einmal monatlich zum Leben benötigen, sollten Sie auch beachten, dass Einkommenssteigerungen und damit höhere Sparbeträge gegen Ende des Erwerbslebens kürzer verzinst sind. Im Idealfall können Sie davon ausgehen, dass Sie mit steigendem Alter ein bisschen mehr verdienen, aber zugleich mehr ausgeben. Ihr Lebensstandard und Ihr Konsumniveau wird höher. Möchten Sie im Ruhestand das letzte Konsumniveau beibehalten, müssen Sie überproportional mehr sparen – eben weil die letzten hohen Sparbeiträge entsprechend kürzer verzinst werden. Als Faustregel gilt: Wer den gewohnten Lebensstandard im Alter halten will, braucht etwa 80 Prozent des letzten Nettogehalts.

So vorteilhaft es ist, wenn Sie früh mit dem Sparen anfangen – parallel steigt das Risiko, dass sich die Rahmenbedingungen in der Finanzwirtschaft zum Schlechten hin verändern, so wie es aktuell vor dem Hintergrund der Euro-Finanzkrise passiert, und bei Auszahlung beispielsweise Ihrer Lebensversicherung das Geld weniger wert ist. Je länger der Anlagehorizont, desto ungewisser ist die Zukunft des Ersparten. Viele Finanzexperten prognostizieren für die kommenden Jahre eine Inflation, die in Europa durchaus 5 Prozent erreichen kann.

Die Inflation frisst Ihre Anlagen

Was ist die Versorgungslücke?

Laut Definition ist die Versorgungslücke ganz einfach erklärt und wird von Versicherungsverkäufern und Finanzberatern gern herangezogen, um ein Altersvorsorgeprodukt zu verkaufen: Sie ist die finanzielle Differenz zwischen der tatsächlich ausgezahlten Rente sowie etwaigen Einkünften, und dem Betrag, den man eigentlich für den Lebensstandard im Alter benötigt. Wie groß die Versorgungslücke zu Beginn des Renteneintritts sein wird, ist heute allerdings auch für Experten schwierig festzustellen. Niemand kann etwa verlässlich die wirtschaftliche Entwicklung Deutschlands über einen langen Zeitraum vorhersagen. Auch zu prognostizieren, wie sehr sich die Lebenshaltungskosten, die Gehälter und die Rentenleistungen verändern, gestaltet sich schwierig.

Eine Durchschnittsrechnung geht davon aus, dass 80 Prozent des letzten Nettogehalts im Ruhestand benötigt werden, um den aktuellen Lebensstandard zu halten. Wie hoch die Rentenlücke ist, hängt davon ab, welche Bedürfnisse der Einzelne im Alter hat und wie sich seine Kosten verändern. Sicher ist: Für die meisten Arbeitnehmer wird es zu einer Versorgungslücke kommen – ob groß oder klein, hängt vom Einzelfall ab. Und den kann man nicht schnell auf einem Notizzettel errechnen.

Was die Rentenlücken vergrößert

Wenn Sie zwischen Festanstellungen einige Jahre freiberuflich gearbeitet oder ein Sabbatjahr genommen und während dieser Zeit keine Beiträge in die gesetzliche Rente gezahlt haben, bekommen Sie weniger Arbeitsjahre angerechnet. Frauen, die seit der Geburt ihrer Kinder ausschließlich den Haushalt managen, sollten sich genau bei der Deutschen Rentenversicherung über ihre Lücken erkundigen. Auch für Menschen, die bis zum 30. Lebensjahr studiert haben oder noch studieren, wirkt sich dies negativ aus – seit 2009 werden sie nicht mehr im Rentenanspruch berücksichtigt. Wenn Sie früher als gesetzlich vorgesehen in den Ruhestand gehen wollen, also etwa mit 60 Jahren, müssen Sie deutliche Abschläge bei der gesetzlichen Rente in Kauf nehmen. Und auch wenn Sie einige Jahre im Gefängnis eingesessen haben, wird die Versorgungslücke größer, auch wenn Sie dort gearbeitet haben. Nicht zuletzt haben Weltenbummler einen Nachteil, weil sie im Ausland keine oder nur geringe Ansprüche erworben haben, die der deutschen gesetzlichen Rentenversicherung ähneln.

Gründe für Rentenlücken

Wie berechnet man die Versorgungslücke?

Auch beim seriösen Berechnen Ihrer Versorgungslücke kommen Sie um einen Kassensturz und um Beratungsgespräche nicht herum. Stellen Sie dabei Einnahmen und Ausgaben gegenüber.

Die Einnahmen Nehmen Sie dafür die jährliche Renteninformation der Deutschen Rentenversicherung. Diese erhält jeder Rentenversicherte einmal im Jahr (ab 27 Jahren und mindestens fünf Jahre lang Beiträge gezahlt) zugestellt. Entnehmen Sie ihr sicherheitshalber nur den Rentenbetrag ohne künftige Rentensteigerung, da es diese womöglich in 20 Jahren nicht mehr geben wird. Rechnen Sie zudem die garantierten Monatseinnahmen bei betrieblichen Altersvorsorgen, Riester- und Rürup-Renten hinzu. Für Rentner gelten die Pensionen auch als Einnahme. Als Vermieter addieren Sie außerdem die Mieteinnahmen (mit etwaigen Mietsteigerungen!) hinzu. Dann legen Sie die Information Ihrer Versicherungsgesellschaft, die den Stand Ihrer privaten Kapitallebens- und Rentenversicherung listet, in die Zusammenstellung. Haben Sie ein Kapitalvermögen (etwa aus Wertpapieren, Aktien oder Fonds), kommt auch dies in die Berechnung der Versorgungslücke.

WISO Tipp

Lassen Sie sich einen Termin bei der zuständigen DRV-Stelle geben. Achten Sie in der Renteninformation besonders auf Lücken wie Studienzeiten, kurze Angestelltenzeiten oder Kindererziehung.

Die Ausgaben Hierein fallen Mieten oder Nebenkosten im Falle einer Eigentumsimmobilie. Sind die Kinder noch nicht aus dem Haus, kosten sie Geld, das Sie als Ausgaben auflisten müssen. Da Sie auch im Alter auf essenzielle Versicherungen nicht verzichten sollten, kommen diese Kosten mit auf die Liste. Engagieren Sie sich im Gesangsverein oder in einem anderen Verein, zahlen Sie hierfür Mitgliedsbeiträge. Auch Benzin, Hobbys und Reisen kosten Geld. Nicht zuletzt sollten Sie einen Notgroschen für alle Fälle einkalkulieren. Denn wer eine eigene Immobilie besitzt, hat laufende Kosten und sollte anfallende Reparaturen (und die Rechnungen dafür) stets berücksichtigen. Weil der Staat bis an Ihr Lebensende Steuern und Sozialabgaben etwa auf Pensionen oder die staatlich geförderten Modelle wie Riester-, Rürup- und Betriebsrente von Ihnen verlangen wird, müssen diese auch fürs Rentenalter aufgelistet werden. Mit zunehmendem Alter werden oft auch die Ausgaben für Gesundheit und später dann Pflege höher. Privat Versicherte sollten beachten, dass sie mehr vorsorgen und höhere Beiträge zahlen müssen, wenn sie älter werden. Oder Sie wechseln in den Basistarif.

Die Versorgungslücke in vier Modellfällen:

1. Eine Friseurin (Steuerklasse V, verheiratet, ein Kind) mit einem Nettoeinkommen von 815 Euro und einer Nettorente von 570 Euro hätte eine monatliche Rentenlücke von 245 Euro zu schließen. Um das zu schaffen, müsste sie von Beginn ihrer 51 Jahre langen Berufstätigkeit an monatlich 50 Euro anlegen. Bei einer Rendite von 4 Prozent stünden ihr bei Rentenbeginn 91 000 Euro zur Verfügung. Würde die 1970 geborene Friseurin erst heute mit dem Sparen beginnen, müsste sie von nun an jeden Monat 100 Euro entbehren, um zu Beginn ihrer Rente 91 000 Euro zur Verfügung zu haben.

2. Ein Elektriker (Steuerklasse III, verheiratet) verfügt über ein Nettoeinkommen von 1836 Euro. Nach heutigem Stand erhält er eine Nettorente von 1116 Euro. Um die Differenz von 720 Euro pro Monat ausgleichen zu können, müsste er vom Beginn seiner beruflichen Tätigkeit an 125 Euro monatlich in ein mit 4 Prozent rentierendes Finanzprodukt stecken, um im Alter über einen Kapitalbetrag von 215 000 Euro zu verfügen und seine Rentenlücke bis zu seinem Lebensende schließen zu können. Würde der Elektriker erst jetzt anfangen, an die Rente zu denken, wären sogar 235 Euro fällig.

3. Noch stärker wäre ein Diplom-Chemiker (Steuerklasse I, ledig) gefordert, der in der Rente das Niveau seines Nettoeinkommens in Höhe von 2553 Euro erreichen möchte. Um die Rentenlücke von 1029 Euro monatlich zu schließen, wäre für ihn von Berufsbeginn an ein Investment von monatlich 210 Euro nötig. Würde er erst jetzt anfangen, stiege der Aufwand für die private Vorsorge auf 335 Euro pro Monat.

4. Ein Unternehmensberater (Steuerklasse II, verheiratet, zwei Kinder) verdient 3990 Euro brutto. Er müsste monatlich von Berufsbeginn an sogar 460 Euro aufbringen, um über diese 3990 Euro im Rentenalter zu verfügen und seine Rentenlücke von 2089 Euro zu schließen. Hätte er das versäumt, wären von nun an 680 Euro pro Monat fällig.

Quelle: Fondsgesellschaft Fidelity, Stand Dez. 2012

Diese Beispiele zeigen: Wer nicht privat vorsorgt, muss sich im Alter mächtig umstellen. Besonders den Besserverdienern drohen gewaltige Einschnitte, wenn sie während des Berufslebens nicht für die Zeit danach sparen. Beachten Sie zudem: Durch die jährliche Inflation steigen die Preise. So werden etwa 1000 Euro bei einer durchschnittlichen Inflationsrate von 2 Prozent in zehn Jahren nur noch eine Kaufkraft von rund 820 Euro haben. Die Kaufkraft sinkt entsprechend der Inflationsrate (www. zinsen-berechnen.de/inflationsrechner.php).

In Zeiten der Euro-Krise wird der Leitzins regelmäßig herabgesetzt: Eine Rendite von 4 Prozent wie noch vor einigen Jahren garantiert in heutigen Finanzkrisenzeiten kaum noch ein Finanzinstitut. Selbst wenn der Zins in einigen Jahren wieder hinaufgesetzt würde, sollten Sie mit einer Durchschnittsrendite und nie mit dem höchsten Zinssatz für alle Sparphasen rechnen. Als Konsequenz heißt das: Wenn die Rendite nur 2 Prozent oder weniger beträgt, müssen noch mehr Spareinlagen aufgewendet werden, um das Niveau des letzten Nettoverdienstes zu halten.

Steuern und Sozialabgaben im Alter Nach dem Alterseinkünftegesetz müssen ab Januar 2040 die gesetzlichen Rentenzahlungen voll versteuert werden. Darüber hinaus fallen auf die Bruttorenten noch Sozialabgaben wie Kranken- und Pflegeversicherung an. Zudem greift der Fiskus auf Altersvorsorgeelemente wie Betriebsrenten oder Riester-Renten zu. Auch wenn das Leben im Ruhestand oftmals weniger Geld kostet, hat die Politik selbst in wirtschaftlich guten Jahren ein Versorgungsniveau von rund 70 Prozent des aktuellen Lebensstandards angestrebt. Im Alter entfallen die großen Summen an Altersvorsorge wie eine teure Berufsunfähigkeitsversicherung oder tägliche Fahrtkosten. Dafür steigen die Kosten für Pflege und Krankheit: Hier werden Sie vermutlich mehr Ausgaben haben als ein junger Mensch. Deshalb hilft es oft auch Ihrem Geldbeutel, sich gesund zu ernähren und Sport zu machen oder natürlichen Heilkräften zu vertrauen. Die Pharmaindustrie profitiert von Ihren Leiden. Wer fit ist, kann den Lebensabend für Kunst und Kultur nutzen – und darf diese Ausgaben aber auch in seinem Finanzplan nicht vergessen.

Hohe Kosten bei Pflege und Krankheit

Kassensturz – in allen Lebenslagen

Endlich! Das Gehalt ist auf dem Konto, der Auftraggeber hat gezahlt! Endlich kann frau sich die Markenschuhe im gehobenen Geschäft leisten – und tut dies auch. Der Mann verschwindet derweil drei Stunden im Modellbaugeschäft und hat am Ende auch eine hübsche Summe in Miniaturhäuschen und Wägelchen investiert. Man hat es sich doch verdient! Genau diesen Gedanken sollten Sie nicht vergessen. Denn im späteren Alter, wenn die Rentensummen, die regelmäßig aufs Konto kommen, geringer sind als das Gehalt im Alter zwischen 30 und 65 Jahren, sollte der Lebensalltag das Luxusgut sein. Man hat es sich doch verdient! Also heißt es Kassensturz – und das in regelmäßigen Jahresabständen in

Luxuswünsche auch im Rentenalter

allen Lebenslagen und allen Altersklassen! Haben Sie keine Angst davor, Einnahmen und Ausgaben in Listen gegenüberzustellen! Schummeln Sie ebenso wenig etwaige Schulden weg, wie Sie Geerbtes als Heiligen Gral »erst einmal« nicht berühren.

Checkliste fürs Leben

Machen Sie die große Checkliste: für sich, für Ihre Partnerschaft, für Ihre Familie, für Ihr Leben! Um sich dann mit den Sparbemühungen nicht zu überfordern, sollten Verbraucher als Faustregel vor dem Einstieg in die Altersvorsorge drei Dinge erledigen: Schulden tilgen, Liquiditätsreserven aufbauen und essenzielle Risiken abdecken.

Welche Konten haben Sie und was steht auf den jeweiligen Kontoauszügen?

Das Girokonto ist meist das Gehaltskonto. Machen Sie hier immer den Vergleich zwischen den Geldinstituten. Zinsen auf Girokonten gibt es mittlerweile bei keiner Bank mehr. Wichtig ist es, die Höhe der Kontoführungsgebühr zu beachten: Die Commerzbank etwa erlässt diese erst bei einem monatlichen Mindesteingang von 1600 Euro. Liegt der Wert darunter, berechnet die Bank 8,50 Euro Kontoführungsgebühr – aufs Jahr gerechnet, macht dies 102 Euro. Eine Summe, mit der sich etwa monatlich eine Rentenversicherung besparen lässt. Die ökologische GLS Bank nimmt eine Kontoführungsgebühr von fairen 2 bis 5 Euro, je nach Kontovariante. Auch wenn 24 oder 80 Euro im Jahr nicht zu verachten sind, hier sind sie wenigstens noch bei einer »guten Bank« angelegt.

(Marginalie: Kontoführungsgebühren)

Das Tagesgeldkonto galt noch vor fünf Jahren als das Werkzeug zum schnellen Kleingewinn. Wer ein paar (Hundert) Euro gespart hatte, packte diese schnell auf ein Tagesgeldkonto, das oft als »Hintergrundkonto« zum Girokonto bei der Hausbank läuft beziehungsweise lief. Doch die Zeiten, in denen Anleger schöne 4,5 bis 6,5 Prozent Zinsen pro Monat bekamen, sind vorbei. Grund ist der ständig sinkende Leitzins der Europäischen Zentralbank, an dem die nationalen Banken sich orientieren. So bietet etwa die Sparkasse Koblenz gerade einmal 0,4 Prozent bei einer Einlage von 2500 Euro; dabei stehen am Jahresende mickrige 10 Euro Zinseinnahmen auf Ihrem Konto. Aber selbst Direktbanken wie die Bank of Scotland geben heute nur noch 2 Prozent jährlich auf eine Einlage von 2500 Euro. Immerhin bekommt der Anleger damit 155 Euro im Jahr geschenkt. Die Zeitschrift *Finanztest* gibt jeden Monat einen Überblick über die besten 100 Angebote.

(Marginalie: Hintergrundkonto)

Festgeldkonten können heute als »Ersatz« für Tagesgeldkonten gesehen werden. Dabei sollten Anleger ihre Vorbehalte gegenüber Direktbanken ablegen, die ihren Sitz oft im Ausland haben und nur per Telefon oder via Internet zu erreichen sind. Nur weil man einen Namen nicht kennt oder ihn schwer aussprechen kann, heißt es nicht, dass ein unseriöses Geldinstitut dahintersteht. Denn Direktbanken wie die Akbank oder die Garantiebank bieten über 3 Prozent Jahreszins bei einer Mindesteinlage von 2600 Euro. Die Deutsche Bank offeriert dagegen nur 1 Prozent. Der Unterschied summiert sich in zwei Jahren auf beachtliche 450 Euro. Alle Direktbanken, die ihren Sitz in der Europäischen Union haben, sichern Einlagen in Höhe von 100 000 Euro pro Kunde ab (Einlagensicherungsgesetz) – damit sind Sie also auch auf der sicheren Seite.

Direktbanken

Stammt ein Sparbuch noch aus Konfirmationszeiten, sollte dies besser aufgelöst und das Geld anderweitig angelegt werden – wie etwa als Festgeld oder in eines der anderen Vorsorgesorgeprodukte.
Im Internet finden Sie Vergleichsrechner für das aktuell beste Tagesgeld- oder Festgeldkonto mit den günstigsten Konditionen, etwa unter: www.bankingcheck.de oder www.biallo.de.

Vergleichsrechner

Die Einlagensicherung Sie erinnern sich vielleicht noch an die Pleite der isländischen Kauptingbank – so weit der Inselstaat geografisch auch entfernt liegt, selbst deutsche Kunden bekamen die Insolvenz zu spüren. Doch dank Einlagensicherung war ihr angelegtes Geld nicht gänzlich verloren: Der isländische Staat sicherte die Einlagen deutscher Sparer bis zum Betrag von 20 887 Euro pro Person.
Nicht erst seit der Finanzkrise von 2008, sondern bereits seit 1998 regelt das deutsche Einlagensicherungs- und Anlegerentschädigungsgesetz, wie Kreditinstitute und Wertpapierhandelsunternehmen die (oftmals hohen) Einlagensummen ihrer Kunden vor einer Pleite schützen müssen. Bis 2010 waren maximal 20 000 Euro je Kunde pro Bank gesichert.
Im Jahr 2011 wurde das Gesetz von der EU-Kommission noch einmal zum Vorteil der Anleger erweitert: Seitdem müssen die Institute 100 Prozent der Einlagen, allerdings nur bis maximal 100 000 Euro pro Kunde, im Schadensfall ersetzen. Dies gilt sowohl für deutsche als auch für ausländische Kunden.
Darüber hinaus haben sich die meisten privaten Banken freiwillig verpflichtet, pro Kunde einen Betrag von 30 Prozent des haftenden Eigenkapitals zu garantieren. Das sind bei den großen Instituten mehrere 100 Mil-

lionen Euro. Im Ernstfall springt dieser sogenannte Einlagensicherungs-fonds ein, in den private Banken regelmäßig einzahlen.

Das Problem bei privaten Banken: Selbst wenn im Ernstfall die Einlagen gesichert sind – bis der Kunde an sein Geld kommt, können Monate ver-streichen. Sobald der Entschädigungsfall eintritt, den die BaFin nach spä-testens sechs Wochen per Moratorium feststellen muss, verschicken die Bearbeiter der Sicherungseinrichtungen die Formulare an betroffene Kun-den. Diese müssen ihre Ansprüche an die Pleite-Bank auflisten.

Bei Sparkassen greift ein schärferer Mechanismus: Grundsätzlich sind 100 Prozent aller Kundeneinlagen gesichert. Die einzelnen Institute sind verpflichtet, sich gegenseitig zu stützen und so eine Insolvenz von vorn-herein abzuwenden. Nach Informationen des deutschen Sparkassen- und Giroverbandes hat seit Gründung des Verbands in den 70er-Jahren noch kein Kunde seine Einlagen bei einer Sparkasse verloren.

Ein ähnlich enges Sicherheitsnetz haben die Volks- und Raiffeisenban-ken: Die Einlagen sind zu 100 Prozent gesichert, die Institute sind in einem Verbund zusammengeschlossen und stützen sich dadurch gegen-seitig, um einer Pleite vorzubeugen oder im Falle eine Pleite gerade-zustehen.

Fondsanlagen oder Wertpapiere dieser Kunden werden jedoch nicht durch den Einlagesicherungsfonds erfasst, weil sie keine Einlagen der Bank sind, sondern nur für den Kunden abgewickelt werden. Dies ist ein Vorteil: Der Kunde kann bereits während ei-nes Insolvenzverfahren fordern, dass seine Wertpapiere in ein Depot bei einer anderen Bank umgeschichtet werden.

Anlagen bei ausländischen Banken mit Hauptsitz in der EU sind in jedem Fall bis zu 50000 Euro gesichert. Einige ausländische Banken sind freiwillig dem deutschen Einlagensicherungsfonds beigetreten und garantieren ihren Kunden sogar eine weitaus hö-here Sicherung der Ersparnisse. Bei vielen türkischen Banken, wie zum Beispiel die Denizbank oder die Demir Halk Bank (DHB), werden die Einlagen ebenfalls gesichert – weil sie ihre Hauptsitze in Österreich beziehungsweise in den Niederlanden haben und damit in der EU sind.

Sollten Sie schon ein Depot mit Wertpapieren wie Aktien, Fonds und An-leihen haben: Was genau enthält es – und was ist es aktuell wert?

Sie haben sich einen Überblick über Ihr gesamtes Vermögen verschafft? Vergessen Sie nicht, nun bei jeder Bank einen sogenannten Freistellungsauftrag zu stellen. Damit können Sie bis zu einer bestimmten Höhe Zinsen steuerfrei kassieren. Die aktuelle Freistellungssumme (gesamt für alle Konten) beträgt für Alleinstehende 801 Euro und für Verheiratete 1602 Euro.

Der beste Kredit ist der, den Sie nicht haben. Wenn es Ihre Lebenslage doch verlangt: Verzetteln Sie sich nicht in vielen kleinen Krediten, und vor allem tappen Sie dabei nicht in die Dispofalle! Die Banken verlangen mit 9 bis 15 Prozent immer noch enorm hohe Dispo- beziehungsweise Über- Überziehungszinsen ziehungszinsen. Das kostet Sie etwa bei einem Dispokredit von 2000 Euro und 12 Prozent Zinsen 240 Euro pro Jahr, die Sie bei Direktzahlung sparen könnten. Mittlerweile bieten beispielsweise Elektronikmärkte den Kauf von Großgeräten zur Nullprozentfinanzierung an. Überziehen Sie, wenn überhaupt, Ihr Konto nur für eine einmalige Ausgabe – und dies auch nur über einen kurzen Zeitraum! Fragen Sie bei Ihrer Hausbank nach einem Kleinkredit, den Sie für einen niedrigen Zins bekommen.

Welche Versicherungen haben Sie und welche sind wirklich nötig?

Bevor es ans Sparkonzept für die Altersvorsorge geht, werfen Sie einen Blick in den Ordner »Versicherungen«. Sind Sie gerüstet, wenn die Wohnung in Flammen aufgeht? Wer zahlt, wenn jemand die Glasfenster zertrümmert? Wovon leben Sie, wenn Sie einen schweren Unfall haben und Sie Ihren bisherigen Beruf aufgeben müssen?

Seit 2009 gilt in Deutschland eine Versicherungspflicht und so sind rund Krankenversicherungs- 90 Prozent der Deutschen in der gesetzlichen Krankenkasse (GKV) versi- pflicht chert. Dazu gehören Arbeitnehmer, Rentner, Arbeitslose und familienversicherte Angehörige wie Kinder oder Ehepartner. Arbeitnehmer, die pro Monat mehr als 4237,50 Euro verdienen, bilden einen Ausnahmefall: Sie kommen mit ihrem Gehalt über die sogenannte Beitragsentgelt-Grenze und können wählen, ob sie sich privat oder freiwillig in der gesetzlichen Krankenversicherung versichern.

Seit dem 21. Dezember 2012 gelten sogenannte Unisex-Tarife für sämtliche Versicherungen. Damit wurde eine ungerechte Behandlung von Männern und Frauen hinsichtlich ihrer Beitragssätze behoben; fortan müssen Männer genauso viel wie Frauen pro Monat zahlen.

Im Zusammenhang mit dem Einkommen wird oft auch die Beitragsbemessungsgrenze genannt. Bis zu einem jährlichen Bruttogehalt von 44900 Euro (Stand 2012) oder 3825 Euro pro Monat werden Beträge für die GKV berechnet. Das darüber liegende Einkommen fließt nicht in die

Beitragsberechnungen. Andererseits berechnen die gesetzlichen Krankenkassen bei hauptberuflich Selbstständigen in der Regel auf der Grundlage von einem Mindesteinkommen von monatlich 1968,75 Euro die monatlichen Beiträge. Selbstständige, die einen Gründungszuschuss von der Bundesagentur für Arbeit erhalten, wird immerhin eine reduzierte Beitragsbemessungsgrundlage von 1312,50 Euro zugestanden.

Freie Kranken-
kassenwahl

Die Kassenwahl obliegt Ihnen selbst. Sollten Sie mit Service und Leistungen unzufrieden sein, können Sie jederzeit wechseln. Allerdings muss bei der alten Kasse mit einer Frist von zwei Monaten zum Monatsende schriftlich und formlos gekündigt werden. In der neuen Kasse muss der Versicherte dann mindestens 18 Monate bleiben.

Sollten Sie in eine private Krankenkasse wechseln wollen, müssen Sie erst die Prüfung der Gesundheitsfragen abwarten.

Achtung: Kein Kündigungsrecht dagegen haben Sie, wenn Sie sich freiwillig in einen Wahltarif Ihrer Krankenkasse für Krankengeld eingeschrieben haben. An diesen Tarif und diese Krankenkasse sind Sie vom Eintritt in den Wahltarif an drei Jahre fest gebunden (alle anderen Wahltarife haben seit 2011 das Sonderkündigungsrecht).

(Staatliche) Pflegeversicherung Dazu (siehe »Die Pflegeversicherung«) müssen sich gesetzlich Versicherte keine Gedanken machen: Der Arbeitgeber führt jeweils seinen und Ihren Anteil an die Pflegekasse ab. Freiwillig gesetzlich Versicherte können sich gesetzlich oder privat pflegeversichern.

Eine private Pflegezusatzversicherung empfiehlt sich für Menschen ab Mitte 40. Die Pflegezusatzpolice kann später die Kosten für Pflegeheim oder private Pflegekraft decken, denn die Pflegekasse zahlt maximal 1510 Euro und davon kann schon heute kein Heimplatz mehr bezahlt werden. Eine stationäre Pflege kostet etwa 3600 Euro. Wenn Ersparnisse und Vermögen der Betroffenen nicht reichen, müssen unterhaltspflichtige Kinder einspringen!

Berufsunfähigkeitsversicherung (BU) Jetzt auch noch eine Berufsunfähigkeitsversicherung? Noch einmal eine Summe, die monatlich vom Konto abgeht? »Ich kann mir nicht vorstellen, einmal so krank zu werden, dass ich meinen Job nicht mehr ausüben kann«, denken viele, vor allem junge Menschen. Die Statistiken beweisen jedoch: Jeder vierte bis fünfte Berufstätige muss aus gesundheitlichen Gründen seinen Job vorzeitig an den

Nagel hängen. Das durchschnittliche Zugangsalter für Renten wegen Erwerbsminderung liegt laut Deutscher Rentenversicherung Bund für Frauen bei 49,3 und für Männer bei 50,5 Jahren.

Eine Berufsunfähigkeitsversicherung funktioniert wie eine reine Risikoversicherung: Sie zahlt ausschließlich, wenn Sie aufgrund einer schweren Erkrankung oder eines Unfalls nicht mehr in dem Beruf arbeiten können, den Sie zuletzt ausgeübt haben. Deshalb sollte man diese Versicherung möglichst früh abschließen. Dann sind die Konditionen häufig noch besser und die Tarife günstiger. So gibt es spezielle Policen für junge Menschen: Anfangs zahlt der Sparer, seinem Gehalt entsprechend, noch wenig und kann den Beitrag, und damit die BU-Rente, später erhöhen – ohne dass er noch einmal einen Gesundheitscheck über sich ergehen lassen muss.

Welche ist nun die richtige BU und vor allem: Was kostet sie? Auf diese Frage gibt es keine Antwort, die für jeden Verbraucher gilt. Denn die Beiträge der Versicherungen werden auf der Grundlage des individuellen Versicherungsrisikos kalkuliert: So ist beispielsweise das Berufsunfähigkeitsrisiko einer Rechtsanwältin deutlich geringer als das eines Dachdeckers, weil er schneller einen Unfall erleiden kann und im schlimmsten Fall seinen Beruf nicht mehr ausüben kann. Im Vergleich zur Rechtsanwältin wird er durch einige körperliche Einschränkungen (wie z. B. eine amputierte Hand) komplett berufsunfähig. Kurzum: Arbeitnehmer, die körperlich arbeiten, haben ein höheres Risiko, berufsunfähig zu werden. Bei der obligatorischen Gesundheitsbefragung vor Aufnahme in die Versicherung lohnt es sich nicht, zu mogeln: Die Versicherungen prüfen haarklein und holen im Akutfall bei den Ärzten Patientenunterlagen ein.

Bei der Risikobestimmung ist außerdem das Alter des Versicherten wichtig, da das Risiko einer Berufsunfähigkeit für ältere Erwerbstätige wesentlich höher ist als für jüngere. Anbieter gibt es wie Sand am Meer und jeder hat seine eigenen Tarife. Generell kann man sagen, dass eine BU zwischen 600 und 1500 Euro im Jahr kostet. Seien Sie jedoch nicht nur auf den günstigsten Beitrag aus. Das könnte Sie im schlimmsten Fall teuer zu stehen kommen. Denn viele Menschen in Deutschland haben zu geringe Renten vereinbart.

Pflichtversicherte Angestellte mögen jetzt einwerfen, sie seien doch über die gesetzliche Rentenversicherung abgesichert. Doch seit dem 1. Januar 2001 gibt es statt einer Berufsunfähigkeitsrente eine Erwerbsminde-

WISO Tipp

Schließen Sie niemals eine Berufsunfähigkeitsversicherung im Internet ab, sondern suchen Sie sich einen unabhängigen Finanzberater, der auf Berufsunfähigkeit spezialisiert ist!

rungsrente für diese Menschen. Diese erhält, wer täglich weniger als drei Stunden auf dem allgemeinen Arbeitsmarkt tätig sein kann. Die Hälfte der Rente wird an jene Arbeitnehmer gezahlt, die noch drei, aber weniger als sechs Stunden am Tag arbeiten können. Wer täglich sechs Stunden oder mehr erwerbstätig sein kann, für den ist die Rente tabu. Dabei ist zu beachten, dass laut Gesetz jede denkbare Tätigkeit ausgeübt werden muss. Durchschnittlich werden bei voller Erwerbsunfähigkeit rund 700 Euro pro Monat gezahlt – aber das auch nur an denjenigen, der mindestens fünf Jahre in die gesetzliche Rentenversicherung eingezahlt hat.

Berufsunfähigkeitsversicherungen werden als reine BU-Versicherung, als Risikolebens- und Berufsunfähigkeitsschutzversicherung und als Kombination aus privater Renten- oder Kapitallebensversicherung mit BU-Schutz angeboten.

BU + Risikolebensversicherung

Eine Verknüpfung von BU-Schutz mit einer Risikolebensversicherung kann von den Beiträgen her günstiger sein als zwei separate Verträge. Dies ist meist bei geringeren Summen der Risikolebensversicherung der Fall. Mit der Kombination sichern Sie Ihr Berufsunfähigkeitsrisiko ab und sorgen gleichzeitig für Ihren Partner oder Ihre Kinder vor, falls Sie sterben sollten. Verbraucherschützer und Versicherungsexperten raten jedoch, zwei unterschiedliche Verträge abzuschließen. Eine Risikolebensversicherung ist nämlich schon für einen geringen monatlichen Beitrag zu bekommen.

BU + private Renten- oder Kapitallebensversicherung

Eine Kombipolice mit einer privater Renten- oder Kapitallebensversicherung soll Sie einerseits absichern, andererseits sparen Sie mit Ihren Zahlungen Geld fürs Alter an. Verbraucherschützer monieren, diese Kombipakete seien nicht nur teuer, sondern auch risikoreich: Geraten Sie wegen Arbeitslosigkeit in finanzielle Schwierigkeiten, können die Beiträge nicht mehr zahlen und müssen kündigen, dann verlieren Sie auch den sehr wichtigen Berufsunfähigkeitsschutz. Außerdem wissen Sie nicht, wie Ihre Beiträge angelegt werden. Und die garantierte Verzinsung bei Lebensversicherungen ist in den vergangenen Jahren kontinuierlich gesunken – und durch die Finanzkrise noch einmal mehr.

Das sollte im Vertrag stehen – oder auch nicht:

- Verzichten Sie auf sogenannte abstrakte Verweisung, und das auch bei einer etwaigen Nachprüfung! Denn dies hieße: Sie können aufgrund Ihrer Ausbildung, Erfahrung oder Ihres Verdienstes theoretisch viele andere Ersatzberufe ausüben wie Telefonistin oder Pförtner.
- Sechsmonatsprognose: Der Versicherer sollte eine BU beim Versicherten anerkennen, wenn ein unabhängiger (Fach-)Arzt die BU für voraussichtlich sechs Monate prognostiziert.

- Rückwirkende Anerkennung: Wird Ihre BU erst später anerkannt, dann erhalten Sie die vertraglichen Leistungen rückwirkend. Das Gleiche soll gelten, wenn Sie eine BU erst später melden. Der Zeitraum, der rückwirkend gezahlt werden soll, soll mindestens drei Jahre betragen.
- Weltweite Anerkennung: Der Vertrag sollte auch dann weiter gelten, wenn Sie ins Ausland umziehen.
- Erhöhung des Versicherungsschutzes ohne erneute Gesundheitsprüfung: Für den Fall, dass Sie mehr verdienen oder ein Kind in die Familie kommt und Sie den Versicherungsschutz erhöhen oder die Laufzeit verlängern wollen.
- Dynamik bei der Beitragshöhe: Um die jährliche Inflation auszugleichen, sollten die Beiträge und die BU-Rente proportional steigen. Dies sollte im Vertrag festgehalten sein.
- Dynamik der Renten im Leistungsfall: Wenn Sie in jungen Jahren berufsunfähig werden, dann steigen dadurch die Rentenzahlungen mit den Jahren. Dieses Angebot machen nur einige Anbieter – fragen Sie unbedingt bei ihm nach!
- Verzicht auf § 41 des Versicherungsvertragsgesetzes: Damit schließen Sie eine Beitragserhöhung oder eine Vertragskündigung aus, wenn Sie schuldlos oder unbewusst falsche Angaben zu möglichen Gesundheitsproblemen gemacht haben.

Beispiele für Berufsunfähigkeitsversicherungen

Anbieter	Tarif	monatl. Zahlbetrag
CosmosDirekt	CR, Comfort-Schutz	19,67 €
Nürnberger	SBU2600C	20,64 €
Europa Versicherung Pur	E-T2 N/R, BUZ Premium	20,92 €
myLife	RP, BUZ	21,65 €
Die Continentale	B1, BUV Premium	21,69 €

Quelle: biallo.de/MORGEN & MORGEN

Natürlich gibt es auch Alternativen zum BU-Schutz:

Unfallversicherung Sie ist sinnvoll, sollten Sie aus gesundheitlichen Gründen keinen BU-Schutz bekommen haben. Auch Sportler und Menschen mit einem risikoreichen Beruf sollten eine Unfallversicherung zusätzlich zum BU-Schutz in Erwägung ziehen. Denn rund 30 Prozent aller Unfälle passieren laut Deutscher Versicherungswirtschaft im Haushalt, weitere 23 Prozent beim Sport oder bei Freizeitaktivitäten.

Die Unfallversicherung greift dann, wenn Sie dauerhaft Invalide werden. Es kann aber auch eine Übergangsleistung für die Behandlungskosten, ein Krankenhaustagegeld, eine Todesfallleistung und der Kostenersatz für kosmetische Operationen vereinbart werden. Versicherungsexperten raten, nur die Invalidität und eventuell eine geringe Todesfallleistung zu vereinbaren.

Dread-Disease-Versicherung Im Gegensatz zur BU zahlt diese aus Großbritannien stammende Sonderform der Lebensversicherung eine einmalige Summe und gilt für rund 30 gelistete schwere Krankheiten wie AIDS, Krebs, Herzinfarkt, Schlaganfall, multiple Sklerose, Nierenversagen und Bypass-Operationen. Hierbei endet der Vertrag, wenn die Versicherungssumme ausgezahlt ist. Interessant ist die Dread-Disease-Police etwa für Freiberufler, die mit oder nach einer Schwersterkrankung nicht automatisch berufsunfähig sind.

Allerdings gibt es auch hier enorme Kostenunterschiede bei den Policen der verschiedenen Anbieter: Von 153,38 Euro bis zu 2126,45 Euro für Männer und 295,53 Euro bis zu 2021,64 Euro für Frauen.

Versicherungen für Homosexuelle Laut der Finanzberatung MyWay, die sich auf schwule und lesbische Kunden spezialisiert hat, lehnen fast alle als hervorragend bewertete Versicherer den Versicherungsschutz ab, sobald der Kunde seine Homosexualität bekannt gibt. Weiterhin fordern die Gesellschaften Angaben zu durchgeführten AIDS-Tests an, aus denen sie sich Rückschlüsse auf die sexuelle Orientierung des möglichen Kunden erhoffen. Einzelne Anbieter versichern Schwule und Lesben prinzipiell nur nach Vorlage eines aktuellen AIDS-Tests. Im Leistungsfall der Berufs- oder Erwerbsunfähigkeit besteht für einzelne Gesellschaften die Möglichkeit des nachträglichen Rücktritts vom Vertrag.

Grundfähigkeitsversicherung Für Menschen, die für eine BU abgelehnt wurden und bereits chronische Krankheiten wie Bronchitis oder Probleme mit der Wirbelsäule haben, bietet sich als Alternative die Grundfähigkeitsversicherung an. Sie gilt auch für selbstständige Musiker, Möbelpacker oder Börsenmakler und zahlt beim Verlust bestimmter Fähigkeiten wie Sprechen, Hören, Autofahren, Stehen oder Ähnliches eine monatliche Rente. Von Vorteil ist, dass diese Versicherung auch dann abgeschlossen werden kann, wenn Krankheiten bereits bestehen. Sie zahlt – anders als die BU-Rente – auch dann, wenn der Beruf noch ausgeübt werden kann. Der Beitrag für eine Grundfähigkeitsversicherung ist gegenüber einer Berufsunfähigkeitsversicherung wesentlich günstiger – dafür ist der Versicherungsumfang aber auch geringerer.

Risikolebensversicherung Diese Versicherung ist eine Altersvorsorge, von der nicht Sie, sondern Ihr Partner oder Ihre Familie nach Ihrem Ableben profitieren! Wobei profitieren übertrieben ist, wenn von dem Fall ausgegangen wird, dass der Haupternährer eines Haushalts plötzlich stirbt und die Kinder mit enormen finanziellen Belastungen konfrontiert sind – im schlimmsten Fall mit Kreditschulden.
Wie bei der BU-Versicherung sollten Sie klar Ihre Ansprüche auflisten: Welche Einnahmen fallen im Akutfall weg? Welche laufenden Kosten müssen weitergezahlt werden? Gibt es eine Witwen- oder Waisenrente? Wie schnell kann ein eventuell aktuell nicht arbeitender Partner ins Berufsleben einspringen?
Je früher eine Risikolebensversicherung abgeschlossen wird, umso günstiger sind die Beiträge. Schon mit kleinen monatlichen Beiträgen kann die Familie gegen den schlimmsten aller Fälle abgesichert werden. Der Abschluss lohnt sich also immer dann, wenn eine feste Lebenspartnerschaft eingegangen wird oder die Familienplanung ansteht. Kalkulieren Sie dabei nicht zu knapp und setzen Sie die Versicherungssumme von Anfang an hoch, später könnten Sie dies nur durch eine neue Gesundheitsprüfung.
Der Bund der Versicherten rät: Bei Festlegung der Versicherungssumme sollte immer die persönliche wirtschaftliche und familiäre Lage beachtet werden. Mit pauschalen Überlegungen lässt sich kaum die richtige Summe ermitteln. Besteht beispielsweise eine Familie mit kleinen Kindern, sollte die Versicherungssumme höher liegen. Berücksichtigt werden sollte aber auch die Inflationsrate. Um die richtige Höhe der Versicherungssumme zu finden, können Interessenten die Vorlage zur Bedarfsermittlung auf der Homepage vom Bund der Versicherten nutzen (www.bundderversicherten.de).
Die Laufzeit richtet sich danach, wen oder was Sie mit der Risikolebensversicherung absichern wollen. Sind es Ihre Kinder, dann vielleicht so lange, bis sie finanziell auf eigenen Füßen stehen. Bei einem Kredit zur Hausfinanzierung ist es in der Regel die Laufzeit des Darlehens.
Mehr dazu lesen Sie im Kapitel »Private Altersvorsorge«.

Beispiele für Risikolebensversicherungen

Anbieter	Tarif	Maximaler monatl. Zahlbeitrag	monatl. Zahlbeitrag	Preisvorteil Zahlbeitrag gesamte Laufzeit
Europa Versicherung PUR	E-T2 N/R	31,33 €	10,65 €	14 389 €
CosmosDirekt	CR	29,52 €	10,92 €	14 276 €
ERGO Direkt	O6A	33,17 €	11,61 €	13 986 €
asstel	AP8PZ Familie	19,60 €	11,80 €	13 906 €
DIREKTE LEBEN	D1260	21,70 €	13,02 €	13 394 €

Vorausgesetzt wird: 30 Jahre alter Mann, zahlt bis 65 Jahre ein, Versicherungssumme: 100 000 Euro

Quelle: Biallo.de / MORGEN & MORGEN

Haftpflichtversicherung Die Party war lang und am Ende hatte die Scheibe in der Balkontür einen Riss. Zum Glück hatte der Verursacher eine Haftpflichtversicherung. Kein Leben ohne eine private Haftpflichtversicherung! Dennoch hat immer noch hat jeder dritte Deutsche keine Haftpflichtversicherung, obwohl das Gesetz vorschreibt: Wer anderen schuldhaft einen Schaden zufügt, ist zum Schadensersatz verpflichtet – im Zweifel haftet er sogar unbegrenzt und mit seinem gesamten Privatvermögen sowie bis zur Pfändungsgrenze mit seinem Einkommen. Das kann Unfallverursacher in den finanziellen Ruin führen.

Bei vielen Haftpflichtversicherungen ist die Schadenssumme allerdings zu niedrig – sie sollte wenigstens 3 Millionen Euro für Personen-, Sach- und Vermögensschaden abdecken, raten Verbraucherschützer. Die Deckungssummen sind bei den Anbietern fest vorgegeben – 3, 5 oder 10 Millionen Euro etwa. Viele Versicherungen bieten sogar höhere Summen bis zur unbegrenzten Deckung an.

Das Gute: Ein höherer Pauschalbetrag kostet Sie nicht mehr! Vernünftige Policen gibt es schon um die 60 Euro im Jahr. Alte Verträge sind oft mehr als doppelt so teuer und bieten trotzdem viel weniger Deckung. Deswegen lohnt sich auch eine Nachfrage bei bestehenden Policen.

Möglich ist auch eine Selbstbeteiligung beziehungsweise ein Selbstbehalt: Das bedeutet, dass Sie für Schäden bis zu einer bestimmten Höhe selbst einstehen und die Versicherung damit entlasten – und selbst einen niedrigen Beitrag zahlen.

Nachrechnen lohnt sich – und immer alle Vertragsklauseln genau studieren!

Das gilt besonders für die Vertragsklauseln »Gefälligkeitsschäden« und »ehrenamtliche Tätigkeit«: Bittet der beste Freund um Hilfe beim Umzug ins neue Eigenheim, trägt er das Risiko. Beschädigen Sie dabei etwa die neue Couch, ist das ein Gefälligkeitsschaden, für den Sie nicht haftbar gemacht werden können. Ihre Haftpflichtversicherung zahlt also nicht – es sei denn, Sie haben »Gefälligkeitsschäden« eingeschlossen.

Wer ein Ehrenamt ausübt, ist keine Privatperson mehr. Damit springt auch nicht mehr jede Privathaftpflicht für Schäden ein. Deshalb muss entweder der Verein für seine Mitglieder eine entsprechende Versicherung abschließen oder Sie haben die spezielle Klausel in Ihrer Haftpflichtpolice: Schäden in der Ausübung von ehrenamtlichen Funktionen sind mitversichert.

Homosexuelle Paare sollten beachten: Einige wenige Gesellschaften erkennen eine Privathaftpflicht für gleichgeschlechtliche Paare an – die Mehrheit der Betroffenen schließt aber weiterhin zwei Policen ab.

Was sonst noch, bevor es an die Altersvorsorge geht? Der gute alte Notgroschen – heute darf es dann gern eine Summe sein, die für akute Anschaffungen ein Polster bildet: Es empfiehlt sich also, drei Monatsgehälter zurückzulegen! Das geht am besten mit einem Tagesgeldkonto, auf dem das Geld täglich verfügbar ist. Informieren Sie sich über Online-Angebote oder Direktbanken, nur dort gibt es heute noch halbwegs gute Zinsen. Jeden Monat sollten 5 Prozent vom Gehalt dorthin umgeleitet werden, bis die angepeilten drei Monatsgehälter angespart sind. Benötigen Sie doch einmal etwas von Ihrem Geldpolster, dann denken Sie daran, es wieder aufzufüllen.

Fazit

Listen Sie in regelmäßigen Abständen Ihre Einnahmen und Ausgaben auf und rechnen Sie sie gegeneinander auf. Nur so können Sie wissen, wie hoch die Summe sein muss, die Sie für das Rentenalter »zurücklegen« müssen. Wer eine Berufsunfähigkeits- und eine Haftpflichtversicherung abschließt, hat die wichtigen Assekuranzen bei sich. Es lohnt sich immer, Kontokonditionen und -angebote zu vergleichen und bei Bedarf das Geldinstitut zu wechseln. Wer am Ende noch einen Notgroschen für finanzielle Ausnahmesituationen bereit hält, macht alles richtig.

Gut beraten ist die halbe Miete

Dieses Kapitel möchte Ihnen eine schlechte und eine gute Beratung skizzieren und gleichzeitig erklären, warum »Beratungsprotokoll« und »Produktinformationsblatt« zwar nicht einfach zu verstehen, aber lesenswert sind. Und warum es sich lohnt, einen unabhängigen Finanzberater oder Versicherungsmakler zu konsultieren.

Volkswirtschaftliche Schäden durch Falschberatung

Die Kritik besteht seit Jahren: Die Finanzproduktberater deutscher Geld-institute nehmen sich in der Regel nur sehr wenig Zeit für den Kunden, es mangelt an einer Aufklärung zu den Risiken, und ob die empfohlenen Produkte tatsächlich passen, ist eher vom Zufall abhängig. Hauptsache, die Provision hinterher stimmt für die Bank und den Berater. Denn Bank-berater haben die Wahl: Sie können beispielsweise ihrem Kunden ein Produkt empfehlen, für dessen Verkauf 5 Prozent Provision fällig werden. Oder ein anderes, das mit 20 Prozent der vom Anleger investierten Sum-me lockt. Folge ist dann oft eine Beratung, die kaum zu Ihrem Bedarf passt, oder Sie bekommen gar eine Empfehlung zu kostenintensiven strukturierten Geldanlagen wie geschlossenen Fonds oder Zertifikaten. Hierfür gibt es in der Regel höhere Provisionen als bei Aktien, ETFs oder Anleihen. Studien belegen, dass sich Kunden immer wieder vor allem über die abhängige Beratung ärgern – auf Deutsch: Sparkassen-Kunden bekommen Produkte der Sparkassen-Tochter Deka ans Herz gelegt. Wer sein Giro- und sein Tagesgeldkonto bei der Deutschen Bank hat, erhält die Werbung für Tochterunternehmen DWS und bei den genossenschaft-lichen Banken gibt es vor allem Produkte aus der hauseigenen Schmiede Union Investment.

Insider und ehemalige Angestellte von Finanzinstituten berichten, dass in den vergangenen Jahren der Druck aus den Chefetagen der Banken ge-wachsen ist: So müssten Berater beispielsweise innerhalb einer bestimm-ten Zeit bestimmte Umsätze erbringen. Oft werde ihnen vorgeschrieben, welche Produkte sie »dringend« verkaufen müssten. Auch in der Versiche-rungsbranche ist der Verkaufsdruck groß. Zudem gibt es Fälle, in denen Vermittler etwa die Auswirkungen der Kostensenkungsprogramme von Aktiengesellschaften abfangen und als Konsequenz besonders viele Ab-schlüsse liefern müssen. Damit will der Versicherer will seine Gewinnmar-ge erhöhen.

So schließen viele Deutsche nicht nur aufgrund von Fehlinformationen zu teure oder falsche Versicherungen ab, sondern auch, weil sie sich von leeren Worthülsen und dem lauten Werbegeklingel der Vertreter aufs Glatteis führen lassen. Extrembeispiel ist das einer Rentnerin, die mit 85 Jahren nochmals eine Lebensversicherung mit 25 Jahren Laufzeit ver-kauft bekam. Bis 2010 hatten weniger als 1,7 Millionen Verbraucher eine sinnvolle Pflegezusatzversicherung abgeschlossen – ein von vielen Ex-perten als überflüssig bezeichnetes Krankenhaustagegeld dagegen mehr

Provisionen

Banken empfehlen ihre
eigene Produkte

Verkaufsdruck

als acht Millionen. Rund 122 Millionen Euro geben die Bundesbürger allein für die völlig überflüssige Insassenunfallversicherung, weitere 2,8 Milliarden Euro für die private Unfallversicherung aus, die auch fast niemand benötigt, beziffern Verbraucherschützer. Damit sind rund 90 Prozent aller Haushalte falsch versichert. Jeder Deutsche – vom Säugling bis zum Rentner – gibt laut Bund der Versicherten durchschnittlich knapp 2100 Euro pro Jahr für Versicherungen aus und besitzt durchschnittlich 5,5 Policen.

In der Baufinanzierung sind laut Institut für Finanzmarktforschung und Qualitätssicherung an der Universität Witten/Herdecke allein 10 Prozent des gesamten Baufinanzierungsvolumens auf eine Falschberatung zurückzuführen, da Großfinanzierungen scheitern. Ein Indikator sind Zwangsversteigerungen, deren Verkehrswerte sich in den vergangenen Jahren bei etwa 17 bis 18 Milliarden Euro bewegten. Das, was Häuslebauer dann bei Auktionen verlieren, liegt oft deutlich unter dem bereits Eingezahlten – es entstehen Vermögensverluste in Milliardenhöhe.

Falschberatung bei der Baufinanzierung

Der Kampf gegen die Provisionen

Seit Jahren kämpfen Anlegerschützer gegen Provisionen in der Finanzberatung – bislang vergeblich. Die Bundesregierung hat zwar im November 2012 einen Gesetzentwurf vorgelegt, der erstmals definiert, wer sich Honorarberater nennen darf. Ein generelles Provisionsverbot lehnt sie jedoch ab. Das »Vermittlungsgeld« müsse nur vollständig ausgewiesen werden. Auch auf europäischer Ebene gilt Deutschland als Bremser. Im Gegensatz zu den meisten Mitgliedern des Europaparlaments, die im Zusammenhang mit der überarbeiteten Finanzmarktrichtlinie MIFID II ein generelles Provisionsverbot anstreben, sprachen sich deutsche Abgeordnete nur dafür aus, dass Provisionen vollständig ausgewiesen werden müssen.

»Vermittlungsgeld«

Vorbereitung auf ein Beratungsgespräch

Die EU-Institutionen Parlament, Kommission und Ministerrat wollten sich bis Anfang 2013 darauf einigen, wie künftig mit Vertriebsprovisionen in Europa umzugehen ist. In zwei europäischen Staaten fährt man bereits seit 1. Januar 2013 nach strengeren Vorgaben: In Großbritannien und den Niederlanden dürfen höchstens noch auf ausdrückliche Anweisung des Kunden Provisionen vom Hersteller an den Verkäufer fließen.

Es kann auch nicht schaden, sich zum Thema Geldanlage und Versicherungen auf den neuesten Stand zu bringen. Welche Banken streiten etwa für eine unabhängige, kostenpflichtige Beratung und warum? Wie verhalten sich die versprochenen Renditezinsen der Lebensversicherer mit dem europäischen Leitzins, den die Europäische Zentralbank vorschreibt? Je mehr Sie wissen, desto selbstsicherer treten Sie im Gespräch auf – und laufen weniger Gefahr, falsch beraten zu werden.

Darüber sollten Sie sich vor dem Beratungsgespräch Gedanken machen

Es ist wichtig, sich vorab ein paar Notizen zu machen:
- Wie viel verdienen Sie pro Monat? (Gerade bei Selbstständigen fällt dies oft sehr unterschiedlich von Monat zu Monat aus)
- Wie groß ist Ihr Vermögen insgesamt? (Bausparvertrag, Kredit, anstehendes Erbe, Eigentumswohnung)
- Wie viel Geld können Sie monatlich anlegen und haben dennoch genug zum Leben?
- Wie gestaltet sich eine eventuelle Familienplanung?
- Wollen Sie ein Haus bauen oder eine Wohnung kaufen?
- Wie viel zusätzliche Rente möchten Sie einmal pro Monat haben?
- Sind Sie risikofreudig?

Diese Fragen sollte Ihnen der Berater sinnvollerweise stellen. Denn auch Banken und Versicherungen wollen sich – manchmal zu Recht – absichern.

Werden Sie nicht einmal nach diesen Basisdaten befragt, sollten Sie das Gespräch abbrechen – im eigenen Interesse. Denn im schlimmsten Fall erfahren Sie das Standardangebot, für das Berater die meiste Provision bekommt.

Ihre Fragen

Nehmen Sie auch eigene Fragen mit ins Gespräch:
- Welches Anlagevolumen wollen Sie investieren?
- Welche Unternehmen passen zu Ihrer Lebenseinstellung, welche nicht?
- Warum empfiehlt der Berater gerade dieses Produkt und kein anderes?
- Was ist dran an den Risikowarnungen zu bestimmten Produkten, die er gerade empfohlen hat?
- Wie ist das Geldinstitut bislang durch die Finanzkrise gegangen?

Lassen Sie sich kompliziertes Finanzvokabular so lange erklären, bis Sie es verstanden haben.

Die Beraterauswahl

Angestellte einer Bank oder eines Versicherungsunternehmens empfehlen häufig die Produkte der Tochtergesellschaften. Damit ist das Beratungsgespräch wohl besser als Verkaufsgespräch zu bezeichnen. Am Ende steht meist der unterschriebene Vertrag.

Unabhängige Berater bieten aus einer Palette von Produkten an und arbeiten auf Honorarbasis. Das Honorar richtet sich in der Regel nach dem Beratungsaufwand und der Dauer des Gesprächs. Sie als Kunde bekommen ein Vorschlagskonzept zur optimalen Altersvorsorge/Geldanlage – mit Tipps, Für und Wider eines Produktes. Letztlich entscheiden Sie, in was Sie investieren.

Vermögensberater bieten im Idealfall die gesamte Palette an Produkten des Marktes und können damit hoch personalisierte Dienstleistungen für die Vermögensanlage auswählen. Sie sind nicht abhängig vom vertriebsorientierten Produktverkauf. Da das Honorar nicht gering ist, lohnt sich eine Beratung ab Einstiegssummen von 200 000 Euro. Einige beraten allerdings auch schon zu speziellen Fonds, die mit kleineren Summen bestückt werden. Laut Umfragen sind Kunden unabhängiger Vermögensberater mit ihrem Finanzberater zufriedener als Bankkunden.

Finanzmakler vermitteln ausschließlich! Das heißt, dass sie nicht beraten, und sie sprechen mit Ihnen auch nicht Ihren finanziellen Lageplan durch. Der Makler hat immer nur ein Ziel: den Abschluss eines Vertrages. Denn die Provisionen etwa für Kapitallebensversicherungen – mehrere 1000 Euro – und ähnliche Anlagen, die über einen langen Zeitraum laufen, sind das Gehalt des Maklers.

Verbraucherzentralen werden oft angesteuert, wenn es (fast) zu spät ist. Sie können sich aber auch vorab dort Rat und Tipps zu Geldanlage und Altersvorsorge holen – entweder in einem Gespräch in einer Niederlassung in Ihrer Stadt, per Brief, E-Mail oder per Telefon. Diese kompetenten Beratungen (die Mitarbeiter sind oft Juristen oder Ökonomen) sind nicht gratis, aber mit 10 bis 75 Euro liegen die Kosten unter dem, was Finanzberater verlangen.
Im Internet finden Sie nützliche Telefonnummern und E-Mail-Adressen unter: www.verbraucherzentrale.de

Industrie- und Handelskammern bestellen und vereidigen seit einigen Jahren, in denen es immer häufiger Streit über Anlageberatungen gegeben hat, öffentliche Sachverständige zum Thema Kapitalanlage. Öffentlich bestellte Sachverständige werden von den Institutionen, die sie berufen haben, kontrolliert. Ihre Aufgabe ist, vertrauenswürdig, objektiv und sachkundig zu arbeiten. Auch Sachverständige müssen von Ihnen bezahlt werden.

Unabhängige Rentenberater sind auf eine spezielle Rentenberatung spezialisiert und müssen eine Zusatzqualifikation mit Abschlussprüfung besitzen, um mit Ihnen ein richtiges Vorsorgekonzept zu erstellen. Adressen gibt es beim Bundesverband der Rentenberater: www.rentenberater.de

Das schlechte Beratungsgespräch

Analyse der Ausgangssituation ungenügend

Egal, ob Geldanlage, Altersvorsorge, Kredit – entscheidend für die richtige Produktempfehlung ist die detaillierte Analyse der Ausgangslage eines jeden Bankkunden. Doch gerade in diesem Punkt bestehen bei vielen Banken die größten Defizite, ergeben immer wieder Studien. Zwar sind abhängige Bankberater nett – meist bei einem Gespräch in der Hausbankfiliale – und auf den ersten Blick kompetent. Doch am Ende der Beratungen begrenzen sich die Empfehlungen häufig nur auf Standardprodukte – weil die Kundensituation nicht genau analysiert wurde. Kundenwünsche? Nicht abgefragt. Zukunftspläne? Nicht abgefragt. Haushaltssituation? Nicht abgefragt.

Sitzen Sie also bei Ihrer Hausbank, Kekse und Kaffee sind gereicht, empfehlen wir, folgende Punkte im Hinterkopf zu behalten:

Regel Nr.1: Lassen Sie sich nicht von Lockangeboten täuschen!

Lockangebote

Der Berater bietet Ihnen Kredite mit sehr günstigen Zinsen an. Beim Vorschlag für eine Versicherung spricht er von »äußerst attraktiven Monatsbeiträgen«. Schauen Sie ins Kleingedruckte: Die beworbenen Konditionen sind oft für den Kredit- oder Versicherungsnehmer nicht oder kaum erreichbar. Bei der Empfehlung für ein Tagesgeldkonto stellt er eine überdurchschnittlich hohe Verzinsung in Aussicht. Achtung: Diese Verzinsung könnte nur bis oder ab einer bestimmten Anlagesumme gelten und auf einen kurzen Zeitraum befristet oder an andere Bedingungen geknüpft sein.

Regel Nr. 2: Lassen Sie sich nicht unter Zeitdruck setzen!

Sie sollten das sofort unterschreiben, hören Sie am Beratungstisch. Das Angebot gilt nur für kurze Zeit und es gibt auch nur noch zehn dieser Pakete. Ab morgen werden die Renditezinsen gesenkt. Stopp! Lassen Sie sich immer die Zeit, die Sie brauchen. Nehmen Sie die Angebote mit nach Hause, lesen Sie das Vertragsangebot genau. Die Unterschrift kann auch noch drei Tage warten, und wenn Sie Rückfragen haben, dann auch noch sechs Tage. Berater bieten unter Zeitdruck gern solche Geldanlagen an, die sich schlecht verkaufen. Sie sollen damit keine Gelegenheit bekommen, sich näher mit dem Angebot zu beschäftigen und darüber nachzudenken. Jeder seriöse Berater gibt Ihnen wenigstens eine Nacht, um über das Angebot schlafen zu können. Außerdem gibt es kein Geldanlageangebot, das nur wenige Stunden und in streng begrenzter Anzahl zur Verfügung steht.

Nur noch zwei Wochen im Angebot!

Regel Nr. 3: Lassen Sie sich die Risiken verständlich erklären!

Finanzprodukte werden immer vielfältiger und auch komplizierter: Deshalb ist es das A und O, dass Sie der Berater über Risiken eines Angebotes verständlich aufklärt, im besten Fall für jedermann »dolmetscht«. Dies können Sie selbst absichern, indem Sie sich die Risiken der Anlage schriftlich bestätigen lassen. Kommt es dann doch zu einem Verlust des investierten Kapitals, können Sie sich auf die Bestätigung berufen. Beim Gang zur Verbraucherzentrale oder im schlimmsten Fall vor Gericht haben Sie dann etwas in der Hand und damit mehr Chancen, einen Schadensersatz zu bekommen.

Verbraucherschützer legen ganz simple Dinge ans Herz: Nie etwas unterschreiben, das Sie nicht verstehen! So wie Sie beim Arzt die Anamnese verstehen wollen, sollten Sie auch das Vokabular Ihres Finanzberaters verständlich erklärt bekommen.

WISO Tipp

Keine Anlageform kann gleichzeitig »sehr sicher« sein und »sehr hohe Rendite« abwerfen. Das Gegenteil ist der Fall: Je höher die Risiken, umso höher die möglichen Gewinne.

Regel Nr. 4: Fallen Sie nicht auf verlockende Renditen rein!

Ein beliebter Verkaufstrick ist, mit den erwarteten Renditen zu argumentieren. Dabei werden dem Kunden jene Zahlen präsentiert, die bei einer günstigen Entwicklung erreicht werden könnten. (Bei Lebensversicherungen werden Ihnen immer die garantierte und die erwartete Versicherungssumme genannt.) Die Kalkulationen erscheinen Ihnen schlüssig und plausibel – dann hat der Berater gewonnen! So sollten Sie sich nach den Renditezahlen in der Vergangenheit erkundigen. Sahen die schlecht aus, könnte das auch ein Zeichen für die künftige Entwicklung der Geldanlage sein. Entscheidend ist nämlich nicht, welche Werte die Geldanlage möglicherweise in Zukunft erreicht, sondern welche Renditen in den vergangenen Jahren erzielt wurden.

Unseriöse Berater empfehlen auch nur ein einziges (am besten eines des hauseigenen Wertpapierhandel-Anbieters) Produkt – der Vergleich sowie das Abwägen von Vor- und Nachteilen verschiedener Angebote fällt bei diesen Gesprächen völlig weg. Fragen Sie besser nach Alternativen und unterschreiben Sie nicht gleich eine fondsgebundene Rentenversicherung – nur weil Sie »davon schon einmal gehört« haben!

Regel Nr. 5: Umschichten kommt Sie teuer zu stehen!

Bei Umschichtung werden Gebühren fällig!

Einige Anlageberater empfehlen, Ihr Wertpapierdepot regelmäßig umzuschichten. Durch die Umschichtungen sollen Gewinne gesichert oder das Risiko von Verlusten minimiert werden. Was die Anlegerberater gern unterschlagen: Bei jeder Umschichtung fallen Gebühren und Provisionen an und die müssen Sie tragen! Vertrauen Sie deshalb niemals blind Ihrem Anlageberater und gewähren ihm völlig freie Hand bei der Depotverwaltung. Nach dem Lesen der Bankunterlagen, aber auch von Tageszeitungen oder der Zeitschrift *Finanztest*, gewinnen Sie mehr Übersicht und wissen, dass Depotgebühren ein gewaltiger Batzen Geld am Ende von zwölf Monaten sind.

Vereinbaren Sie mit Ihrem Depotverwalter, dass Sie Umschichtungen zustimmen wollen, oder begrenzen Sie von Anfang an die Anzahl der Umschichtungen. Erfragen Sie immer die konkreten Kosten: von Kontoführungsgebühr inklusive Einschränkungen, Agio, Verwaltungsgebühren, Ausgabegebühren etc. Wenn am Ende eines Quartals die Verwaltungsgebühr höher als ein – erst mal nur erwarteter – Gewinn ist, denken Sie vielleicht um. Lassen Sie sich Kostenaufstellungen schriftlich bestätigen.

Regel Nr. 6: Kündigen Sie angelegtes Geld nie auf Drängen des Beraters!

Kündigung der Lebensversicherung

Versucht Ihr Bankberater, Sie dazu zu bewegen, die Lebensversicherung zu kündigen oder zumindest ruhen zu lassen? Gehen Sie darauf niemals ein, wenn Sie sich nicht selbst dazu entscheiden. Denn es bringt immer Verluste, Lebensversicherungen vorzeitig aufzulösen – schließlich sind sie Langzeit-Sparprodukte, bei denen erst nach Jahren eine Zinseszinswirkung eintritt, und zudem gibt es erst am Ende eine satte Gewinnausschüttung. (Mehr zur »Vorzeitigen Kündigung von Lebensversicherungen« im Kapitel »Lebensversicherungen«)

Regel Nr. 7: Sie müssen keine Neukunden werben!

Eine ganz miese Masche ist das Prinzip des Schneeballsystems: Bei diesen Angeboten geht es dann nicht nur darum, in ein Anlageprodukt zu
investieren, sondern gleichzeitig auch weitere Anleger zu werben. Die
absurde Begründung: Die Rendite insgesamt wird umso höher ausfallen,
je mehr Kunden Kapital in das Anlageprodukt stecken. Bei solchen Angeboten handelt es sich nahezu immer um unseriöse Angebote, bei denen
letztlich nur der Erfinder Gewinne verzeichnen kann. Hände weg davon!

Hände weg!

Vor all diesen Regeln gilt natürlich: So wie Sie niemals am Telefon Ihrem
Hausarzt Ihre Beschwerden bis ins Detail erläutern, sondern ihn dafür
aufsuchen, genauso ist ein Investment am Telefon tabu! Zudem ist das
Verkaufen am Telefon in Deutschland gesetzlich verboten. Im Internet dagegen nicht: Dennoch sollten Sie auch hier nichts anklicken, was einer
Unterschrift unter ein Anlageprodukt gleicht. Lassen Sie sich das Angebot
auf jeden Fall per E-Mail oder per Post zum ersten Selbststudium zusen-
den.
Die Zeit, sich über Risiko und Ausgaben für das Investment in ein Finanzprodukt zu informieren, sollte Ihnen niemals zu schade sein – es ist doch
schließlich Ihr Geld! Und das wollen Sie in die Altersvorsorge und nicht in
die Finanzierung Ihrer Bank anlegen!

Finger weg von problematischen Anlageprodukten

Folgende drei Finanzprodukte sollen exemplarisch für Empfehlungen stehen, von denen Verbraucherschützer und unabhängige Finanzexperten
dringend abraten:

Die Ausbildungsversicherung wird meistens von Eltern oder Großeltern bei
Geburt eines Kindes abgeschlossen. Die älteren Familienmitglieder zahlen monatlich eine bestimmte Summe ein. Hat das Kind das 18. Lebensjahr erreicht, steht das Geld für Ausbildung oder Studium zur Verfügung.
Diese Versicherung wird auch »kleine Lebensversicherung« genannt, weil
sie nach dem gleichen Prinzip wie ihre große Schwester funktioniert – nur
meist mit einer kürzeren Laufzeit von 18 Jahren. Die Ausbildungsversicherung ist wegen ihrer geringen Rendite keine rentable Geldanlage, dabei
soll sie doch der Puffer für die Ausbildungszeit sein. Wenn Sie stattdessen
beispielsweise regelmäßig 70 Euro in einen Fondssparvertrag mit 8 Prozent anlegen, haben Sie nach 20 Jahren 40 000 Euro.

»kleine Lebens-
versicherung«

Eltern sollten statt der Ausbildungsversicherung für ihre Kinder besser den Risikoschutz – also mit einer Risikolebensversicherung – vom Sparvorgang trennen. Dadurch haben Sie mehr Transparenz, geringere Kosten und bessere Renditen. Wenn Großeltern unbedingt etwas anlegen wollen, dann sollten sie eine Berufsunfähigkeitsversicherung einrichten, damit das laufende Einkommen des Enkels abgesichert ist und somit auch die notwendige Rücklagenbildung für die Zeit von Ausbildung oder Studium gesichert bleibt. Wenn Sie dann noch mehr möchten, schließen Sie ergänzend eine Unfall- oder Invaliditätsversicherung auf den Namen der Kinder ab.

Geschlossene Fonds sind unabhängig von den Kursschwankungen an der Börse. (Mehr im Kapitel »Fonds«) Als Anleger kaufen Sie Anteile (oft ab 10 000 Euro) an größeren Sachwerten wie Schiffen, Gewerbeimmobilien, Containern, Flugzeugen oder Solarparks. Ist der Investmentgegenstand vollständig finanziert, werden keine weiteren Anteile mehr verkauft und der Fonds für die kommenden zehn, 20 Jahre geschlossen – dann bekommt der Vermittler, der Ihnen diese Fondsanteile verkauft hat, eine Provision von bis zu 20 Prozent Ihrer investierten Summe.
Vorsicht: Insider sagen, von den angebotenen Beteiligungsmodellen am deutschen Markt sind weniger als 1 Prozent vermittelbar. Im schlimmsten Fall hat der Fondsmanager »keine Ahnung« und Ihr Geld ist futsch. Denn es ist schwierig, Ihre Anteile zu verkaufen – auch wenn es heutzutage einen Zweitmarkt für gebrauchte Anteile gibt. Geschlossene Fonds sind etwas für Leute, die Geld wirklich »übrig« haben. Alle anderen sollten die Finger davon lassen.

Nur für Leute, die Geld übrig haben

Bei Steuersparmodellen sollten bei Ihnen die Alarmglocken sofort angehen
Überteuerte Eigentumswohnungen mit einer vergleichsweise hohen Provision für den Vermittler, Beteiligung an einem Filmfonds, Anlage in einen Denkmalschutz-Fonds – dies sind nur einige Beispiele für Angebote (geschlossener Fonds), die unseriöse Verkäufer mit dem Hinweis anbieten: »Hier können Sie Steuern sparen!« Verbraucherschützer raten, die Finger davon zu lassen. Denn Sie werden bei dabei (Mit-)Unternehmer, müssen somit eine Steuererklärung machen. Auch wenn Ihnen in den Anfangsjahren die Steuern erlassen werden: Sieht das Finanzamt, dass nach sieben Jahren keine Gewinne erwirtschaftet wurden, fordert es die gewährleisteten Nachlässe wieder zurück. Dies kommt Sie richtig teuer zu stehen! 10 bis 15 Prozent der Einlage, die Sie eingezahlt haben, sind dann weg.

Bumeranggefahr

Zudem sind die Anlagen oft mit einer enorm hohen Provision für die Vermittler verbunden. Überlassen Sie den Vertretern auf keinen Fall Originaldokumente zur Überprüfung der finanziellen Situation!

Das gute Beratungsgespräch

Doch es gibt nicht nur schwarze Schafe unter den Finanzberatern. Einigen Vertretern dieser Berufsgruppe liegt Ihre Altersvorsorge ehrlich am Herzen und so gibt es auch das gute Beratungsgespräch. Sollte dies wie folgt ablaufen, können Sie Ihrem Gegenüber vertrauen:
- Ihr Finanzberater erzählt, welche Ausbildung er hat, wie lange er bereits seinen Beruf ausübt und dass er nicht nur für ein Finanzinstitut wirbt. Kann er Qualifikationen vorweisen und ist als Versicherungsvermittler bei der Handelskammer registriert? Kann er eine Vermögensschadenshaftpflicht vorweisen? Details eines guten Beratungsgesprächs
- Ihr Verkäufer stellt Ihnen Fragen nach Ihren privaten Bedürfnissen in kommender Zeit, aber auch in zehn, 20 Jahren, und checkt, welche wichtigen Versicherungen (private Haftpflicht und Berufsunfähigkeit) Sie haben. Er empfiehlt Ihnen weitere Versicherungen entsprechend Ihrem Lebensstand und Geldbeutel.
- Im besten Fall bekommen Sie am Ende der Beratung eine Rechnung – und haben dies vorab auch abgesprochen! Seriöse Vermittler nennen vor der Beratung ihren Preis und lassen den Kunden entscheiden, ob er damit einverstanden ist. Das kann ein Fixhonorar sein, aber auch eine Provision, die hinterher von den ersten Beiträgen an die Versicherung abgezogen wird. Sie bekommen detailliert aufgelistet, was Sie wofür zahlen, und können dies in Ruhe gegenchecken!
- Ihr Geldanlagenberater hat nicht nur ein Produkt eines einzigen Anbieters im Warenkorb. Vertrauenerweckender ist es, wenn in der Beratung auch Angebote anderer Gesellschaften empfohlen werden.
- Neuerdings können Kunden mit dem Vermittler verhandeln, ob dieser einen Teil seiner Provision weitergibt. Am günstigsten für den Kunden sind oft Tarife ohne jegliche Provision, sogenannte Honorartarife. Die meisten Vermittler haben dies jedoch noch nicht im Angebot. Denn diese Tarife basieren auf einem anderen Entlohnungssystem. Damit der Vermittler hier etwas verdient, muss er mit dem Kunden ein Honorar vereinbaren. Gute Vertreter kennen günstigere Einkaufsmöglichkeiten und weisen ihren Kunden darauf hin, etwa auf Fondsprodukte.

- Ihr Versicherungsberater sagt am Ende des mehrstündigen Gesprächs, dass Sie nun alles in Ruhe überdenken und daheim nochmals durchrechnen sollen – und dann mit dem unterschriebenen Vertrag zu ihm kommen sollen. Sie hatten niemals während der Beratung den Eindruck, unter (zeitlichen) Druck geraten zu sein.
- Damit beide Seiten wissen, was in der Beratung besprochen wurde, ist ein Protokoll (siehe unten Beratungsprotokoll) verpflichtend. Es sollte verständlich sein und auch ausführlich auf die Risiken und Nachteile einer Entscheidung eingehen. Weil dies oft nicht der Fall ist, hat Ihr Vertreter die Kernaussagen übersichtlich auf einem Blatt Papier zusammengefasst.

Die Dokumentationspflicht

Seit 2008 müssen Versicherungs- und Geldanlagenvermittler per Gesetz ihre Beratung schriftlich dokumentieren. Diese Dokumentation soll klar und verständlich und in Textform niedergelegt werden, so schreibt es der Gesetzgeber vor. Ein Vermittler, der diese Pflicht bewusst verletzt – also die Dokumentation im schlimmsten Fall weglässt –, kann von den Anlegern auf Schadensersatz verklagt werden.

Beratungsprotokolle – und warum es sich lohnt, sie zu lesen

Ein Stapel Papier liegt nun nach dem Gespräch in Ihrer Bank vor Ihnen. Die Bankberaterin hatte gesagt: »Das können Sie ja dann in Ruhe zu Hause durchlesen. Es tut mir leid, dass es so viel Papierkram ist. Aber der Gesetzgeber verlangt das so.« Nun sitzen Sie also vor einem Haufen Fachchinesisch. Auch wenn es richtig ist, dass der Gesetzgeber seit 2008 das sogenannte Beratungsprotokoll verlangt – es ist zu Ihrem eigenen Vorteil. Denn läuft etwas schief, haben Sie die Abmachungen schwarz auf weiß vor sich.

Unvollständige oder fehlerhafte Dokumentation

Eine Untersuchung der Unternehmensberatung Nielsen+Partner ein Jahr nach Einführung des Beratungsprotokolls hat allerdings ergeben: Jedes zweite Protokoll bei deutschen Banken, Sparkassen und Volksbanken weist Fehler auf und muss manuell nachbearbeitet werden. Der Grund: Viele Institute betrachten die Dokumente eher als lästige Pflicht denn als willkommene Kür. Sie versuchten, die Anforderungen mit möglichst wenig Aufwand zu erfüllen. Oft wurden die für das Beratungsprotokoll notwendigen Daten auf Papier oder beschreibbaren PDF-Dokumenten erhoben – beim Übertragen in die IT-Systeme entstanden Fehler und dadurch Probleme mit der Bankenaufsicht BaFin. Das Beratungsprotokoll sollte folgende Punkte enthalten:

- Anlass der Beratung
- Wünsche des Kunden
- Bedürfnisse des Kunden
- Produktempfehlungen mit Begründung
- Beratungsgrundlage (darin müssen abhängige Berater genau darlegen, für welche Firmen sie arbeiten)
- Entscheidung des Kunden
- Datum, Uhrzeit, Beratungsdauer, Beratungsort und Namen der Anwesenden

WISO Tipp

Sie als Kunde müssen laut Gesetz das Protokoll nicht unterschreiben! Mit der Unterschrift akzeptieren Sie die Beratung. Das kann fatal sein, wenn etwa die Risikoklasse höher ist als gewollt. Nehmen Sie das Protokoll mit nach Hause, studieren Sie es genau!

Oft sind diese von Vermittlern geschriebenen Beratungsprotokolle jedoch nicht nachvollziehbar und gehen am Bedarf der Kunden vorbei, kritisieren Verbraucherschützer.
Achtung: Für Bausparkassen gilt keine Pflicht zum Beratungsprotokoll!

Das Produktionsinformationsblatt – trockene Lektüre, die sich lohnt

Egal, ob Aktie, Zertifikat oder Pfandbrief – seit Juli 2011 bekommen Anleger zu allen Finanzprodukten einen passenden Beipackzettel, das sogenannte Produktinformationsblatt. Dieses enthält eine Produktbeschreibung, den Ausgabepreis sowie Hinweise auf Risiken – wie die negative Wertentwicklung einer Aktie. Damit sollten Sie als Anleger schneller erkennen, ob Sie bei einer Anlage Kursschwankungen in Kauf nehmen müssen oder nicht. Auch die Kosten eines Finanzprodukts müssen aufgeführt sein. Dadurch sollen Verbraucher zumindest erfahren, wie viel ihr Berater an seiner Empfehlung verdient, um im Zweifel nachhaken zu können.

Zwar folgen alle Papiere, die von der Deutschen Kreditwirtschaft entworfen wurden, der gesetzlich verlangten Gliederung. Allerdings waren die einzelnen Gliederungspunkte inhaltlich in höchst unterschiedlicher Qualität gestaltet, ergaben Untersuchungen des Verbraucherschutzministeriums: So wurden häufig Fachbegriffe verwendet, Beschreibungen sehr abstrakt gehalten oder Risikohinweise unterschlagen. Eine Stichprobe des Verbraucherschutzministeriums zeigte 2012, dass 43 Prozent der »Produktinformationsblätter« nicht den gesetzlichen Vorgaben entspre-

Mängel bei den Produktinformationsblättern

chen. Hinsichtlich der Kosten gab es in vielen Fällen eine Fülle von Informationen und Einzelposten, die »eher verwirren als informieren«. Statt das Wort Provisionen zu verwenden, arbeiten viele Anbieter mit weniger bekannten Fachbegriffen wie Agio und verschleiern auf diese Weise, dass das Geld ihnen zufließt.

Kunden können nicht immer verstehen, was in den Beipackzetteln beschrieben wird, bemängeln auch Verbraucherschützer immer wieder. So müssen sie nicht nur mit einer oft schwer verständlichen Sprache kämpfen, sondern sogar nach wichtigen Angaben suchen. Hinweise zu Kosten werden zum Beispiel im Fließtext oder Angaben zum Totalverlustrisiko in Fußnoten versteckt.

Für Investmentfonds heißt das Produktinformationsblatt »Key Investor Information Document« (KID). Es enthält europaweit einheitliche Informationsstandards zu jedem Fonds. Ähnlich wie bei den übrigen Finanzprodukten müssen auch hier Anlageziele, Kosten und Wertentwicklung sowie Risiko- und Ertragsprofil in übersichtlicher Form dargestellt werden.

Beschwerden unzufriedener Kunden

Einen ersten Schritt hin zur besseren Qualität der Anlageberatung in Deutschland ist die Bundesregierung Ende 2012 gegangen: Seit dem Beschwerderegister 1. November 2012 müssen Ihre Beschwerden von den Banken an die oberste Finanzaufsicht BaFin gemeldet werden. Das soll letztlich den Anlegerschutz erhöhen. Mithilfe des Beschwerderegisters soll die Aufsicht die Wertpapierberater und ihre Vorgesetzten besser kontrollieren können. Rund 300 000 Bankmitarbeiter sind mit Namen, Alter, Tag der Einstellung und Tätigkeitsbereich in der Datenbank gelistet. Jeder einzelne bekommt dann eine Kennnummer, die er auch beim Wechsel zu einer anderen Bank behält.

Was muss gemeldet werden? Gemeldet werden muss von der Bank künftig innerhalb von sechs Wochen jede Unmutsäußerung eines Kunden, die sich auf die Anlage- und Wertpapierberatung bezieht. Egal, ob Sie sich per Brief, per Mail oder mündlich am Telefon oder am Schalter in der Filiale beschweren. Nicht als Beschwerden gelten Gemecker über die Höhe der Dispozinsen oder der Depotgebühren. Die BaFin interessiert dabei zunächst nicht der Inhalt der Beschwerde (er muss anfangs nicht einmal angegeben werden), sondern lediglich, dass es eine gab. Erst wenn es zu einer Häufung von Beschwerden über einzelne Anlageberater oder

Filialen kommt, will sie weitere Informationen anfordern. Wann von einer Häufung gesprochen werden kann, ist nicht definiert.

Was passiert nach den Beschwerden? Bestätigen sich die Vorwürfe, droht den Bankmitarbeitern in extremen Fällen ein Berufsverbot von bis zu zwei Jahren. Kunden bekommen keine Einsicht in das Register und wissen auch nicht, ob die Bank ihre Beschwerde weitergeleitet hat.

Wie reagieren Verbraucherzentralen? Verbraucherschützer begrüßen das Instrument. Sicherlich sei nicht jede Beschwerde sinnvoll, doch dadurch hat die Aufsicht einen ständigen Sensor im Markt und kann sehr viel gezielter mögliche Missstände in der Beratung aufspüren, als dies in der Vergangenheit möglich war. Befürworter verweisen zudem darauf, dass allein die erhöhte Furcht der Bankmitarbeiter, dass sie gemeldet werden könnten, zu einer vorsichtigeren Beratung beiträgt.

WISO Tipp

Bei groben Verstößen wenden Sie sich zugleich auch schriftlich an die BaFin!

Fazit

Auf eine gute Beratung müssen Sie sich gut vorbereiten! Informieren Sie sich in Fachzeitschriften, bei der Verbraucherzentrale oder im Internet vorab und machen Sie sich vor allem klar: Wie viel Geld haben Sie monatlich »übrig«, wofür wollen Sie es anlegen, was ist Ihnen wichtig und was nicht? Lassen Sie sich bei Entscheidungen nicht zur Eile treiben und vertrauen Sie niemals einem Berater, nur weil er nett ist! Wer ehrlich beraten werden will, zahlt am besten für die Informationen vorab – und nicht indirekt in Provisionen.

Zusatzrente durch Hilfe vom Chef

Betriebsrenten sind neben der gesetzlichen Rentenversicherung schon sehr lange die zweite Säule der Altersvorsorge. Und mit aktuell rund 17 Millionen Verträgen in Deutschland ist die Betriebsrente ein Erfolgsmodell. Vor allem in den Boomjahren des deutschen Wirtschaftswunders, in den 1950er und 1960er Jahren, haben viele Arbeitgeber freiwillig für ihre Mitarbeiter diese zusätzliche Form der Altersvorsorge aufgebaut: Zum einen als Belohnung, um die Belegschaft am wirtschaftlichen Erfolg teilhaben zu lassen, zum anderen als Anreiz, ein Leben lang qualifizierte Mitarbeiter im Unternehmen zu halten. Und seit 2002 besteht für Arbeitnehmer auch ein gesetzlicher Anspruch auf eine Betriebsrente durch eine sogenannte Entgeltumwandlung.

Die Betriebsrente

Was lange Zeit eine freiwillige Leistung der Unternehmen war, ist seit 2002 gesetzlich verankert: Arbeitnehmer haben seitdem ein Recht auf Entgeltumwandlung. Das heißt, ein Teil ihres Bruttogehaltes, Sonderzahlungen wie Weihnachts- oder Urlaubsgeld sowie Gehaltserhöhungen können zugunsten einer betrieblichen Altersvorsorge umgewandelt werden. Einen Anspruch auf Entgeltumwandlung haben nur Arbeitnehmer, die in die gesetzliche Rentenversicherung einzahlen, sonst niemand. Die Beiträge können aber auch teilweise oder sogar komplett vom Arbeitgeber übernommen werden. Ein Recht auf diesen Zuschuss besteht jedoch nicht.

Vorteile einer betrieblichen Altersvorsorge

Arbeitgeber muss sich kümmern Wenn die Anlageform einer betrieblichen Altersvorsorge nicht in einem Tarifvertrag oder einer Betriebsvereinbarung geregelt ist, wählt der Arbeitgeber die Anlageform aus. Er kümmert sich auch um die Beitragszahlungen und ist Vertragspartner für den ausgewählten Anbieter beziehungsweise Finanzdienstleister. Der Arbeitnehmer muss sich also bei der Abwicklung um nichts kümmern.

Bessere Konditionen Im Vergleich zu einer individuellen, privaten Altersvorsorge sind bei einer Betriebsrente die Verwaltungs- und Abschlusskosten in den meisten der fünf Durchführungswege geringer. Das bedeutet eine bessere Rendite für den Arbeitnehmer. Hintergrund: Durch die (große) Anzahl an Verträgen bekommt der Arbeitgeber meist einen Rabatt und die Kosten werden auf einen größeren Personenkreis verteilt. Außerdem kann ein größerer Arbeitgeber beziehungsweise eine Tarifgemeinschaft speziell für die zugeschnittenen Verträge mit niedrigen Kosten rechnen.

WISO Tipp

Prüfen Sie auf jeden Fall vor Vertragsabschluss, wie sich die Brutto-Entgeltumwandlung für Sie auswirkt

Niedrigere Abgaben Wer für seine Betriebsrente auf Teile seines Bruttogehaltes verzichtet, die sogenannte Entgeltumwandlung nutzt, muss auf diese Beiträge weder Steuern noch Sozialabgaben, wie zum Beispiel Kranken-, Renten- oder Arbeitslosenversicherung, zahlen. Aber Achtung: Da man weniger Geld in die gesetzliche Renten- und Arbeitslosenversicherung einzahlt, kann man dadurch auch weniger Ansprüche geltend machen. Das heißt, man bekommt ein paar Prozent weniger gesetzliche Rente beziehungsweise hat im Falle einer Arbeitslosigkeit weniger Anspruch auf Arbeitslosengeld. Und auch das Krankentagegeld wird durch die Entgeltumwandlung gemindert.

Geld vom Arbeitgeber Viele Arbeitgeber beteiligen sich finanziell am Aufbau einer betrieblichen Altersversorgung. Vor allem große Mittelständler und Großunternehmen zahlen ihren Arbeitnehmern einen Zuschuss oder übernehmen sogar die ganzen Zahlungen. In diesen Fällen ist eine Betriebsrente sogar die erste Wahl, neben der gesetzlichen Rente eine Zusatzvorsorge aufzubauen.

Mehrere Förderwege Bestimmte Tarifverträge ermöglichen es auch, dass zum Beispiel die vermögenswirksamen Leistungen (siehe auch »Vermögenswirksame Leistungen«) in die Betriebsrente fließen. Darüber hinaus kann man unter bestimmten Voraussetzungen eine Betriebsrente an eine Riester-Förderung koppeln. In so einem Fall erhält man Steuervergünstigungen und Zulagen für den eigenen Betriebsrentenvertrag.

Sicherheit bei Insolvenz Die eingezahlten Gelder in einer Betriebsrente sind in erster Linie durch den Arbeitgeber abgesichert. Muss dieser Insolvenz anmelden, sind Betriebsrenten unterschiedlich geschützt: Betriebsrenten aus Direktzusagen, Unterstützungskassen oder Pensionsfonds sind über den Pensions-Sicherungs-Verein auf Gegenseitigkeit (PSVaG) abgesichert. Für Pensionskassen oder Direktversicherungen ist die Insolvenzsicherung über das Versicherungsaufsichtsgesetz (VAG) geregelt.

WISO Tipp

Informationen und Antworten rund um den PSVaG gibt es im Internet unter www.psvag.de. Das Versicherungsaufsichtsgesetz findet man unter www.gesetze-im-internet.de/vag/

Sicherheit bei Hartz IV Betriebsrenten werden normalerweise erst nach dem Rentenbeginn ausgezahlt und sind vor dem Zugriff des Staates geschützt, falls man einmal Hartz IV beantragen muss.

Auszahlungsbeginn Leistungen aus der Betriebsrente kann man ab dem 60. Lebensjahr beziehungsweise ab dem 62. Lebensjahr (für abgeschlossene Verträge ab 2012) erhalten. Generelle Ausnahme: Wer schon vor Erreichen der Mindestaltersgrenze eine Altersrente aus der gesetzlichen Rentenversicherung erhält, zum Beispiel wenn 45 Beitragsjahre erreicht sind, kann ab diesem Zeitpunkt ebenfalls schon Zahlungen aus der Betriebsrente bekommen.

Einmalauszahlung möglich Im Gegensatz zur Rürup- oder Riester-Rente kann man sich eine Betriebsrente zu Rentenbeginn komplett auf einmal auszahlen lassen. Das mag sich aber nur in Ausnahmefällen lohnen, da die Abgabenlast bei einer Einmalauszahlung sehr hoch ist. Wer zusätzlich Riester-Förderungen für seine Betriebsrente erhalten hat, bei dem ist die Einmalauszahlung auf 30 Prozent des Kapitals gedeckelt.

Auszahlung im Ausland Wer seinen Lebensabend im Ausland verbringen will, kann in der Regel seine Betriebsrente auch außerhalb Deutschlands genießen. Wenn bei der Überweisung zusätzliche Kosten entstehen, sind diese normalerweise vom Rentenempfänger zu zahlen.

Nachteile einer betrieblichen Altersvorsorge

Doppelte Abgabenlast in der Rentenphase Im Alter werden die Rentenzahlungen aus einer Betriebsrente auf das zu versteuernde »Einkommen« angerechnet. Dieses ist zwar in der Regel in der Rentenphase geringer als während des Erwerbslebens, jedoch gibt es kaum Freibeträge, um die Abgabenlast durch eine Betriebsrente zu mindern. Darüber hinaus muss man auf die Zahlungen den doppelten Beitrag zur gesetzlichen Kranken- und Pflegeversicherung zahlen, also man übernimmt neben dem Arbeitnehmer- auch den Arbeitgeberanteil. Nimmt man die Beitragssätze (Gesetzliche Krankenversicherung: 15,5 Prozent, Pflegeversicherung 1,95 Prozent) aus dem Jahr 2012 als Rechengrundlage, verliert man mehr als 17 Prozent seiner Brutto-Betriebsrentenzahlung.

Keine vorzeitige Auszahlung möglich Eine Betriebsrente kann erst ausgezahlt werden, wenn man auch Anspruch auf die gesetzliche Alters-, Erwerbsminderungs- oder Hinterbliebenenrente hat. Also im Normalfall zwischen dem 65. und dem 67. Lebensjahr.

Kündigung unmöglich Eine Betriebsrente kann nicht gekündigt, aber beitragsfrei gestellt werden. Die bis dahin eingezahlten Gelder werden erst zu Rentenbeginn ausgezahlt. Wird ein Betriebsrentenvertrag schon nach ein paar Jahren beitragsfrei gestellt, weil zum Beispiel der Arbeitgeber gewechselt wird und dieser den Vertrag nicht fortsetzt, kann eine Rente im Alter aus dem ersten Vertrag gering ausfallen. Der Grund: Bei Produkten wie der Direktversicherung fallen in den ersten fünf Jahren in der Regel ein Großteil der Abschlusskosten an.

Unantastbarkeit Eine Betriebsrente kann weder verkauft noch verpfändet oder beliehen werden.

Arbeitsplatzwechsel Wer seinen Arbeitgeber wechselt, kann nur unter bestimmten Umständen seine eingezahlten Beiträge problemlos mitnehmen. In der Regel entstehen Kosten und gegebenenfalls muss der ältere Vertrag beitragsfrei gestellt und eine neue Police beim neuen Arbeitgeber abgeschlossen werden. Details zur Mobilität der Betriebsrente werden auf den folgenden Seiten geklärt.

Geminderte Ansprüche Durch die Entgeltumwandlung mindert man seinen Bruttolohn und zahlt weniger Abgaben – jedenfalls so lange, wie man nicht über der Beitragsbemessungsgrenze mit seinem Gehalt liegt. Da man aber so auch weniger Geld in die gesetzliche Renten- und Arbeitslosenversicherung einzahlt, kann man später weniger Ansprüche geltend machen. Das heißt, man bekommt ein paar Prozent weniger gesetzliche Rente beziehungsweise hat im Falle einer Arbeitslosigkeit weniger Anspruch auf Arbeitslosengeld. Und auch das Krankentagegeld wird durch die Entgeltumwandlung gemindert.

Verminderter Bruttolohn

Fünf Schritte zur Betriebsrente

Schritt 1: Versorgungslücke berechnen Bevor man sich langfristig an einen Altersvorsorgevertrag bindet, sollte man unbedingt vorher genau wissen, was man (noch) als Altersabsicherung benötigt und ob man sich die monatlichen Raten überhaupt leisten kann. Daher sollte man auch bei einer Betriebsrente erst einmal einen Kassensturz machen und die Versorgungslücke berechnen.

Kassensturz

Schritt 2: Im Betrieb informieren Fragen Sie in Ihrer Firma nach den Möglichkeiten der Betriebsrente. Welche Durchführungswege gibt es? Zahlt der Arbeitgeber einen Zuschuss? Bestehen besondere tarifliche Regelungen? Welche Rente ist zu erwarten? Was für Abschlusskosten entstehen? Lassen Sie sich umfassend beraten.

Schritt 3: Informationen einholen Wenn Sie wissen, wie das in Ihrem Betrieb mit der Betriebsrente geregelt ist, sollten Sie sich zusätzlich informieren. Zeitschriften wie *Finanztest* haben in der Regel einmal im Jahr einen Test von verschieden Durchführungswegen im Heft. Hier können Sie sich über einzelne Angebote und deren Qualität schnell und einfach informieren. Das lohnt vor allem dann, wenn der Arbeitgeber keinem Versorgungswerk oder einer Pensionskasse angehört, sondern eine Direktversicherung anbietet, die Sie möglicherweise auch mit aussuchen können.

Ihre Zukunft

Schritt 4: Angebote vergleichen Wenn Sie das Angebot der Firma kennen, vergleichen Sie dieses auch dahingehend, ob es zu Ihnen passt. Vielleicht spielen Sie ja mit dem Gedanken, den Arbeitgeber in naher Zukunft zu wechseln. Oder Sie wollen sich selbstständig machen beziehungsweise ins Ausland gehen. Dann passt eine Betriebsrente möglicherweise gar nicht zu Ihnen. Darüber hinaus können Sie sich zusätzlich bei Verbraucherzentralen oder unabhängigen Rentenberatern beraten lassen, wenn Sie das konkrete Angebot aus Ihrer Firma in Händen halten.

Schritt 5: Vertrag unterschreiben Bedenken Sie, die eingezahlten Beiträge sehen Sie erst zur Rente wieder. Eine Kündigung wie bei einer Rentenversicherung oder einem Riester-Vertrag ist nicht möglich. Vor der Unterschrift sollten Sie auf jeden Fall geprüft haben:

Das sollten Sie überprüfen.

– Wie flexibel ist der Vertrag?
– Kann man Beiträge problemlos aussetzen, verringern oder erhöhen?
– Haben Sie alle Rücktritts- und Widerrufsmodalitäten geklärt?
– Welche Kosten werden von den eingezahlten Beiträgen in welchem Zeitraum abgezogen?

Kosten einer betrieblichen Altersvorsorge

Der Verbraucherzentrale Bundesverband hat im Jahr 2005 für die Studie »Vorsorgender Verbraucherschutz in der betrieblichen und privaten Altersvorsorge« (Pdf-Dokument: http://goo.gl/oWrIC) einen Fragebogen entwickelt, mit dem man die Kosten einer Betriebsrente »prüfen« kann. In der Studie wird empfohlen, folgende Punkte vor Vertragsabschluss abzufragen. Wenn Prozentpunkte genannt werden, sollte man immer nach der Berechnungsgrundlage fragen und sich die Beträge in Euro und Cent ausrechnen lassen.
– Jährlicher Beitrag für Abschlusskosten
– Verwaltungskosten in der Ansparphase
– Verwaltungskosten in der Rentenphase

- Gesamtkosten
- Mögliche Zusatzkosten bei Freistellung, Arbeitgeberwechsel und Rentenzahlung im Ausland

Staatliche Förderung

Arbeitnehmer, die auf einen Teil ihres Bruttolohns verzichten und die sogenannte Entgeltumwandlung für eine betriebliche Altersvorsorge nutzen, müssen mindestens einen Betrag in Höhe von einem 160stel der Bezugsgröße der Rentenversicherung für die betriebliche Altersversorgung umwandeln. Für 2012 sind das mindestens 196,88 Euro. Die Bezugsgröße entspricht etwa dem Durchschnittseinkommen aller Rentenversicherten und wird jährlich neu festgelegt.

Mindestbetrag

Pensionskasse, Direktversicherung oder Pensionsfonds

Maximal kann ein Arbeitnehmer pro Jahr 4 Prozent der Beitragsbemessungsgrenze der gesetzlichen Rentenversicherung (BBG-RV) steuer- und sozialabgabenfrei umwandeln. Das sind für 2012 bis zu 2688 Euro.
Zusätzlich können bei neu abgeschlossenen Verträgen ab 2005 noch weitere 1800 Euro umgewandelt werden. Diese sind nur steuerfrei, nicht aber sozialversicherungsfrei.
Wichtig dabei: Diese Entgeltumwandlung kann nur in eine Pensionskasse, eine Direktversicherung oder einen Pensionsfonds fließen. Und die Höchstbeträge für die Steuerfreiheit gelten für Arbeitgeberbeiträge und die Entgeltumwandlung des Arbeitnehmers gemeinsam.

WISO Tipp

Mit einem Förderrechner auf www.ihre-vorsorge.de können Sie die staatliche Förderung (Verminderung der Sozialabgaben und Steuerentlastung) der betrieblichen Altersversorgung für die Durchführungswege Pensionskasse und Pensionsfonds berechnen. Direkt zum Rechner: http://goo.gl/yWnW7

Direktzusage und Unterstützungskasse

Bei der Direktzusage und der Unterstützungskasse hingegen sind die Arbeitgeberbeiträge unbegrenzt steuer- und sozialabgabenfrei, da sie in Form von Rückstellungen abgeführt werden, die nicht als Lohn betrachtet werden. Die Arbeitnehmerbeiträge in Form der Entgeltumwandlung sind ebenfalls unbegrenzt steuerfrei und bis 4 Prozent der Beitragsbemessungsgrenze der gesetzlichen Rentenversicherung sozialabgabenfrei. Für das Jahr 2012 sind das 2688 Euro.

Durchführungs- wege	bis 31.12.2004 erteilte Zusagen	ab 1.1.2005 erteilte Zusagen
Direktzusage/ Unterstützungs- kasse	**Arbeitgeberbeiträge:** unbegrenzt steuerfrei und sozialabgabenfrei **Arbeitnehmerbeiträge durch Entgeltumwandlung:** unbegrenzt steuerfrei und bis 4 % BBG-RV[4] sozialabgabenfrei (2012 = 2688 Euro)	
Direkt- versicherung	**Arbeitgeberbeiträge:** • bis 1752 Euro pauschal mit 20 Prozent zu versteuern • bis 1752 Euro sozialabgaben- frei **Arbeitnehmerbeiträge durch Entgeltumwandlung:** soweit nicht bereits durch Arbeitgeberbeiträge ausge- schöpft, bis 1752 Euro pauschal mit 20 Prozent zu versteuern[1] und sozialabgabenfrei[2]	
Pensionskasse	**Arbeitgeberbeiträge:** bis 4 % BBG-RV[4] (2688 Euro) steuer- und sozialabgabenfrei; darüber hinaus Möglichkeit der Pauschalversteuerung **Arbeitnehmerbeiträge durch Entgeltumwandlung:** soweit nicht bereits durch Arbeitgeberbeiträge ausge- schöpft, bis 4 % BBG-RV[4] (2688 Euro) steuerfrei[1] und sozialabgaben- frei; darüber hinaus Möglichkeit der Pauschalversteuerung	**Arbeitgeberbeiträge:** • steuerfrei bis 4488 Euro[3] (4 % der BBG-RV[4] = 2688 Euro + 1800 Euro) • sozialabgabenfrei bis 2688 Euro **Arbeitnehmerbeiträge durch Entgeltumwandlung:** soweit nicht bereits durch Arbeitgeberbeiträge ausgeschöpft • steuerfrei bis 4488 Euro[3] (4 % der BBG-RV[4] = 2688 Euro + 1800 Euro), • sozialabgabenfrei bis 2688 Euro
Pensionsfonds	**Arbeitgeberbeiträge:** bis 4 % BBG-RV[4] (2688 Euro) steuer- und sozialabgabenfrei **Arbeitnehmerbeiträge durch Entgeltumwandlung:** soweit nicht bereits durch Arbeitgeberbeiträge ausge- schöpft, bis 2688 Euro steuerfrei[2] und sozialabgabenfrei	

Quelle: Bundesministerium für Arbeit und Soziales

1) Wenn ein Arbeitnehmer Riester-Förderung beansprucht, sind die Arbeitnehmerbeiträge individuell zu versteuern.
2) Beitragsfrei bei pauschal versteuerten Einmalzahlungen; beitragspflichtig bei Umwand- lung von laufendem Entgelt oder bei Inanspruchnahme der Riester-Förderung.
3) Eine Pauschalversteuerung ist nicht möglich.
4) BBG-RV = Beitragsbemessungsgrenze der gesetzlichen Rentenversicherung.

Beispiel 1: Familie

Ein Facharbeiter in der Chemiebranche (Ehefrau nicht berufstätig, zwei Kinder, Steuerklasse III) mit Bruttoverdienst 34 000 Euro zahlt 1000 Euro jährlich in seine Altersvorsorge. Er nutzt seinen Anspruch auf Entgeltumwandlung und erhält einen für die Chemiebranche tariflich vereinbarten Arbeitgeberzuschuss von jährlich etwa 200 Euro. Zusätzlich profitiert er noch von der Steuer- und Sozialversicherungsfreiheit in Höhe von rund 490 Euro. Insgesamt ergibt sich ein finanzieller Vorteil in Höhe von zirka 690 Euro.

Jahresbruttoverdienst	34 000 Euro
Gesamtsparleistung (Eigenbeitrag und Förderung)	1200 Euro
hiervon Arbeitgeberzuschuss	ca. 200 Euro
Steuer- und Sozialabgabenersparnis	ca. 490 Euro
Höhe der Vorteile insgesamt (Arbeitgeberzuschuss in der Chemiebranche, Steuer- und Sozialversicherungsersparnis)	ca. 690 Euro
Förderquote	ca. 58 Prozent

Quelle: Bundesministerium für Arbeit und Soziales

Beispiel 2: Single

Eine unverheiratete Arbeitnehmerin im Gastgewerbe (keine Kinder, Steuerklasse I) mit einem jährlichen Bruttoverdienst von 21 600 Euro investiert 100 Euro jährlich in ihre Altersvorsorge. Bei Entgeltumwandlung fördert der Arbeitgeber diese mit einem Zuschuss in Höhe von 16 Prozent, also 16 Euro jährlich. Nach dem für das Gastgewerbe geltenden Tarifvertrag erhält sie vom Arbeitgeber zusätzlich die sogenannte Anschubfinanzierung in Höhe von 150 Euro pro Jahr direkt auf ihr persönliches »Altersvorsorgekonto« eingezahlt (teilzeitbeschäftigte Arbeitnehmer erhalten entsprechende Teilbeträge). Insgesamt fließen also jährlich 266 Euro auf das Altersvorsorgekonto. Durch Steuer- und Sozialversicherungsersparnisse entspricht das einer Förderquote von etwa 80 Prozent.

Jahresbruttoverdienst	21 600 Euro
Gesamtsparleistung (Eigenbeitrag und Förderung)	266 Euro
hiervon Arbeitgeberzuschuss	166 Euro
Steuer- und Sozialabgabenersparnis	ca. 48 Euro
Höhe der Vorteile insgesamt (Arbeitgeberzuschuss im Gastgewerbe, Steuer- und Sozialversicherungsersparnis)	ca. 214 Euro
Förderquote	ca. 80 Prozent

Quelle: Bundesministerium für Arbeit und Soziales

Unverfallbarkeit und Anwartschaft

Bei einer Betriebsrente sind zwei grundlegende Ausrichtungen zu unterscheiden, die Unverfallbarkeit und die Anwartschaft.

Unverfallbarkeit Die eingezahlten Beiträge bei der Entgeltumwandlung sind sofort unverfallbar. Das angesparte Guthaben bleibt erhalten, egal, ob man die Firma wechselt oder man vor dem Ruhestand aus dem Betrieb vorzeitig ausscheidet.

Anwartschaft Hier finanziert der Arbeitgeber die Betriebsrente. Dieses Guthaben verfällt erst dann nicht, wenn man mindestens 25 Jahre alt ist und die Versorgungszusage mindestens seit fünf Jahren besteht.

Sind beide Voraussetzungen erfüllt, können die Anwartschaften nicht mehr verfallen. Auch dann nicht, wenn man vorzeitig aus dem Unternehmen ausscheidet.

Versorgung von Hinterbliebenen

Eine Vererbung von geförderten Betriebsrenten ist nicht möglich. Besteht eine Vererbbarkeit, dann gibt es weder die Steuererleichterungen noch eine Befreiung von den Sozialbeiträgen. Wer im Nachhinein eine Vererbung in den Vertrag aufnimmt, muss alle erhaltenen Vorteile wieder zurückzahlen. Lediglich ein Sterbegeld ist zugelassen, mit dem die Bestattungskosten beglichen werden können.

Im Gegensatz zur Vererbung ist eine Versorgung von Hinterbliebenen möglich. So haben Ihr Ehepartner und Ihre Kinder nach Ihrem Tod möglicherweise noch einen Rentenanspruch. Jedes Versorgungswerk regelt die Hinterbliebenenversorgung aber individuell. In der Regel wird eine Hinterbliebenenrente bis an das Lebensende beziehungsweise bis zur Wiederheirat des Ehegatten beziehungsweise des Partners aus einer eingetragenen Lebensgemeinschaft gezahlt.

Die Waisenrente endet mit Vollendung des 18. Lebensjahres beziehungsweise dem Ende der Schul- beziehungsweise Berufsausbildung der Waisen. Spätestens jedoch mit Ende des 25. Lebensjahrs.

Fünf Durchführungswege für eine Betriebsrente

Bei der betrieblichen Altersvorsorge gibt es fünf verschiedene Durchführungswege. Man unterscheidet dabei zwischen internen und externen Möglichkeiten, also der Selbstorganisation im Betrieb beziehungsweise außerbetrieblichen Einrichtungen.
– Direktzusage (interner Durchführungsweg)
– Unterstützungskasse (interner Durchführungsweg)
– Direktversicherung (externer Durchführungsweg)
– Pensionskasse (externer Durchführungsweg)
– Pensionsfonds (externer Durchführungsweg)

Trotz der zahlreichen Varianten haben Arbeitnehmer nicht die freie Wahl, auf welchem der fünf Wege das Geld anlegt wird. Der Arbeitgeber entscheidet alleine, welche Form gewählt wird. In der Regel ist das die Direktversicherung. Größere Firmen können auch mehrere Möglichkeiten anbieten. Hier ist meistens die Vereinbarung zur Betriebsrente im Tarifvertrag geregelt.

Schwierige Renditeerwartungen

Durch die Finanzkrise und die damit verbundenen Leitzinssenkungen haben sich seit 2008 die Renditemöglichkeiten für Versicherungen (zum Beispiel bei Direktversicherungen) und firmeneigene Institutionen (zum Beispiel Pensionsfonds oder -kasse), welche die Gelder für die Betriebsrenten einsammeln, deutlich erschwert. Der Grund: Um die garantierten Betriebsrenten im Alter auch zahlen zu können, muss in sichere Geldanlagen investiert werden, die aber auch gute Renditen erwirtschaften. Meist passiert das in Form von Staatsanleihen von Ländern mit sehr guter Bonität. Jedoch tendieren selbst Anleihen von Deutschland im Jahr 2012 bei unter 1,0 Prozent Verzinsung. Das heißt, Versicherer und firmeneigene Einrichtungen können in sicheren Anlageformen nicht ausreichend Rendite erwirtschaften. Ein Ausweichen in risikoreichere Anlageformen ist nicht erlaubt.
Unternehmen müssen laut Betriebsrentengesetz dafür garantieren, dass zumindest das Sparkapital bei Rentenbeginn zur Verfügung steht. Arbeitgeberverbände gehen schon von zukünftigen Klagewellen aus. Unternehmen, welche die Betriebsrente in

WISO Tipp

Erkundigen Sie sich, wie hoch der Deckungsgrad der Betriebsrenten in Ihrem Unternehmen ist. Je größer, desto besser für die Zukunft. Außerdem sollten Sie nachfragen, wie sich das Unternehmen auf die schwierige Renditesituation an den Finanzmärkten einstellt.

eigenen Einrichtungen durchführen, haften sogar mit dem eigenen Kapital für eine Auszahlung. Das heißt: Reichen beispielsweise die Rückstellungen bei einer Direktzusage nicht aus, um die Betriebsrenten zu zahlen, muss das Unternehmen in die eigene Kasse greifen und die Zahlungen erfüllen. Das sorgt aber für Ausfälle in der Bilanz und kann im schlimmsten Fall das Unternehmen in finanzielle Schieflage bringen. Und die Dimensionen der Pensionslasten sind enorm: Die Beraterfirmer Mercer schätzt für die 30 Unternehmen aus dem Deutschen Aktienindex (DAX) Ende 2012 Pensionsverpflichtungen in Höhe von 300 Milliarden Euro.

Direktzusage (oder Pensionszusage)

Die Firma garantiert dem Arbeitnehmer beziehungsweise dessen Hinterbliebenen die direkte Zahlung einer vereinbarten Leistung. Eine Direktzusage ist meistens eine reine Leistung des Arbeitgebers, eine Entgeltumwandlung ist generell aber auch möglich. Die zugesagten Gelder werden bei Ruhestand, Invalidität oder Tod gewährt und aus dem Betriebsvermögen gezahlt. Dafür bildet der Arbeitgeber in der Regel sogenannte Pensionsrückstellungen.

Rückstellungen

Die Direktzusage unterliegt keiner staatlichen Aufsicht oder wird sonst in irgendeiner Form reguliert. Alle Ansprüche sind geschützt und bei einer Insolvenz des Arbeitgebers zahlt der Pensions-Sicherungs-Verein die versprochenen Leistungen. Das heißt, auch wenn der Arbeitgeber zahlungsunfähig werden sollte, erhalten die Arbeitnehmer die zugesagten Versorgungsleistungen. Wer vorzeitig aus dem Unternehmen ausscheidet, behält in der Regel seine bereits erworbenen Anwartschaften. Eine zukünftige Weiterführung, beispielsweise durch Entgeltumwandlung, ist aber nicht möglich.

Unterstützungskasse

Hierbei ist der Arbeitgeber gleichzeitig Träger einer rechtlich selbstständigen Einrichtung, die sich rein der Altersvorsorge widmet. Als Arbeitnehmer hat man selbst keinen direkten Anspruch gegenüber der Unterstützungskasse, sondern nur gegenüber dem Arbeitgeber. Reicht das Geld der Unterstützungskasse nicht aus, um die Renten in voller Höher auszuzahlen, muss der Arbeitgeber einspringen und die Differenz ausgleichen. Auch mehrere Unternehmen können sich in einer Unterstützungskasse zusammenschließen, um so Verwaltungskosten zu sparen und mit mehr

Risiko des
Arbeitgebers

finanziellem Spielraum die Gelder investieren zu können. Alle Ansprüche sind auch hier bei einer Insolvenz des Arbeitgebers über den Pensions-Sicherungs-Verein abgesichert.

Direktversicherung

Die Direktversicherung ist der Klassiker unter der Möglichkeit zur Entgeltumwandlung. Sie ist einfach zu handhaben und lohnt daher auch für kleine und mittlere Betriebe. Die vom Arbeitgeber einbehaltenen Beiträge werden »einfach« in einen Versicherungsvertrag für den Arbeitnehmer eingezahlt. Anlageformen sind dabei besonders Kapitallebens- oder Rentenversicherungen. Begünstigte von den Versicherungen sind die Beschäftigten beziehungsweise im Todesfall die Hinterbliebenen.

Die Beiträge für die Direktversicherung können vollständig vom Arbeitgeber bezahlt, sowohl vom Arbeitnehmer als auch vom Arbeitgeber getragen oder komplett vom Arbeitnehmer in Form der Entgeltumwandlung gezahlt werden.

Direktversicherungen unterliegen der staatlichen Versicherungsaufsicht und müssen sich an die gültigen Anlagebeschränkungen von Versicherungen halten. Eine Absicherung bei Insolvenz über den Pensions-Sicherungs-Verein ist nur in Ausnahmefällen möglich. Trotzdem sind die eingezahlten Beiträge auch bei Insolvenz geschützt.

Außerdem darf eine Direktversicherung

– vom Arbeitgeber nicht verpfändet, abgetreten oder beliehen werden,
– nicht mit eigenen Beiträgen vom Arbeitnehmer fortgeführt werden, wenn er die Firma verlässt,
– die anfallenden Überschüsse nur zur Verbesserung der Leistungen verwenden.

Wichtig: Für Verträge, die ab 2012 abgeschlossen werden, besteht bei einer Kapitallebens- oder Rentenversicherung nur noch eine garantierte Mindestverzinsung von 1,75 Prozent. Außerdem fallen oft hohe Abschlusskosten an, die in den ersten Jahren von den eingezahlten Beiträgen abgezogen werden. **Geringe Mindestverzinsung**

Und Kritiker bemängeln bei vielen Verträgen die hohen Abschlusskosten, die dazu führen, dass die zukünftigen Rentner (sehr) alt werden müssen, bis sich die Verträge für sie lohnen. Dazu gilt es auch die schwierigen Renditemöglichkeiten der Versicherer seit dem Ausbruch der Finanzkrise 2008 zu bedenken. **Hohe Abschlusskosten**

Pensionskasse

Eine Pensionskasse ist eine eigenständig geführte Einrichtung, an der ein oder mehrere Unternehmen beteiligt sind. Die Unternehmen leiten die jeweiligen Beiträge an die Pensionskasse weiter. Die Arbeitnehmer sind daher auch bei einer Insolvenz der Unternehmen nicht betroffen, denn die Pensionskasse garantiert ihnen und ihren Hinterbliebenen den Anspruch auf die jeweiligen Leistungen. Eine Absicherung bei Insolvenz über den Pensions-Sicherungs-Verein ist nicht gegeben.

Scheiden Arbeitnehmer vorzeitig mit einer unverfallbaren Anwartschaft aus dem Unternehmen aus, können sie mit eigenen Zahlungen an die *Spezielle Form der* Pensionskasse die Altersversorgung weiter aufbauen. Pensionskassen *Lebensversicherung* sind spezielle Lebensversicherungen und unterliegen der Kontrolle der Bundesanstalt für Finanzdienstleistungen (BaFin).

Pensionsfonds

Das sind spezielle Einrichtungen für die Altersvorsorge vom Arbeitgeber. Im Gegensatz zu Direktversicherungen und Pensionskassen können Pensionsfonds das eingesammelte Kapital anders verwenden: Je nach Ausrichtung werden die Beiträge am Kapitalmarkt investiert. Also neben Aktien und Anleihen beispielsweise auch in Immobilien.

Wer vorzeitig mit einer unverfallbaren Anwartschaft aus dem Unternehmen ausscheidet, kann wie bei der Pensionskasse mit eigenen Zahlungen an den Pensionsfonds die Altersversorgung weiter aufbauen. Auch Pensionsfonds unterliegen der Kontrolle der Bundesanstalt für Finanzdienstleistungen (BaFin).

	Direkt-zusage	Unterstüt-zungskasse	Direktver-sicherung	Pensions-kasse	Pensions-fonds
Eigener Rechtsanspruch gegen den Versorgungs-träger	Kein Versor-gungs-träger	Nein	Ja	Ja	Ja
Riester-Förderung möglich	Nein	Nein	Ja	Ja	Ja
Rechtsanspruch des Arbeitnehmers auf Weiterführung mit eigenen Beiträgen nach Arbeit-geberwechsel	Nein	Nein	Ja	Ja	Ja

	Direkt-zusage	Unterstüt-zungskasse	Direktver-sicherung	Pensions-kasse	Pensions-fonds
Garantierte Mindestverzin-sung der eingezahlten Beiträge	Nein	Nein	Ja	Ja	Nein
Anlagebeschränkungen	Keine	Keine	Ja	Ja	kaum
Versicherungsaufsicht[1]	Nein	Nein	Ja	Ja	Ja
Insolvenzschutz[2]	Ja	Ja	Unter bestimm-ten Voraus-setzun-gen[3]	Nein	Ja

Quelle: Deutsche Rentenversicherung

1) In der Regel durch die Bundesanstalt für Finanzdienstleistungsaufsicht (BaFin).
2) Durch den Pensions-Sicherungs-Verein.
3) Insolvenzschutz besteht, wenn der Arbeitgeber die Direktversicherung verpfändet, abgetreten, beliehen oder dem Arbeitnehmer nur ein widerrufliches Bezugsrecht eingeräumt hat.

Betriebsrente mit anderen Angeboten koppeln oder lieber trennen?

Es ist möglich, dass man bei den Durchführungswegen Direktversiche-rung, Pensionsfonds und Pensionskasse auch die Förderung von Zula-gen (Grundzulage: 154 Euro im Jahr) und den steuerlichen Vorteil aus der Riester-Rente für seine Betriebsrente geltend machen kann. Lohnen kann der Weg für Arbeitnehmer mit Kindern. Hier winken nämlich pro Kind jähr-lich 300 Euro (Geburten ab 2008) beziehungsweise 185 Euro (Geburten bis 2007). Das muss man aber genau rechnen. Für Kinderlose raten Ren-tenberater und Verbraucherschützer generell von der Kopplung ab, denn
– man muss mindestens 4 Prozent des Vorjahres-Bruttoeinkommens ein-zahlen, um die Förderung zu erhalten;
– in der Auszahlphase müssen Krankenkassenbeiträge für Pflichtversi-cherte und freiwillig Versicherte auf die gesamte Rentenhöhe abgeführt werden – also auch auf die eingezahlten und verzinsten Zulagen aus der Riester-Förderung;
– man kann keinen abgeleiteten Riester-Anspruch für den Ehepartner in dieser Sonderform erwirken;
– man kann kein Kapital entnehmen, um Wohneigentum zu kaufen;
– man ist unflexibel. Besser ist es, Betriebs- und Riester-Rente zu trennen.

Besondere Ausnahme:
Wer aus gesundheitlichen
Gründen keinen Schutz vor
Berufsunfähigkeit als Einzel-
vertrag bekommt, diesen aber
über eine Kopplung mit einer
Betriebsrente erhält, für den
kann sich das rechnen.

Eine Betriebsrente kann auch mit einem Risikoschutz gekoppelt werden. Also mit einer Erwerbsminderungs- oder einer Berufsunfähigkeitsrente. Das sind jedoch Kostentreiber, die das Ergebnis im Alter schmälern, da der Zusatzschutz ebenfalls etwas kostet. Besser ist es, um flexibel zu bleiben, Risiko- und Altersvorsorge zu trennen – auch unter dem Gesichtspunkt, wenn man den Arbeitgeber wechselt und der neue Chef die bestehende Betriebsrente nicht übernimmt.

Eine Betriebsrente soll unter Umständen über mehrere Jahrzehnte das Alter finanzieren. Daher ist es wichtig, dass ein »Inflationsschutz« besteht, also der Geldentwertung mit einer (jährlichen) prozentualen Beitragsanpassung entgegenzuwirken. Man sollte deshalb auf jeden Fall prüfen, ob der eigene Vertrag dies vorsieht beziehungsweise, wenn der Arbeitgeber die Beiträge zahlt, dass zumindest alle drei Jahre eine Prüfung erfolgt.

Einmal im Jahr sollte der Arbeitgeber darüber informieren, wie es um die Betriebsrente steht. Möglicherweise muss man dies auch einfordern beziehungsweise bekommt vom Vertragspartner eine entsprechende Information automatisch zugeschickt. In solch einer Information sollte geklärt werden, welche Ansprüche man für das Alter bereits garantiert ausgezahlt bekommt. Auch der Todes- oder Invaliditätsfall sollte ausgewiesen werden, genauso wie die Versorgungsansprüche von Hinterbliebenen.

Mobilität der Betriebsrente

Die meisten Erwerbsbiografien in den kommenden Jahrzehnten werden mehr als einen Arbeitnehmer aufweisen. Vielleicht gibt es auch Zeiten, in denen Menschen sogar selbstständig arbeiten werden. Für solche Brüche in der Erwerbsbiografie gab es früher kaum eine Möglichkeit, man war auf die Zustimmung des neuen Arbeitgebers angewiesen. Bei einem »Nein« war man gezwungen, alte Verträge ruhen zu lassen und einen neuen Vertrag abzuschließen.

Für Verträge, die ab 2005 geschlossen wurden, gibt es ein Anrecht auf Portabilität. Jedoch gilt dies nur für Pensionskassen, Pensionsfonds und Direktversicherungen. Der neue Arbeitgeber kann in diese drei Systeme des alten Arbeitgebers einsteigen. Will er das nicht, können Sie erworbene Anwartschaften auf das Versorgungssystem des neuen Arbeitgebers übertragen – hier können möglicherweise Steuern fällig werden. Bei Altverträgen vor 2005 oder bei Unterstützungskassen und Pensionszusagen muss nach wie vor der neue Arbeitgeber einverstanden sein.

Für die Mitnahme bestehender Ansprüche müssen Sie noch Folgendes beachten:

- Innerhalb eines Jahres nach dem Ausscheiden aus dem alten Betrieb müssen Sie die Mitnahme anzeigen und beantragen.
- Hat der alte Arbeitgeber freiwillig in Ihren Vertrag etwas eingezahlt, besteht kein Anrecht darauf, dass das auch der neue Arbeitgeber macht.
- Wer aus einem internen in einen externen Durchführungsweg wechselt, muss Steuern zahlen. Das gilt auch bei der umgekehrten Wechselvariante.
- War der alte Vertrag mit einer Zusatzvorsorge gekoppelt, beispielsweise einer Berufsunfähigkeitsversicherung, dann müssen Sie solche Zusatzkomponenten selbst fortführen. Nur die originären Betriebsrentenansprüche können mit zum neuen Arbeitgeber genommen werden.
- Verlangt der neue Arbeitgeber den Abschluss eines neuen Vertrags, drohen möglicherweise Verluste. Der Übertragungswert wird im Normalfall vom neuen Versicherer wie eine Einmalzahlung für den neuen Vertrag verwendet. Bei neuen Verträgen können niedrigere Mindestverzinsungen gelten und auch andere Lebenserwartungen als Grundlage genommen werden. Und es fallen in aller Regel auch noch einmal Abschlusskosten an. Auch die alten Vertragsparameter werden nicht übernommen: das heißt ein höheres Eintrittsalter, erneute Abschlusskosten oder mehrere Minirenten im Alter, wenn mehrmals der Job gewechselt wird und jeweils eine neue Betriebsrente abgeschlossen werden muss.

WISO Tipp

Bevor Sie den Arbeitgeber wechseln, sollten Sie sich genau über eine mögliche Mitnahme der Betriebsrente informieren. Verhandeln Sie, dass der neue Arbeitgeber den alten Vertrag übernimmt.

Fazit

Eine betriebliche Altersvorsorge lohnt sowohl für junge als auch für ältere Arbeitnehmer. Vor allem dann, wenn der Arbeitgeber sich beteiligt, noch gar keine zusätzliche Altersvorsorge besteht oder man auf Gehalt problemlos verzichten kann und so in einen weiteren Altersvorsorgebaustein investieren kann.

Zusatzrente durch Hilfe vom Staat

Mit der Rentenreform aus dem Jahr 2001 wurde eine langfristige Absenkung des Rentenniveaus der gesetzlichen Rentenversicherung beschlossen. Die Bürger müssen seitdem verstärkt privat für das Alter vorsorgen, wenn sie ihren Lebensstandard im Alter halten wollen. Der Staat bietet Unterstützung beim Aufbau der privaten Altersvorsorge an: Riester-Rente, Rürup-Rente und vermögenswirksame Leistungen werden mit direkten Zulagen und Steuervorteilen in der Ansparphase staatlich subventioniert.

Die Riester-Rente

Seit 2002 gibt es die nach dem damaligen Arbeitsminister Walter Riester (SPD) benannte Rente. Zwar kann man bei keinem anderen Modell stärker von staatlicher Förderung profitieren, dennoch muss man die mittlerweile über 5000 Riester-Produkte kritisch betrachten. Denn das »Riestern« ist auch für die Anbieter zum großen Geschäft avanciert und für einen Teil der Sparer zur großen Renditeenttäuschung. Das sind Gründe, warum vor allem im Jahr 2012 die Riester-Rente erneut in die öffentliche Diskussion und Kritik geraten ist.

Kritik und Diskussion an der Riester-Rente

Verunsicherte Sparer »Zweifel an privater Altersvorsorge: Lohnt sich Riester noch?« oder »Trotz Riester-Rente in der Armutsfalle« oder »Hohe Provisionen mindern Riester-Renten im Alter« – die Riester-Rente hat im Jahr 2012 eine Achterbahnfahrt hingelegt. Geblieben sind auf jeden Fall ein Imageschaden und viele verunsicherte Sparer.

Das zeigt sich zum einen durch die geringen Neuabschlüsse: Im ersten Halbjahr 2012 kamen lediglich rund 200 000 neue Verträge hinzu. Für das zweite Halbjahr wird eine deutlich geringere Zahl erwartet. Zum Vergleich: In 2011 waren es knapp eine Million. Zum anderen ruhen knapp drei Millionen der rund 15,6 Millionen Verträge – es werden keine Zahlungen geleistet.

Die Entwicklung der Riester-Abschlüsse in tabellarischer Form

Stand Ende	Versicherungs-verträge	Banksparverträge	Investmentfondsverträge	Wohn-Riester/ Eigenheimrente	Gesamt
2007	8 355 000	480 000	1 922 000	–	10 757 000
2008	9 185 000	554 000	2 386 000	22 000	12 147 000
2009	9 794 000	633 000	2 629 000	197 000	13 253 000
2010	10 380 000	703 000	2 815 000	491 000	14 389 000
2011	10 882 000	750 000	2 953 000	775 000	15 360 000
I/2012	10 914 000	757 000	2 964 000	840 000	15 475 000
II/2012	10 916 000	770 000	2 966 000	907 000	15 559 000

Quelle: Bundesministerium für Arbeit und Soziales, Stand 30.6.2012

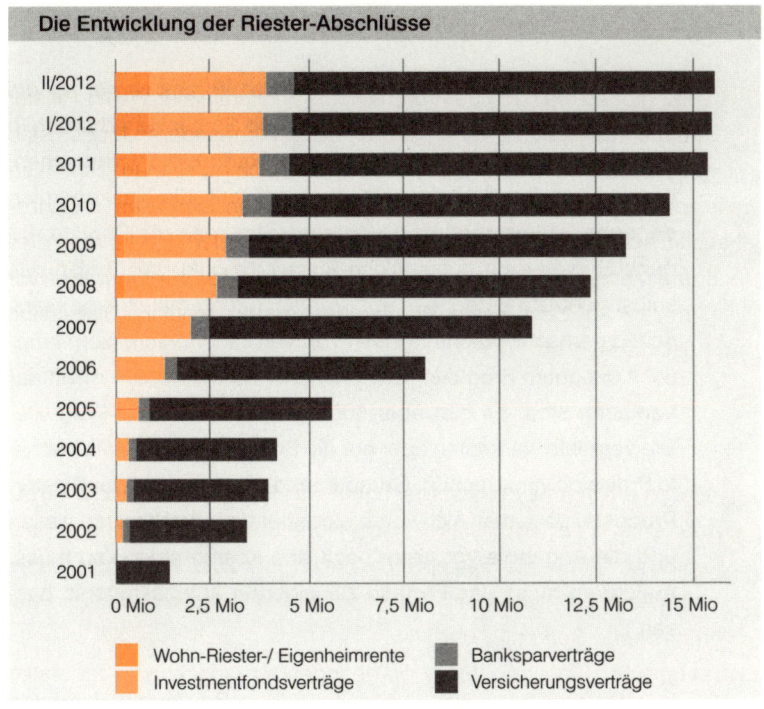

Die Entwicklung der Riester-Abschlüsse

Legende:
- Wohn-Riester-/ Eigenheimrente
- Investmentfondsverträge
- Banksparverträge
- Versicherungsverträge

© Bundesministerium für Arbeit und Soziales

Offensichtlich werden meist nur provisionsträchtige Riester-Verträge vermittelt, die oft mit den Wünschen der Kunden nichts zu tun haben. Denn wer sich mit einem Riester-Produkt absichern will, hat generell die Auswahl zwischen einem Banksparplan, einer klassischen Rentenversicherung, einem Fondssparplan oder einer fondsgebundenen Rentenversicherung. Außerdem gibt es noch verschiedene Wohn-Riester-Formen. Doch vielen Verbrauchern ist gar nicht bewusst, dass es diese unterschiedlichen Formen gibt. Sie werden vom Bankberater auf Riester angesprochen und schließen dann genau den Vertrag ab, der ihnen vorgelegt wird. Leider ist das häufig die Strategie der Vermittler von Riester-Produkten. Mit den oft hohen Provisionen verdienen sie viel Geld. Und das ist auch ein Grund, warum das Riester-Image gelitten hat. In einer Umfrage im Auftrag von WISO im Herbst 2012 halten laut der Forschungsgruppe Wahlen 47 Prozent der befragten Männer und Frauen die Riester-Rente grundsätzlich nicht für eine gute Art, für das Alter vorzusorgen. Nur 30 Prozent sagten: Ja, Riester ist eine gute Altersvorsorge.

Vorwürfe gegen die Riester-Rente

Eine neutrale Riester-Beratung bei den Verbraucherzentralen kann vor Abschluss helfen. Dabei schaut man zunächst die Finanzsituation des Verbrauchers an und analysiert den Bedarf an Finanzprodukten. Ergebnis kann dabei sein, dass der Verbraucher ausschließlich Schulden abzahlen sollte, bevor ein Investment getätigt wird. Die Empfehlung ist also nicht zwangsläufig ein Altersvorsorgevertrag. Ob dann ein Riester-Vertrag die beste Option ist oder andere Produkte, kommt auf den Einzelfall an.

An Riester verdienen nur die Konzerne Das kommt immer auf die Produkte an. So ist eine fondsgebundene Rentenversicherung in der Regel ein teures Produkt und man kann nicht vorhersehen, wie sich die Rendite der Anlagen entwickelt. Ein Banksparplan dagegen ist kostengünstig und eindeutig, was die Rendite angeht. Und wer ein gutes Wohn-Riester-Produkt dazu nutzt, das selbst genutzte Eigenheim abzuzahlen, hat normalerweise vieles richtig gemacht. Nach Angaben von Verbraucherschützern empfiehlt die guten Produkte aber niemand, da die Berater meist nur Verkäufer sind. Es gibt über 5000 zertifizierte Riester-Produkte. Die Vermittler verkaufen aber nur die Produkte, welche die höchste Provision versprechen. Grundlegend gilt eben auch für Riester-Produkte, dass man sich vorab eingehend neutral beraten lassen und die Angebote vor allem nach den Kosten abklopfen muss. Außerdem muss das Produkt zur eigenen Anlagestrategie passen.

Riester lohnt nur, wenn man sehr alt wird Bei teuren Verträgen muss man in der Tat dicht an den 90. Geburtstag rankommen, damit es sich für den Verbraucher lohnt. Wer einen kostengünstigen Vertrag, eine hohe Förderquote und seine Steuern im Alter berücksichtigt, kann rechnerisch schon mit Ende 70 beziehungsweise Anfang 80 seinen Schnitt machen. Wohlgemerkt rechnerisch, viele Riester-Verträge laufen noch 20 bis 30 Jahre, bis klar ist, wann sie sich rechnen. Auch hier gilt der Rat: Vergleichen, nachfragen, beraten lassen. Unabhängig geht das bei den Verbraucherzentralen oder bei freien Rentenberatern, die auf Honorarbasis und nicht für Provisionen arbeiten.

Riester lohnt sich finanziell für Arbeitnehmer mit geringem und mittlerem Einkommen nicht Aktuell ist die Gesetzeslage in der Tat so, dass Zahlungen aus einer Riester-Rente im Alter auf die Grundsicherung angerechnet werden. Das bedeutet, dass Geringverdiener, die im Alter eine Rente erhalten, die der Grundsicherung entspricht, durch eine zusätzliche Altersvorsorge keinen Vorteil haben, da diese Rente mit der Grundsicherung verrechnet wird. Doch das soll sich nach Plänen der Politik ändern, sodass ein Großteil oder sogar die gesamte Höhe von staatlich geförderten Altersvorsorgeprodukten anrechnungsfrei bleibt.

Und gerade durch die Zulagen kann sich vor allem ein kostengünstiger Riester-Renten-Vertrag auch für Geringverdiener lohnen. Die Zeitschrift *Finanztest* rechnet beispielsweise vor, dass eine alleinerziehende Mutter mit zwei Kindern und einem Jahreseinkommen von 20 000 Euro nur 60 Euro jährlich einzahlen muss, um 754 Euro an Zulagen einzustreichen. Sicherlich wird dies am Ende keine Reichtümer anhäufen, aber zumindest eine Zusatzrente, die nur einen geringen Eigenanteil benötigt hat.

Vor allem für Menschen mit geringen und mittleren Einkommen ist vor einem Abschluss eine Beratung und eine genaue Produktanalyse unabdingbar. So kann beispielsweise ein provisonsträchtiges Produkt für einen Geringverdiener, der keine Kinder hat, zu einem Verlustgeschäft werden.

Riester ist intransparent und unflexibel Das kann man so pauschal nicht sagen, denn Informationstransparenz und Flexibilität variieren zwischen den Anbietern und Produkten erheblich. Die Bundesregierung will hier ab 2013 mit Produktinformationsblättern für eine erhöhte Mindesttransparenz sorgen. Auch soll der Wechsel in einen anderen Vertrag beziehungsweise zu einem anderen Anbieter auf 150 Euro gedeckelt werden. Das sind für Verbraucherschützer nur erste Schritte, es könnte aber mehr im Sinne des Verbrauchers passieren.

Mindesttransparenz durch Produktinformationsblätter

Staatliche Förderung nicht für jedermann

Seit 2002 können die meisten Deutschen eine Riester-Rente abschließen. Voraussetzungen für alle sind jedoch, dass sie in Deutschland Steuern zahlen und sozialversicherungspflichtig angestellt sind.

Gefördert werden:
– Arbeitnehmer, die in die gesetzliche Rentenversicherung einzahlen
– Auszubildende
– Beamte und Richter
– Soldaten, Wehr- und Zivildienstleistende
– Empfänger von Amtsbezügen
– Beschäftigte im Niedriglohnbereich (Minijobs mit einem Verdienst über 400 und bis 800 Euro pro Monat beziehungsweise 450 bis 850 Euro ab 2013, wenn eine Gesetzesinitiative noch vor Jahresfrist 2012 im Bundesrat beschlossen wird)
– Geringfügig Beschäftigte mit einem Monatsverdienst bis 400 (450) Euro, wenn sie auf die Sozialversicherungsfreiheit verzichtet haben

- Mütter und Väter während der dreijährigen, gesetzlichen Kindererziehungszeit
- Pflichtversicherte Selbstständige, wie zum Beispiel Handwerker, Hebammen, Künstler oder Publizisten
- Bezieher von Arbeitslosengeld und Arbeitslosengeld II
- Nicht erwerbsmäßig tätige Pflegepersonen
- Landwirte, die in der Alterssicherung der Landwirte pflichtversichert sind, und ihre Ehepartner
- Bezieher einer Rente wegen Berufs- beziehungsweise Erwerbsunfähigkeit oder Erwerbsminderung
- Bezieher von Vorruhestandsgeld, Krankengeld, Verletztengeld, Versorgungskrankengeld, Übergangsgeld und Unterhaltsgeld

Keinen Anspruch auf einen direkten Riester-Vertrag haben hingegen:
- Selbstständige, die nicht in der gesetzlichen Rentenversicherung pflichtversichert sind
- Angestellte und Selbstständige in berufsständischen Versorgungseinrichtungen, wie Ärzte, Anwälte oder Architekten. Ausnahme: Wer in der gesetzlichen Rentenversicherung pflichtversichert ist, kann die Förderung erhalten.
- Personen, die freiwillig in der gesetzlichen Rentenversicherung versichert sind
- Geringfügig Beschäftigte, die einen Verdienst bis 400 (450) Euro pro Monat haben und die Sozialversicherungsfreiheit in Anspruch nehmen
- Bezieherinnen und Bezieher einer Vollrente bei erreichtem Rentenalter

Abgeleitete beziehungsweise mittelbare Riester-Förderung für Ehepaare

Eine Sonderstellung genießen verheiratete Paare: Sind diese gemeinsam steuerlich veranlagt, muss nur einer der Partner förderungsfähig sein und einen Vertrag abgeschlossen haben, damit auch der Ehegatte einen sogenannten abgeleiteten Anspruch auf die Riester-Förderung erhält. Das bedeutet, dass nicht erwerbstätige Ehepartner, wie zum Beispiel Hausfrauen und Hausmänner, ebenfalls in den Genuss der Riester-Zulagen kommen können. Einzige Voraussetzung, um staatliche Förderung zu erhalten: Jeder Ehepartner schließt einen separaten Vorsorgevertrag ab. Und die mittelbar berechtigten Partner zahlen den Sockelbetrag von 60 Euro jährlich in ihren Vertrag ein.

Vor- und Nachteile der Riester-Rente

Als zusätzliche Altersvorsorge bietet die Riester-Rente zahlreiche Vor-, aber auch einige definitive Nachteile, die man vor Abschluss unbedingt kennen sollte. Wenn Sie beispielsweise planen, Ihren Lebensabend im außereuropäischen Ausland zu verbringen, dann ist ein Riester-Vertrag nichts für Sie. Wer sich hingegen in seine spanische Wahlheimat zurückziehen will, kann dies auch mit seiner Riester-Rente machen.

Vorteile der Riester-Rente

Zertifizierungspflicht Riester-Angebote müssen vom Staat zertifiziert sein, damit Sie die direkten Zulagen und die steuerlichen Vorteile überhaupt beanspruchen können. Darüber hinaus müssen zertifizierte Produkte unter anderem garantieren, dass mindestens die eingezahlten Beiträge und Zulagen für eine lebenslange Rente vorhanden sind, Abschluss- und Vertriebskosten auf die ersten fünf Jahre aufgeteilt werden und ein vierteljährliches Kündigungs- beziehungsweise Ruhestellungsrecht gewährt wird.

> **WISO** Tipp
>
> Die Zertifizierung von Riester-Produkten sagt nichts über die Qualität eines Angebots aus und auch nichts darüber, ob es sich für Sie eignet.

Teilentnahme Riester-Sparer können sich bei Rentenbeginn bis zu 30 Prozent des angesparten Kapitals zur freien Verfügung auszahlen lassen. Der Rest muss in die lebenslange Verrentung fließen.

Wohneigentum finanzieren Sie können 100 oder 75 Prozent des vorhandenen Kapitals aus einem bestehenden Vertrag nutzen, um eine selbst genutzte Immobile unmittelbar zu bauen beziehungsweise zu kaufen. Und wenn Sie in die Rentenphase eintreten, können Sie für die Abzahlung eines Immobiliendarlehens einer selbst genutzten Immobilie auf das gesamte Kapital zurückgreifen. Möglicherweise lohnt es sich für Immobilienerwerber aber eher, in das seit 2008 angebotene Wohn-Riestern zu investieren, als auf die spätere Entnahmemöglichkeit aus einer anderen Riester-Variante zu setzen.

Schutz vor staatlichem Zugriff Eine Riester-Police ist vor Pfändung und Anrechnung im Zuge von Hartz IV geschützt. Das heißt, wenn Sie Hartz IV beziehen sollten, wird das angesparte Riester-Vermögen Ihnen als Altersvorsorge angerechnet und muss nicht verwertet werden.

Lebenslange Rente Riester-Verträge müssen eine lebenslange Rente vorsehen, die aber nicht vor dem 60. Lebensjahr beginnen darf. Für Verträge, die ab 2012 abgeschlossen wurden, ist sogar das 62. Lebensjahr die frühestmögliche Auszahlungsgrenze. Außerdem muss zum Beginn der Auszahlungsphase eine Garantie für die eingezahlten Beiträge und die gewährten Zulagen bestehen. Das heißt, alle eingezahlten Beiträge und die vom Staat gezahlten Zulagen müssen mindestens als Guthaben für die Verrentung zur Verfügung stehen. Das bedeutet wiederum, dass der Produktanbieter das kalkulieren muss, was natürlich Renditemöglichkeiten

Solide Zusatzvorsorge, aber keine Reichtümer

schmälert. Kurzum: Die Riester-Rente ist in aller Regel eine solide Zusatzvorsorge für das Alter, Reichtümer werden damit nicht erwirtschaftet.

Wechselmöglichkeiten Sie können einen Riester-Vertrag und den Anbieter wechseln. Die Kosten dafür müssen Sie bislang aber selbst tragen. Es gibt Pläne in der Bundesregierung, die Wechselgebühren auf 150 Euro zu deckeln, und bei einem Neuabschluss sollen keine erneuten Abschlusskosten mehr entstehen dürfen. Ganz wichtig: Kein Anbieter kann Ihnen den Vertrag kündigen oder Sie zu einem Wechsel auffordern.

Ruhende und zusätzliche Verträge Sie können Riester-Verträge ruhen las-

Zwei Riester-Verträge möglich

sen. Das kann sich möglicherweise lohnen, wenn Sie eine neue Vertragsvariante abschließen wollen, da Ihnen der erste Vertrag nicht mehr lohnend erscheint oder Sie andere Ziele verfolgen. Zum Beispiel: Mehr Sicherheit mit einem Banksparplan oder die selbst genutzte Immobilie mit einem Wohn-Riester-Vertrag zu finanzieren. Pro Riester-Sparer können nämlich bis zu zwei Verträge aktiv sein, die förderungsfähig sind. Wichtig: Wenn beide Verträge aktiv sind, werden die Zulagen aufgeteilt. Man bekommt also nicht zwei Mal die komplette Förderung.

Geschlechtsneutrale Verträge Die Kalkulation von Riester-Verträgen muss geschlechtsneutral erfolgen. Das heißt, eine getrennte Tarifgestaltung für Männer und Frauen ist unzulässig. Bei allen Versicherungsprodukten werden sogenannte Unisex-Tarife verlangt.

Nachteile der Riester-Rente

Keine Förderung und Auszahlung ins außereuropäische Ausland Wenn Sie endgültig ins außereuropäische Ausland ziehen sollten, dann verlieren Sie den Anspruch auf weitere Förderung und auf eine Auszahlung im Alter. Sie müssen dann alle bisher erhaltenen Begünstigungen zurückzahlen. Bei einem zeitlich begrenzten Auslandsaufenthalt können Sie den Vertrag ruhen lassen. Wer in Deutschland wohnt, aber in einem Nachbarstaat arbeitet, ist in der Regel förderberechtigt und kann in einen Riester-Vertrag einzahlen. Grenzgänger, die im Ausland wohnen und in Deutschland arbeiten, haben dagegen normalerweise kein Anrecht auf Förderung. Wer von seinem Arbeitgeber in die Ferne entsandt wird und seine Eigenbeiträge weiterzahlt, erhält nach Rückkehr die Zulagen nachträglich gezahlt.

WISO Tipp

Wer im EU-Ausland seinen Lebensabend verbringt, erhält auch dort seine Riester-Rente ausgezahlt.

Rückzahlung bei Kündigung Wenn Sie Ihren Riester-Vertrag kündigen, müssen Sie alle erhaltenen Zulagen und Steuervorteile dem Staat auf einmal zurückzahlen. Das kann schon nach einigen Jahren eine Summe von mehreren Tausend Euro ergeben.

Vererbung mit Einschränkungen Eine Vererbung des angesparten Kapitals ist generell möglich, es kommt im Detail jedoch auf den Vertrag und die Anlageform an. Nur der Ehegatte des verstorbenen Riester-Sparers darf das angesparte Guthaben inklusive staatlicher Zulagen und steuerlicher Förderung erhalten. Dafür muss der Ehegatte das Guthaben in einen eigenen Riester-Vertrag übertragen. Alle anderen Erben müssen normalerweise die staatliche Förderung zurückzahlen und die Erträge nachträglich versteuern.

In sieben Schritten zum Riester-Vertrag

Schritt 1: Versorgungslücke berechnen Bevor man sich langfristig an einen Altersvorsorgevertrag bindet, sollte man unbedingt genau wissen, was man (noch) als Altersabsicherung benötigt und ob man sich die monatlichen Raten auch leisten kann. Daher sollte man auch vor dem Abschluss einer Riester-Rente erst einmal einen Kassensturz machen und die Versorgungslücke berechnen. Vor allem dann, wenn man bereits über eine Betriebsrente, eine private Rentenstrategie oder ein abgezahltes Eigenheim verfügt.

Kassensturz

Schritt 2: Informationen einholen Vor dem Vertragsabschluss sollten Sie sich gründlich informieren. Zeitschriften wie *Finanztest*, *Capital* oder das

Handelsblatt haben in der Regel einmal im Jahr einen Test von verschiedenen Riester-Varianten im Heft. Hier können Sie sich über einzelne Angebote und deren Qualität schnell und einfach informieren.

Schritt 3: Riester-Varianten abklopfen Nachdem Sie ausreichend Informationen haben und ihre Versorgungslücke kennen, sollten Sie genau schauen, welche Riester-Varianten am besten zu Ihnen und Ihrer langfristigen Rentenstrategie passt. Zwei Beispiele: Wollen Sie bauen oder eine Immobilie kaufen und das mit einem Darlehen finanzieren? Dann ist wahrscheinlich ein Wohn-Riester-Vertrag am besten. Oder: Wollen Sie ganz auf Nummer sicher gehen, dann scheint der Banksparplan am sinnvollsten.

Schritt 4: Angebote vergleichen Wenn Sie sich die Variante ausgesucht haben, sollten Sie die Angebote genauestens auf (Neben-)Kosten und Renditeerwartungen vergleichen. Lassen Sie sich mehrere Angebote schicken oder machen Sie einen Beratertermin aus. Eine direkte Unterschrift sollten Sie beim ersten Termin aber nicht leisten. Darüber hinaus können Sie sich zusätzlich bei Verbraucherzentralen oder von unabhängigen Renten- und Anlageberatern beraten lassen.

Schritt 5: Beratungsprotokoll prüfen Wer eine Riester-Rentenversicherung beziehungsweise einen Fondssparplan abschließen will, hat das Recht auf ein Beratungsprotokoll vom Vermittler. Lassen Sie sich das vor der Unterschrift aushändigen, vom Vermittler unterschreiben und prüfen Sie es auf Richtigkeit. Sie müssen es nicht unterschreiben.

Schritt 6: Vertrag unterschreiben Bedenken Sie, eine Kündigung eines Riester-Vertrages ist möglich. Dann müssen Sie die erhaltenen Zulagen und Steuervorteile aber auf einen Schlag zurückzahlen. Auch können Sie einen Vertrag ruhen lassen und einen neuen abschließen, was aber erneute Abschlusskosten zur Folge hat. Vor der Unterschrift sollten Sie auf jeden Fall geprüft haben:
- Wie flexibel ist der Vertrag?
- Können Sie die Vertragsart und/oder den Anbieter wechseln? Wenn ja, welche Kosten fallen an?
- Wie werden die Beiträge angelegt? Haben Sie Einfluss auf die Auswahl?

- Wann wird beispielsweise bei einem Fondssparplan von Aktienanlagen in Rentenpapiere umgeschichtet? Können Sie das als Sparer beeinflussen?
- Können Sie Beiträge problemlos aussetzen, verringern oder erhöhen?
- Lohnt sich der Riester-Vertrag auch steuerlich für Sie?
- Haben Sie alle Rücktritts- und Widerrufsmodalitäten geklärt?
- Welche Kosten werden von den eingezahlten Beiträgen in welchem Zeitraum abgezogen?

Schritt 7: Dauerzulagenantrag ausfüllen Wer die jährliche Förderung vom Staat erhalten will, muss diese beantragen: Die steuerlichen Vorteile müssen in der jährlichen Steuererklärung vermerkt werden. Die direkten Zulagenzahlungen muss man beantragen. Dafür hat man zwei Jahre Zeit. Das heißt, die Zulagen für das Jahr 2012 müssen bis Ende 2014 beantragt werden. Die Beantragung wird leider oft vergessen, ein Beispiel:

Fast ein Viertel der Riester-Sparer reichte den Zulagenantrag für 2008 nicht innerhalb der zweijährigen Abgabefrist, also bis Ende 2010, ein und ließ sich damit staatliche Förderung in Höhe von rund 853 Millionen Euro entgehen.

Abhilfe schafft hier ein Dauerzulagenantrag. Damit geben Sie dem Anbieter eine Vollmacht, sodass dieser jedes Jahr automatisch nach Eingang aller Zahlungen die Zulagen beantragt und in den Riester-Vertrag investiert. Achtung: Ändern sich Ihre Familienverhältnisse oder Ihre Einkommensverhältnisse, dann müssen Sie das dem Anbieter unbedingt mitteilen. Durch den Dauerzulagenantrag sparen Sie sich nicht nur Arbeit und Zeit, sondern vergessen auch nicht, Ihre Zulagen zu beantragen. Dieser Automatismus gilt erst seit 2005. Wer vorher eine Riester-Rente abgeschlossen hat, kann die automatische Beantragung aber nachträglich einrichten.

Kündigung oder Wechsel

Die Riester-Rente ist generell nicht schlecht. Doch viele Angebote sind es. Laut einer Studie der Zeitschrift *Finanztest* aus dem Jahr 2012 leider sogar die Mehrzahl. Was sollen also die Verbraucher tun, die vielleicht schon vor Jahren einen Riester-Vertrag abgeschlossen haben und nun das ungute Gefühl haben, das Falsche getan zu haben? Eine Kündigung ist oft die schlechteste Idee, denn dann ist auch die Förderung weg und man muss diese auf einen Schlag zurückzahlen. Und die staatliche Förderung ist das Hauptargument fürs Riestern. Man spart und erhält dafür vom Staat Geld und möglicherweise Steuervorteile dazu. Doch manchmal rechnet es sich eben nicht. Und dann sollte man etwas ändern. Doch dazu muss man erst einmal wissen, ob man tatsächlich so einen ungünstigen Vertrag hat.

Der erste Schritt, wenn man zweifelt, ob man das Richtige getan hat, sollte also sein, sich mit dem Riester-Vertrag auseinanderzusetzen. Dass man damit alleine überfordert ist, ist klar. Und dass der Bankberater in der Regel kein neutraler Berater ist, sondern ein Bankverkäufer, sollte mittlerweile auch bekannt sein. Auch wenn es etwas kostet: Eine gute und unabhängige Beratung in einer Verbraucherzentrale kann sich lohnen.

Selbst wenn Sie ein ungünstigeres Produkt haben, muss ein neuer Riester-Vertrag nicht automatisch das Beste sein. Denn: Ab einer bestimmten Laufzeit kann sich ein Wechsel nicht mehr lohnen. Wenn Sie Ihren Vertrag vor mehr als fünf Jahren abgeschlossen haben, haben Sie den Großteil der Abschluss- und Vertriebskosten bereits bezahlt. Der Vorteil älterer Riester-Rentenversicherungsverträge: Der Garantiezins lag bei zwischen 2004 und 2006 unterzeichneten Verträgen noch bei 2,75 Prozent. Seit 2012 liegt er bei mageren 1,75 Prozent.

WISO Tipp

Lesen Sie auf jeden Fall das Kleingedruckte in Ihrem Vertrag zur Kündigung und auf welchen Zeitraum Kosten und Provisionen von Ihren Zahlungen einbehalten wurden.

Wichtig in jedem Fall: Keine vorschnellen Reaktionen wie Kündigung. Viel sinnvoller kann es sein, den Vertrag ruhen zu lassen, also keine Beiträge mehr einzuzahlen und sich in aller Ruhe nach einem anderen Riester-Produkt umzusehen, das besser zu Ihnen passt. Lassen Sie sich in jedem Fall von einem unabhängigen Berater beraten, damit Sie nicht einen zweiten Vertrag abschließen, der Ihnen möglicherweise erneut hohe Abschlusskosten aufbürdet.

Was Sie prüfen sollten, wenn Sie Ihren Riester-Vertrag kündigen oder wechseln wollen:
- Welche Art Riester-Vertrag haben Sie?
- Wann haben Sie ihn abgeschlossen? Wie lange zahlen Sie schon ein?
- Was haben Sie darüber hinaus an Altersvorsorge getroffen?
- Welches Alternativprodukt bietet sich für Sie an?
- Wo bekommen Sie es?
- Fallen dort erneut Kosten an?

Staatliche Förderung erhalten

Als Riester-Sparer dürfen Sie in zwei Fördertöpfe greifen: finanzielle Zuschüsse in Form der Riester-Zulagen und Steuerersparnisse durch einen Sonderausgabenabzug in der Steuererklärung. Damit Sie die Förderung erhalten, muss nicht nur das Riester-Produkt als förderfähig anerkannt und von der Bundesanstalt für Finanzdienstleistungsaufsicht (BaFin) zertifiziert worden sein, sondern ein bestimmter Anteil Ihres Einkommens aus dem Vorjahr muss gespart werden: Seit 2008 sind es 4 Prozent des Bruttovorjahreseinkommens. Wer weniger als 4 Prozent des Einkommens spart, erhält auch entsprechend geringere staatliche Zulagen. Wer beispielsweise nur die Hälfte des Mindesteigenbeitrags einzahlt, bekommt auch nur die Hälfte der staatlichen Förderung. Wie hoch Förderungen und Eigenanteil ausfallen, können Sie bei www.ihre-vorsorge.de kostenlos in einem Riester-Förderrechner (http://goo.gl/MaFY7) berechnen.

Jahr	Grundzulage pro Ehepartner	Zulage pro Kind	Mindestbeitrag[1]	Sonderausgabenabzug[2]
seit 2008	154 Euro	185 / 300 Euro[3]	75 Euro	bis 2100 Euro

1) Mit einem Kind (für Kinderlose mehr; für alle anderen weniger).
2) Eigenbeiträge und Zulagen.
3) Für Kinder, die ab 2008 geboren wurden.

Kinderbonus Für Kinder, die ab 2008 geboren wurden, gibt es 300 Euro jährlich als Bonuszahlung für einen Riester-Vertrag dazu. Kinder, die bis 2007 geboren wurden, werden mit 185 Euro pro Jahr gefördert. Den Bonus gibt es so lange, wie Sie kindergeldberechtigt sind.

Berufseinsteigerbonus Seit 2008 erhalten Riester-Sparer, die unter 25 Jahre alt sind, eine einmalige Abschlussprämie über 200 Euro.

Beispiel Alleinstehender ohne Kind

Ein Alleinstehender mit 30 000 Euro Bruttoeinkommen muss seit 2008 4 Prozent seines Gehalts, also 1200 Euro, in einen Riester-Vertrag einzahlen. Abzüglich der Grundzulage von 154 Euro muss er einen Eigenbeitrag von 1046 Euro leisten, um die volle Förderung zu erhalten. In der Steuererklärung kann er 1200 Euro als Sonderausgabenabzug angeben. So sinkt sein zu leistender Eigenanteil nochmals. Die Förderungsquote für diesen Riester-Vertrag liegt bei rund 12,8 Prozent.

Beispiel Ein Alleinerziehender mit zwei Kindern

Ein Alleinerziehender mit zwei Kindern, die beide nach 2008 geboren wurden, mit einem Bruttoeinkommen von 20000 Euro zahlt 4 Prozent seines Gehalts, also 800 Euro, in einen Riester-Vertrag ein. Abzüglich der Grundzulage von 154 Euro und der Zulagen für die Kinder in Höhe von 600 Euro muss er als Eigenbeitrag lediglich den Mindestbetrag von 60 Euro leisten, um die volle Förderung zu erhalten. In der Steuererklärung kann er 814 Euro als Sonderausgabenabzug angeben. Dadurch sinkt sein zu leistender Eigenanteil nochmals. Die Förderungsquote für diesen Riester-Vertrag liegt bei rund 92,4 Prozent.

Beispiel Familie mit zwei Kindern

Ein Alleinverdiener mit zwei Kindern – eines vor 2008 und eines danach geboren – mit einem Bruttoeinkommen von 44000 Euro muss seit 2008 4 Prozent seines Gehalts, also 1646 Euro, in einen Riester-Vertrag einzahlen. Abzüglich der Grundzulage von 154 Euro und der Zulagen für die Kinder in Höhe von 485 Euro muss er einen Eigenbeitrag von 1007 Euro leisten, um die volle Förderung zu erhalten. In der Steuererklärung kann er 1646 Euro als Sonderausgabenabzug angeben. Dadurch sinkt sein zu leistender Eigenanteil nochmals. Die Förderungsquote für diesen Riester-Vertrag liegt bei rund 38,8 Prozent.

Sockelbetrag

Um überhaupt eine Förderung zu bekommen, müssen Riester-Sparer einen sogenannten Sockelbetrag von fünf Euro pro Monat in ihren Vertrag einzahlen. Insgesamt also 60 Euro pro Jahr. Dies ist der sogenannte Sockelbetrag. Man darf den Sockelbetrag aber nicht mit dem Mindestbeitrag verwechseln, den man leisten muss, um die gesamte Förderung eines Jahres zu erhalten. Die 60 Euro müssen seit 2012 auch alle Riester-Sparer zahlen, die nur mittelbar einen Vertrag abschließen konnten beziehungsweise können, da der Ehepartner direkt förderberechtigt ist.

Einzahlungen und Zulagen beantragen

Einzahlungen Normalerweise werden Sie bei einem Sparplan oder einer Versicherung monatliche Raten vereinbaren. Jedoch können Sie auch andere Einzahlzeitpunkte wählen, selbst die jährliche Einmalüberweisung eines Gesamtbetrages ist möglich. Das sollten Sie bei Fondssparplänen aber vermeiden, da Sie bei monatlichen Zahlungen vor einem einmalig teuren Jahreseinkauf geschützt sind.

Zulagen Die Zulagen müssen Sie jedes Jahr neu beantragen. Mit einem Dauerzulagenantrag geben Sie dem Anbieter Ihres Riester-Produktes eine Vollmacht, sodass dieser jedes Jahr automatisch nach Eingang aller Zahlungen die Zulagen beantragt und in den Riester-Vertrag investiert. Achtung: Ändern sich Ihre Familienverhältnisse oder Ihre Einkommensverhältnisse, dann müssen Sie das dem Anbieter unbedingt mitteilen.

Jährliche Information vom Anbieter

Jedes Jahr bekommen Sie von Ihrem Riester-Anbieter eine Information über den Stand Ihres Altersvorsorgekontos und die geleisteten Zahlungen beziehungsweise abgerufenen Zulagen. Prüfen Sie diesen auf Richtigkeit und melden Sie sich beim Anbieter, falls Fehler aufgetreten sind.

Steuern

Da Sie während Ihres Arbeitslebens steuerlich entlastet und staatlich gefördert werden, müssen Sie Ihre jährliche Riester-Rente versteuern. Einziger Vorteil für Sie: Da Sie im Alter wahrscheinlich ein geringeres Jahreseinkommen haben, fällt die Steuerlast niedriger aus.

Riester-Rente und das Betreuungsgeld

Im November 2012 beschloss der Bund das Betreuungsgeld: Danach bekommen Eltern ab August 2013 zunächst 100 Euro pro Monat, ab August 2014 sind es 150 Euro und können diese nicht nur für Essen und Spielzeug ausgeben, sondern auch komplett in die private Altersvorsorge für Vater oder Mutter stecken. Dann zahlt der Staat dafür einen zusätzlichen Bonus von 15 Euro. Allerdings gilt dies nur für geförderte Altersvorsorgemodelle: Riester-Verträge, Rürup-Rente oder Betriebsrente (siehe Kapitel »Die Betriebsrente«).

Verbraucherschützer sehen die neue Altersvorsorgevariante skeptisch: Dies sei eher ein Konjunkturprogramm für die Versicherungsbranche, um das zuletzt schleppend laufende Geschäft mit Riester-Renten wieder anzukurbeln. Denn die neu abgeschlossenen Verträge laufen über 20 bis 30 Jahre. Das heißt: Die Eltern müssen die Versicherungsbeiträge auch dann noch bezahlen, wenn das Betreuungsgeld längst ausgelaufen ist. Das Betreuungsgeld plus der Vorsorgeaufschlag werden allein von den Vertragskosten aufgefressen.

Riester-Anlageformen

Das Ziel der Riester-Rente ist, eine zusätzliche Vorsorge für das Alter zu erreichen. In Wahrheit muss man aber feststellen, dass die geförderte Zusatzrente in erster Linie die entstehende Rentenlücke schließen soll, welche durch die Absenkungen bei der gesetzlichen Rente entstehen. Ist jene geschlossen und bleibt noch (etwas) mehr an Ertrag übrig, sorgt das erst in zweiter Linie für eine zusätzliche Vorsorge im Alter. Es werden nur Anlageformen gefördert, die nach der Erwerbstätigkeit lebenslang einen Betrag auszahlen, eine sogenannte Leibrente.

Eine komplette Einmalauszahlung zu Rentenbeginn, wie etwa bei einer Kapitallebensversicherung, ist nicht vorgesehen, maximal ist eine 30-prozentige Teilauszahlung des angesparten Kapitals möglich. Den Rest erhalten Sie als regelmäßige Auszahlung. In der Regel ist das eine monatliche Rente bis zu Ihrem 85. Lebensjahr. Ab dann werden die Leistungen ausschließlich in Form einer lebenslangen Rente erbracht, der sogenannten Restverrentungszeit. Eine Ausnahme bietet das seit 2008 bestehende Wohn-Riestern, das aber in einem eigenen Punkt erklärt wird.

Teilauszahlung möglich

Restverrentungszeit

Die Anbieter von Riester-Produkten sind normalerweise Lebensversicherer, Banken, Bausparkassen oder Fondsgesellschaften. Alle förderfähigen Anlageprodukte müssen bestimmte Voraussetzungen erfüllen, damit sie von der Bundesanstalt für Finanzdienstleistungsaufsicht (BAFin) zertifiziert werden. Die Zertifizierung sagt jedoch nichts über die Qualität der Produkte und deren Kosten aus.

Banksparplan

Hierbei werden feste Beträge zu einem Guthaben mit festgelegter Verzinsung angespart. Es gibt keinen garantierten Mindestzins wie zum Beispiel bei der privaten Rentenversicherung. Und im Zinstief der letzten Jahre beginnen Riester-Banksparpläne mit einer Verzinsung bei etwa ein Prozent. Das ist zwar weniger als die Inflationsrate und die garantierten 1,75 Prozent bei einer Riester-Rentenversicherung. Wichtig ist aber, was am Ende verzinst wird und ist. Und bei der Versicherung werden noch Provisionen und Kosten abgezogen, sodass realistisch die garantierte Verzinsung bei unter ein Prozent liegt.

Verzinsung unter 1 Prozent

Banksparpläne werden eher selten angeboten, da man an ihnen am wenigsten als Vermittler verdient. Sie sind für Menschen mit sehr hohem Sicherheitsbedürfnis geeignet. Oder wenn man erst für die letzten zehn

Jahre seines Erwerbslebens einen Riester-Vertrag abschließen möchte beziehungsweise kann. Fondssparpläne und Versicherungen lohnen da aus Kostengründen nicht mehr. Möglicherweise ist das Wohn-Riestern eine Alternative. Das muss man aber genau durchrechnen lassen.

Einen guten Banksparplan findet man leider kaum durch Zufall, denn die Banken und Vermittler verdienen zu wenig daran. Man muss danach suchen – gegebenenfalls auch außerhalb der Region und bei kleineren Banken. Doch »Fremdkunden« sind hier durchaus willkommen. Man kann die Verträge auch per Post und Postident-Verfahren abschließen. Riester ist nicht grundsätzlich schlecht. Mit dem richtigen Produkt macht es durchaus Sinn für viele Verbraucher.

Wer für seine Rentenstrategie bereits über ausreichend Standbeine verfügt, weil zum Beispiel eine Betriebsrente, ein Eigenheim und ausreichend Finanzmittel zur Verfügung stehen, der sollte auf die Riester-Förderungen vom Staat vielleicht nicht verzichten, sondern sie mitnehmen. In so einem Fall bietet sich eigentlich nur der Banksparplan an. Dieser hat die geringsten Abschlusskosten und birgt die geringsten Risiken.

Personenkreis Der Riester-Banksparplan ist geeignet für alle Riester-Sparer, die auf Sicherheit setzen und die ein planbares Guthaben auf dem Riester-Konto für eine Immobilienfinanzierung beleihen wollen. Jüngere Riester-Sparer bis Anfang 40 setzen auf Verträge mit steigenden Zinsen. Wer älter als 50 oder 55 Jahre ist, sollte generell aus Kostengründen nur in einen Riester-Banksparplan investieren. Und hier eine Variante mit festen Zinsen wählen.

Fondssparplan

Die Beiträge werden in Investmentfonds investiert. Dabei handelt es sich normalerweise um weltweit beziehungsweise europaweit orientierte Aktien- oder Rentenfonds sowie Fonds mit einer Mischung aus Aktien und Rentenpapieren. Bei den Sparplänen mit Investmentfonds lassen sich auf lange Sicht die besten Erträge erwirtschaften. Als Sparer profitieren Sie von Zinsen, Dividenden und Kursgewinnen – möglich ist eine Rendite von rund 10 Prozent pro Jahr.

Wo es die größten Renditen gibt, lauern aber auch große Verlustpotenziale. Daher sollte man möglichst lange in einen Riester-Fondsparplan

Achten Sie auf die Fonds-
auswahl und die Qualität, die
Ihnen der Anbieter ermög-
licht. Zeitschriften wie *Finanztest* oder Analysehäuser wie
Morgen&Morgen bieten re-
gelmäßig Rankings von Akti-
en- und Rentenfonds an. Und
prüfen Sie, ob und wie und zu
welchen Kosten Ihre Anlagen
umgeschichtet werden beziehungsweise Sie diese Um-
schichtung selbst anstoßen
können.

einzahlen können, um mögliche Verlustzeiten auszusitzen. Und
da die Fondsanbieter auch die eingezahlten Beiträge garantieren
müssen, greift ein Schutzmechanismus, der die Renditeerwartungen schmälern kann: In guten Börsenzeiten werden Ihre Beiträge
in renditeträchtigen Aktienfonds investiert. Kommt es zu einer
nachhaltigen Börsenflaute beziehungsweise zu unsicheren Zeiten, kann der Fondsanbieter Anteile in »sehr sichere«, aber rendi-
tearme Rentenfonds umschichten, sodass zu Rentenbeginn alle
eingezahlten Beiträge und Zulagen auch garantiert werden. Dieser Automatismus ist sicherlich nach einem lang anhaltenden
Börsenhoch und ein paar Jahre vor der Rente zu begrüßen, jedoch nicht, wenn das zu Beginn oder in der Mitte der Ansparphase passiert. Denn bei einigen Fondslösungen gilt: Was einmal in
Rentenpapiere umgeschichtet wurde, wird nicht mehr in Aktienfonds zurückgeschichtet. Damit sind eventuelle Renditechancen
für diese Anteile nicht mehr möglich.

Kosten fallen immer beim Kauf der Fondsanteile in Form eines
Ausgabeaufschlags an. Dieser kann bis zu 5 Prozent betragen. Darüber
hinaus werden jährlich 1,94 Prozent der Anlagesumme als Managementgebühr abgezogen. Und wer seinen Riester-Vertrag mitten in einer Börsenflaute wechseln will, muss mögliche Kursverluste tragen.

Personenkreis Der Riester-Fondsparplan ist vor allem für junge Menschen
bis zu einem Alter von 40 Jahren geeignet. Dieser Personenkreis kann die
Verlustrisiken am Kapitalmarkt durch die lange Laufzeit besser ausgleichen.

Klassische Rentenversicherung

Unsichere Über-
schussbeteiligung

Wer sicherheitsbewusst und bequem anlegen will, kann zu einer Riester-
Rentenversicherung greifen. Nach Abzug aller Provisionen und Kosten
wird der Großteil der Beiträge und Zulagen konservativ in festverzinslichen Wertpapieren angelegt. Das sind in aller Regel Staats- und Unternehmensanleihen. Die Verzinsung wird für Verträge, die ab 2012 abgeschlossen werden, mit mageren 1,75 Prozent garantiert. Damit ist in der
Regel auch gut planbar, was am Ende einmal herauskommen wird. Und
die meist vom Verkäufer vollmundig angepriesenen Überschussbeteiligungen sind nicht garantiert und sollten nur sehr konservativ in eine mögliche Rentenhöhe von Ihnen eingerechnet werden.

Personenkreis Menschen, die 40 bis 50 Jahre alt sind, sicherheitsorientiert und bequem sind, gehören zur Zielgruppe einer Riester-Rentenversicherung. Jedoch hat mit dem Absenken des Garantiezinses auf 1,75 Prozent diese Anlageform auch ihr letztes Verkaufsargument nahezu verloren. Rechnet man Provisionen und Kosten mit ein, ist der kostengünstige Banksparplan mittlerweile vergleichsweise genauso renditestark wie eine Riester-Rentenversicherung.

Fondsgebundene Rentenversicherung

Das Geld wird in verschiedene Fonds investiert. Das kann zwischenzeitlich zu Verlusten führen, erhöht aber auch die Renditechancen. Je nach Anbieter steht eine große Auswahl an Fonds zur Verfügung, die in der Regel vom Sparer frei gewählt werden können. Ebenfalls variieren die Abschlusskosten zwischen den Anbietern, was auf die Rendite drückt. Und es fließt in aller Regel nur der kleinere Teil in ein Fondsinvestment. Der Großteil wird für die Beitragsgarantie am Ende der Ansparphase sicher und renditearm angelegt.

Fondsgebundene Rentenversicherungen sind teure Produkte. Da geht einiges des Ersparten gleich mal für Abschluss- und Verwaltungskosten weg. Da das Geld in Fonds angelegt wird, ist die Rente, die am Ende dabei herauskommt, nicht vorhersehbar. Sprich: ein unsicheres und teures Produkt, zwar mit deutlichen Renditechancen bei einer entsprechenden Fondsauswahl, von dem Verbraucherzentralen aber eher abraten. Dennoch ist pauschaler Rat schwer. Vorteil in der Rentenphase: Man ist nicht gezwungen, einen neuen Anbieter zu suchen, wie das beispielsweise bei einem Banksparplan der Fall ist, denn der Vertrag kann in eine lebenslange Rentenversicherung umgewandelt werden.

Personenkreis Durch die hohe Kostenstruktur sind fondsgebundene Riester-Rentenversicherungen eigentlich nur etwas für jüngere Sparer bis Anfang 40.

Auszahlphase

Wer zu Beginn seines Renteneintritts Anspruch auf seine Riester-Rente hat, muss für die Auszahlungsphase nicht bei seinem ursprünglichen Riester-Anbieter bleiben. Er kann wechseln und sich eine von verschiedenen Auszahlungsvarianten aussuchen. Wichtig dabei: Wer nicht das ganze Kapital nutzt, um die selbst genutzte Immobilie schuldenfrei zu machen, für den muss – unabhängig von einer möglichen Teilauszahlung des Kapitals – das angesparte Guthaben bis zum Lebensende eine Rente ermöglichen.

– Wenn Sie fünf Jahre oder weniger vor der Rente stehen, sollten Sie sich bei Ihrem Riester-Anbieter und bei der Konkurrenz umsehen, wie die Auszahlphase gestaltet werden kann.
– Prüfen Sie erneut Kosten und Konditionen. Verlangen Sie Modellrechnungen von verschiedenen Möglichkeiten.
– Soll ein möglicher Erbe bedacht werden?

Wohn-Riester: Riestern für die eigene Immobilie

Aller Kritik zum Trotz erfreut sich eine Form der Riester-Rente in den letzten Jahren steigender Beliebtheit: das Wohn-Riestern. Also statt eine kapitalgedeckte Altersvorsorge aufzubauen, wird in die selbst genutzte Immobilie investiert. Die gestiegene Nachfrage nach Wohn-Riester mag vielleicht auch damit zusammenhängen, dass seit 2008 vor allem das »Beton-Gold«, also die eigenen vier Wände, wieder als sichere Anlageform sehr stark nachgefragt ist. Mit einem Riester-Vertrag kann man schon immer seine selbst genutzte Immobilie finanzieren, das heißt:

WISO Tipp

Nicht alle Riester-Varianten eignen sich für eine geplante zwischenzeitliche Entnahme. So kann bei einem Fondssparplan gerade eine Flaute herrschen und das Guthaben nicht die erwünschte Höhe aufweisen.

Möglichkeit 1 Sie können 100 oder 75 Prozent des vorhandenen Kapitals aus einem bestehenden Vertrag nutzen, um eine Immobile unmittelbar zu bauen beziehungsweise zu kaufen. Oder Sie können bei Eintritt ins Rentenalter ein Baudarlehen mit dem (gesamten) Riester-Guthaben ablösen.
Bei der zwischenzeitlichen Entnahme gibt es aber zeitliche Fristen, die Sie einhalten müssen, wenn Sie nicht Ihre Riester-Förderung verlieren wollen. So muss man beispielsweise das entnommene Kapital innerhalb von zwölf Monaten für einen Immobilienkauf oder einen -bau verwenden.

Möglichkeit 2 Seit 2008 werden mit Wohn-Riester auch Bausparverträge und Immobiliendarlehen direkt staatlich unterstützt. Gefördert werden hier spezielle Bausparverträge, Baudarlehen oder Kombiprodukte aus einem Bausparvertrag und einem tilgungsfreien Darlehen. Wichtigste Voraussetzungen:

– Sie müssen die Immobilie selbst bewohnen, eine Vermietung ist pauschal nicht möglich. Es gibt aber Ausnahmeregelungen, zum Beispiel wenn man aufgrund von Krankheit befristet in ein Pflegeheim kommt. Wenn der Auszug aus beruflichen Gründen geschieht, kann die Immobilie zeitlich befristet vermietet werden, ohne dass die staatliche Förderung und die Steuervorteile zurückgezahlt werden müssen. Wenn Sie in Rente gehen, müssen Sie aber wieder in die Immobilie ziehen.

– Der Kauf einer vermieteten und die Modernisierung einer bestehenden Immobilie ist mit Wohn-Riester nicht möglich.

– Der Kreditvertrag muss vorsehen, dass das geförderte Darlehen bis zum 68. Lebensjahres getilgt sein muss.

Drei Varianten

Für das Wohn-Riestern gibt es drei unterschiedliche Varianten, deren Vorzüge kurz beschrieben werden. Vor allem Bausparkassen bieten diese Riester-Variante an, ist es doch ihr angestammtes Geschäftsfeld. Bei allen drei Varianten fallen natürlich auch Kosten an. Lassen Sie sich diese genau aufschlüsseln. So können Sie diese bei den Angeboten vergleichen.

Bausparvertrag	Wer konkret plant, kann sich damit vor steigenden Zinsen schützen. Vergleichen Sie die Anbieter und Konditionen aber genau. Ein Riester-Bausparvertrag lohnt sich, wenn Sie für ein Eigenheim sparen wollen, aber eben noch nicht wissen, wann Sie bauen oder kaufen wollen. Riester-Bausparverträge sind genauso gut wie »normale« Bausparverträge. Mit Zulagen und Steuervorteilen haben sie aber einen mehrere Tausend Euro umfassenden Vorteil im Gepäck.
Baudarlehen	Wer direkt kaufen oder bauen will, sollte zum geförderten Darlehen greifen. Die Zinsen sollten aber nicht viel höher als bei einem herkömmlichen Hypothekenkredit sein. Und auch hier gilt: Das Riester-Baudarlehen erspart dem Kreditnehmer durch Zulagen und Steuervorteile mehrere Tausend Euro an Kosten – bei Familien mit Kindern können das schnell 20 000 bis 30 000 Euro sein.
Kombiprodukte	Darunter versteht man einen Kombikredit einer Bausparkasse, der aus einem (Voraus-)Darlehen und einem neuen Bausparvertrag besteht. Hier muss der Effektivzins genannt werden. Das erleichtert Ihnen den Vergleich. Das Riester-Kombiprodukt unterscheidet sich zum Riester-Baudarlehen vor allem bei der Tilgung.

Bevor Sie sich für das Wohn-Riestern entscheiden, lassen Sie sich eingehend beraten. Nicht nur Kosten, Darlehensstruktur und steuerliche As-

WISO Tipp

Die Zeitschrift *Finanztest* bietet in der Regel einmal im Jahr einen detaillierten Vergleich bei Wohn-Riester-Angeboten an.

pekte sind beratungsintensiv, sondern auch die Regelungen, wenn Sie die Immobilie verkaufen oder vermieten wollen. Lassen Sie sich Angebote von den Bausparkassen machen und gehen Sie damit entweder zu einem freien Finanzberater, der Sie auf Honorarbasis berät, oder zu einer Verbraucherzentrale. Vorteil: Beide Beratungsoptionen können Sie auch bei der grundlegenden Finanzierung Ihres Eigenheimes beraten. Damit bekommen Sie bei der Finanzierung ein Gesamtkonzept aus einer Hand. Das kann sich für Sie lohnen.

Steuern im Alter

Beim Wohn-Riestern gibt es keine Rentenzahlungen, die versteuert werden müssen. Dafür wird ein fiktives »Wohnförderkonto« eingerichtet, auf dem die geförderten Vorsorgebeiträge verbucht und jährlich mit zwei Prozent verzinst werden. Auf diese Summe muss man im Ruhestand dann Steuern zahlen.

Beratungsmöglichkeiten und Hilfe bei Streit

Da die Riester-Rente unterschiedliche Produktvarianten kennt, gibt es bei Streitigkeiten auch unterschiedliche Anlaufstellen für die Verbraucher. Generell gilt erst einmal: Informationen und Beratung bekommen Sie vor der Unterzeichnung eines Riester-Vertrages bei

- der Deutschen Rentenversicherung Bund unter der Telefonnummer 0800/100048070 in einem persönlichen Beratungsgespräch oder im Internet www.deutsche-rentenversicherung-bund.de (kostenlos);
- unabhängigen Versicherungs- und Rentenberatern, die neutral und gegen Honorar beraten. Zu finden beispielsweise beim Bundesverband der Versicherungsberater e.V. unter www.bvvb.de;
- den Verbraucherzentralen gegen Honorar. Zu finden unter www.verbraucherzentralen.de;
- dem Bund der Versicherten. Als Mitglied ist die Beratung kostenlos und man kann von Gruppentarifen profitieren.

Lassen Sie sich ruhig unterschiedliche Angebote von Unternehmen geben, unterschreiben Sie aber erst einmal nicht, sondern vergleichen Sie beziehungsweise lassen Sie vergleichen.

Kommt es zum Streitfall zwischen Ihnen und dem Unternehmen, können Sie sich bei den Riester-Varianten an verschiedene Schlichtungsstellen beziehungsweise Ombudsleute wenden. Das Schlichtungsverfahren ist für Verbraucher in aller Regel kostenlos. Man muss sich auch nicht an den Schlichterspruch halten. Dennoch ist es im Streitfall eine mögliche Variante, einen teuren Rechtstreit zu vermeiden.

Versicherungsombudsmann e. V.
Postfach 080632
10006 Berlin
Tel: 0800 3696000 (Anrufe aus dem deutschen Telefonnetz)
E-Mail: beschwerde@versicherungsombudsmann.de
Internet: www.versicherungsombudsmann.de

Kundenbeschwerdestelle beim Bundesverband deutsche Banken
Postfach 040307
10062 Berlin
Tel: 030 16633166
Internet: www.bankenverband.de/service/beschwerdestelle

Kundenbeschwerdestelle beim Bundesverband der Deutschen Volksbanken und Raiffeisenbanken (BVR)
Schellingstraße 4
10785 Berlin
Internet: www.bvr.de (Suchwort: »Kundenbeschwerdestelle«)

Kundenbeschwerdestelle beim Deutschen Sparkassen- und Giroverband
Charlottenstr. 47
10117 Berlin
Tel: 030 202251510
E-Mail: kundenbeschwerdestelle@dsgv.de
Internet: www.dsgv.de/de/ueber-uns/schlichtungsstelle/index.html

Ombudsstelle des Bundesverband Investment und Asset Management e.V. (BVI)
Unter den Linden 42
D-10117 Berlin
Tel: 030 64490460
E-Mail: info@ombudsstelle-investmentfonds.de
Internet: www.ombudsstelle-investmentfonds.de

Schlichtungsstelle der Landesbausparkassen

Postfach 7448

48040 Münster

Tel: 0800 5891250

Internet: www.lbs.de (Suchwort: »Schlichtungsstelle«)

Kundenbeschwerdestelle des Verbandes der privaten Bausparkassen

Postfach 30 30 79

10730 Berlin

Internet: www.bausparkassen.de

(Suchwort: »Kundenbeschwerdestelle«)

Die private Basisrente (»Rürup-Rente«)

WISO Tipp

Für das Jahr 2013 gib es Pläne der Politik, den förderfähigen Höchstbetrag einer Basisrente auf 24 000 Euro zu vergrößern. Bei Ehepaaren würde das dann eine Grenze von 48 000 Euro bedeuten.

Mit der Einführung der Riester-Rente haben auch Freiberufler und Selbstständige eine Möglichkeit bekommen, mit Unterstützung vom Staat freiwillig privat für das Alter vorzusorgen. Seit 2005 gibt es die Basisrente. Bislang wurden rund 1,5 Millionen Verträge abgeschlossen. Die Basisrente bietet zwar keine direkten Zulagen, sondern lockt mit Steuervergünstigungen: Für 2012 sind es bis zu 14 800 Euro, die steuermindernd eingesetzt werden können. Dieser Betrag steigert sich auf bis zu 20 000 Euro im Jahr 2025. Und bei Ehepaaren gilt jeweils sogar der doppelte Jahresbetrag.

Die Basisrente wird auch Rürup-Rente genannt nach ihrem Erfinder, dem Ökonomen Bert Rürup. Die Basisrente richtet sich in erster Linie an Freiberufler und Selbstständige, die nicht in ein berufsständisches Versorgungswerk einzahlen können beziehungsweise die eine zusätzliche private Altersvorsorge abschließen wollen. Aber auch für ältere Beamte und sehr gut verdienende Angestellte kann die Basisrente eine (zusätzliche) Option sein – vor allem wenn für diese Personengruppe der Renteneinstieg schon absehbar ist.

Ungeeignet ist diese Vorsorgeform für angestellte Berufseinsteiger und Berufstätige im mittleren Alter, die einen durchschnittlichen Steuersatz haben (beispielsweise durch die Freibeträge für Kinder oder einen nicht beziehungsweise in Teilzeit arbeitenden Partner). Menschen mit niedrigem Einkommen sollten von einer Rürup-Rente komplett die Finger lassen. Und wer seine Altersvorsorge erst einmal mit einer Betriebs-

beziehungsweise Riester-Rente aufbauen will, für den ist die Rürup-Rente in aller Regel zunächst uninteressant. Daher ist es auch für die meisten Immobilienbesitzer, welche die eigenen vier Wände mit Kredit finanzieren, wichtiger, diese finanzielle Last zu tragen, als noch ein weiteres Altersvorsorgeprodukt abzuschließen.

Eine Basisrente kann sich vor allem dann für Sie lohnen, wenn Sie

- einen hohen Steuersatz in der Ansparphase haben,
- einen niedrigen Steuersatz in der Rentenphase haben,
- bei Abschluss schon mindestens 45 bis 55 Jahre alt sind,
- hohe Beiträge jährlich einzahlen können,
- das angesparte Kapital vor einem Zugriff durch Staat und Sozialkassen geschützt sein soll.

Voraussetzungen und Regelungen

Lebenslange Rente Das angesammelte Kapital kann nur in Form einer lebenslangen monatlichen Rente ausgezahlt werden. Und das frühestens ab dem 60. Lebensjahr. Erfolgt der Vertragsabschluss 2012 oder später, ist eine Auszahlung sogar erst ab dem 62. Lebensjahr möglich.

Wechsel Normalerweise ist ein Anbieterwechsel nicht möglich, da die Anbieter das nicht zulassen. Wenn Sie sich eine Wechseloption in den Vertrag schreiben lassen können, sollten Sie das machen.

Kündigung Eine vorzeitige Rückzahlung Ihres Guthabens ist ausgeschlossen. Daher gibt es auch keinen Rückkaufswert, wie zum Beispiel bei einer Lebens- oder Rentenversicherung. Lediglich eine Beitragsfreistellung ist in der Ansparphase möglich.

Weitergabe Policen können weder beliehen, übertragen, vererbt noch verschenkt werden.

Mitnahme ins Ausland Wer seinen Lebensabend im sonnigen Süden verbringen will, kann Leistungen aus der Basisrente auch im Ausland erhalten. Achtung: Es können aber zusätzliche Steuern anfallen, die Ihre Renten-Zahlungen schmälern.

Sicher bei Hartz IV und Pfändung **Das angesparte Kapital ist vor dem Zugriff der Staates bei längerer Arbeitslosigkeit (Hartz IV) geschützt. Und während der Ansparphase kann ein Vertrag nicht komplett gepfändet werden. Hier gelten altersabhängige Grenzen – je älter, desto höher der geschützte Betrag.**

Vermögensschutz bei Unterhaltsverpflichtungen **Werden die eigenen Eltern pflegebedürftig und reichen deren Vermögen und Rentenzahlungen nicht aus, um die Pflege zu zahlen, springt erst einmal das Sozialamt ein. Dieses wird aber versuchen, sich das Geld von den Kindern zu holen. In diesem Fall ist das angesparte Basisrenten-Vermögen vor einem Zugriff des Sozialamtes geschützt.**

Sozialversicherungsfreiheit **Bei der Basisrente fallen keine Beiträge zur gesetzlichen Kranken- und Pflegeversicherung an. Ausnahme: Wenn Sie im Alter freiwillig versichert sind, werden Sie an Ihrer vollen wirtschaftlichen Leistungsfähigkeit gemessen. Darum können auch auf die Auszahlungen einer Basisrente Beträge für Ihre Krankenversicherung fällig werden.**

Todesfallschutz **Stirbt der Versicherte vor Rentenbeginn, verfällt das eingezahlte Kapital. Man kann jedoch eine Zusatzvereinbarung über eine Hinterbliebenenrente oder eine Beitragsrückgewähr vereinbaren. Die gewährten Steuervorteile müssen jedoch zurückgezahlt werden.**

Hinterbliebenenschutz **Stirbt der Versicherte nach Rentenbeginn, so ist das Kapital verloren. Es kann jedoch für einen möglichen Ehegatten eine Hinterbliebenenrente (»Witwen- beziehungsweise Witwerrente«) vereinbart werden. Auch Kinder können von einem Hinterbliebenenschutz profitieren. Sie erhalten dann eine Waisenrente. Aber nur so lange, wie sie kindergeldberechtigt sind. In der Regel ist das bis zum 25. Lebensjahr der Fall.**

Risiko- und Berufsunfähigkeitsschutz **Basisrenten-Policen können auch mit einer Risiko- und Berufsunfähigkeitsversicherung kombiniert werden. Davon ist abzuraten: Zum einen kostet das zusätzlich. Zum anderen kann zum Beispiel bei einer Beitragsfreistellung der Rürup-Rente auch der Zusatzschutz betroffen sein und Sie sind nicht abgesichert. Besser ist: Trennen Sie Risikoschutz und Vermögensaufbau – und das gilt generell bei allen Verträgen.**

Produktwahl

Bei der Basisrente haben Sie normalerweise die Wahl zwischen einer Rentenversicherung mit garantierter Grundverzinsung oder einer fondsgebundenen Rentenversicherung. Seltener gibt es reine Fondssparpläne. Damit die Einzahlungen in der Steuererklärung auch vom Finanzamt akzeptiert werden, müssen die Policen seit 2010 durch die Bundesanstalt für Finanzdienstleistungsaufsicht (BaFin) zertifiziert sein. Aber Achtung: Das Zertifikat gibt keinen Hinweis, dass das Produkt gut ist oder zu Ihnen passt.

Grundlegend gilt, dass eine Basisrente mit monatlichen Zahlungen oder (mehreren) Einmalzahlungen im Jahr bespart werden kann. Auch ein Mindestbetrag wird nicht gefordert. Genaueres regelt der individuelle Vertrag. Man sollte auf flexible Extrazahlungen achten. In der Regel fallen bei Abschluss des Vertrages entsprechende Kosten an, die auf mehrere Jahre verteilt werden. Sollen innerhalb der Ansparphase Produkte oder Bedingungen gewechselt werden, können nochmals Gebühren anfallen. Es gibt mehrere Anlageprodukte, die für eine Basisrente in Betracht kommen. Sie unterscheiden sich vor allem hinsichtlich der Renditechancen, Kosten, Garantien und Mitsprache, wie die Beiträge investiert werden.

Vergleiche der Stiftung Warentest und des Bundes der Versicherten zeigen, dass kundenfreundliche Rürup-Verträge bis maximal vier Prozent der Gesamtsumme an Provisionen und Gebühren verlangen. Alles, was mehr kostet, ist teuer und wird sich vielleicht selbst nach einer langen Laufzeit für den Kunden nicht ordentlich rechnen. Und einen gut wirtschaftenden Anbieter zu finden ist gar nicht so leicht: So haben beispielsweise bei einem Vergleich der Zeitschrift *Test* (Ausgabe 12/2011) unter 31 Rürup-Rentenversicherungen nur fünf Anbieter bei der garantierten Rente mit einem »Gut« abgeschnitten.

Wichtig: Vor allem in den ersten Jahren langen die Versicherer kräftig zu und zweigen die Abschluss- und Verwaltungsprovisionen ab. Daher sollten Sie vor Vertragsabschluss sich zum einen den Verlauf Ihrer Zahlungen mit dem entsprechend zu erwarteten Mindestergebnis zeigen lassen. Zum anderen sollten Sie sich eine Modellrechnung vorlegen lassen, wenn Sie nach fünf, zehn, 15 und 20 Jahren Ihren Vertrag beitragsfrei stellen würden. So können Sie erkennen, wann Sie mit Ihren Beiträgen ins Plus kommen.

WISO Tipp

Alle Schutzmechanismen für Hinterbliebene oder Zusatzvereinbarungen für Risiko- und Berufsunfähigkeitsversicherung kosten extra und schmälern dementsprechend die Rentenzahlungen im Alter.

WISO Tipp

Informieren Sie sich vorher über die genauen Kosten, die bei Abschluss und möglichen Wechseln anfallen können. Bei einer Fondslösung sollten Sie auch immer genau auf Kauf- und Managementgebühren achten.

Rentenversicherung mit garantierter Grundverzinsung Darunter versteht man eine klassische Rentenversicherung mit einer garantierten Grundverzinsung von 1,75 Prozent (2012).

Fondsgebundene Rentenversicherung Hier gibt es keine Verzinsungsgarantie, sondern man versucht, an den höheren Erfolgschancen des Kapitalmarkts zu partizipieren und mit Kursgewinnen auch die Rendite zu steigern. Jedoch haben Sie in der Regel keinen Einfluss, in welche Fonds investiert wird. Und ein Wechsel der Fonds kann mit zusätzlichen Gebühren verbunden sein. Außerdem müssen Sie hier mit Abschlusskosten einer Rentenversicherung und zusätzlich laufenden Kosten beim Kauf der Fondsanteile rechnen.
Darüber hinaus gibt es Varianten der fondsgebundenen Rentenversicherung, die einen Kapitalerhalt der eingezahlten Beiträge garantieren. Dieser Schutz kostet jedoch extra und schmälert die Altersrente.

Britische Lebensversicherung Einige Versicherer bieten die Basisrente auch als britische Lebensversicherung an. Bei dieser Form der Geldanlage sind höhere Renditechancen möglich. Der Grund liegt in der unterschiedlichen Anlagepolitik der Unternehmen. In allen Ländern Kontinentaleuropas gibt es relativ ähnliche strenge Regeln, wie die Versicherer die Kundeneinlagen investieren dürfen. Vor allem sichere Anlageformen, wie Staats- und Unternehmensanleihen, liegen im Fokus. Der Ertrag dieser Anlagen ist aber gering, sodass auch der Ertrag für die Kunden geringer ausfällt. Britische Versicherungsunternehmer haben einen wesentlich größeren Spielraum und können deutlich risikoreicher investieren, zum Beispiel in Aktien.

WISO Tipp

Fondssparpläne und fondsgebundene Rentenversicherungen bei der Basisrente locken mit höheren Renditechancen. Jedoch sollte man diese ganz genau auf ihre Kosten hin prüfen und vergleichen.

Fondssparpläne Hier tragen Sie das volle Risiko. Wenn die Börsen schlecht laufen, können Verluste entstehen. Steht die Rentenphase an, werden meist nochmals Abschlusskosten fällig, wenn der Fondssparplan verrentet wird. Entscheiden Sie sich auf jeden Fall für einen Vertrag mit Beitragsgarantie. So bleiben zumindest die eingezahlten Beiträge erhalten. Das kostet zwar Rendite, wer aber ein Produkt ohne Garantie wählt, riskiert auch den Totalverlust. Und das kann im Alter erheblich für Probleme sorgen, wenn man von der Rente eigentlich den Alltag (Nahrungsmittel, Miete etc.) finanzieren muss oder sich aufgeschobene Wünsche erfüllen möchte.

Steuern

Im Gegensatz zur Riester-Rente, gibt es bei der Rürup-Rente keine Zulagen vom Staat, sondern nur einen Steuervorteil in der Ansparphase. Im Jahr 2012 sind das bis zu 14 800 Euro, die als Vorsorgeleistung steuerlich geltend gemacht werden können und so das zu versteuernde Einkommen senken. Ehepaare können sogar das Doppelte ansetzen. Bis ins Jahr 2025 steigt der Betrag auf 20 000 Euro (100 Prozent) an. Die Politik plant jedoch für 2013 die Anhebung auf einen Maximalbeitrag von 24 000 Euro.

Beitragsstaffel bis 2025 Jährlich steigt der Anteil um 2 Prozent an.			
Jahr	Abzug	Jahr	Abzug
2013	76 Prozent	2020	90 Prozent
2014	78 Prozent	2021	92 Prozent
2015	80 Prozent	2022	94 Prozent
2016	82 Prozent	2023	96 Prozent
2017	84 Prozent	2024	98 Prozent
2018	86 Prozent	2025	100 Prozent

Quelle: Frauenfinanzdienst Köln

Aber Achtung: Zahlen Sie als Freiberufler in ein berufsständisches Versorgungswerk (zum Beispiel für Ärzte oder Rechtsanwälte) ein oder haben als gut verdienender Angestellter entsprechend hohe Abzüge für die gesetzliche Rentenversicherung, wird der Steuervorteil einer Basisrente (deutlich) gemindert: Das heißt, alle Zahlungen an das Versorgungswerk und in die gesetzliche Rentenkasse (auch der Teil des Arbeitgebers) werden mit der Höhe des Steuervorteils verrechnet.
Und wie andere staatlich geförderte Produkte unterliegt auch die Basisrente den Regelungen des Alterseinkünftegesetzes und einer nachgelagerten Besteuerung. Das heißt, in der Ansparphase werden die Beiträge von der Einkommensteuer freigestellt und erst die ausgezahlten Renten werden besteuert.
Das bedeutet für die Basisrente: Wer ab 2040 in Rente geht, muss die Auszahlungen zu 100 Prozent des individuellen Steuersatzes versteuern. Wer früher den Ruhestand einläutet, kommt mit einer geringeren Besteuerungsquote aus.

Beispiele:

- 2015: 70 Prozent
- 2020: 80 Prozent
- 2030: 90 Prozent
- 2035: 95 Prozent

WISO Tipp

Da eine Basisrente genauso besteuert wird wie die gesetzliche Rente, sollte auch aus diesem Grund vor Abschluss des Vertrages ein Steuerberater zu Rate gezogen werden.

Wichtig: Die Höhe des Besteuerungsprozentsatzes bleibt bis zum Tode gleich. Das heißt, wer 2020 in Rente geht, hat auch in den Folgejahren eine 80-prozentige Besteuerungsquote seiner Basis-Rentenauszahlungen. In der Rentenphase ist das zu versteuernde Einkommen meist niedriger als im Arbeitsleben. Eine Rürup-Rente genießt in der Ansparphase steuerliche Vorteile und in der Auszahlphase wirken entsprechende Nachteile, die sich im Vergleich zu einer »normalen« privaten Rentenversicherung zeigen:

	Basis-/Rürup-Rente	»Normale« private Rentenversicherung
Steuervorteil in der Ansparphase	Ja	Nein
Steuervorteil in der Rentenzeit	Nein	Ja
Staatlicher Zuschuss (Förderung)	Nein	Nein
Spätere Kapitalauszahlung	Nein	Ja, unbegrenzt
Kapitalauszahlung steuerbegünstigt	Entfällt	Ja, unter bestimmten Voraussetzungen
Vermögen vererbbar	Nein	Ja
Vertrag kündbar	Nein	Ja
Frühester Rentenbeginn	Ab dem 60. beziehungsweise 62. Lebensjahr	Beliebig
Hartz IV-Schutz	Ja	Begrenzt
Insolvenzschutz	Ja	Begrenzt
Maximale Beitragshöhe p.a.	20 000 beziehungsweise 40 000 Euro*	Unbegrenzt

Quelle: Frauenfinanzdienst Köln,

* Tipp: Für das Jahr 2013 gib es Pläne der Politik, den förderfähigen Höchstbetrag einer Basis-Rente auf 24 000 Euro zu vergrößern. Bei Ehepaaren würde das dann eine Grenze von 48 000 Euro bedeuten.

Heimliche Gewinner

Es gibt noch zwei Gruppen, die nach Angaben von Rentenberatern, wie dem Frauenfinanzdienst aus Köln, mit einer Basisrente zu den heimlichen Gewinnern gehören: Rentner und Ehepartner, die bei Selbstständigen im Familienbetrieb mitarbeiten.

Rentner Auch in der Rente kann man noch eine Basisrente abschließen. Erhalten (vermögende) Senioren, die Steuern im Alter zu zahlen haben, beispielsweise aus einer Erbschaft oder einer langfristigen Geldanlage eine hohe Summe ausgezahlt, können sie diese mit einem Einmalbetrag von 20 000 Euro (bei Ehepaaren 40 000 Euro) in einen Basis-Rentenvertrag investieren, der dann in eine sofort beginnende Rentenversicherung umgewandelt wird. Mit dem Einmalbetrag kann nicht nur im Einzahlungsjahr die Steuerlast gedrückt werden, sondern, wenn die Rentenzahlung vor 2040 beginnt, auch die günstigere Besteuerungsquote gesichert werden.

Ehepartner Arbeiten Ehepartner lediglich auf Grundlage einer geringfügigen Beschäftigung im familiären Betrieb mit, lohnt es auch für diese, im Arbeitsvertrag die Einzahlung in eine Basisrente zu vereinbaren. Denn auch hier sind die Beiträge entsprechend steuerlich absetzbar und insolvenzgeschützt.

Beratungsmöglichkeiten und Hilfe bei Streit

Eine Basisrente ist ein kompliziertes Produkt, an das man sich lebenslang bindet. Daher sind eine intensive Vorabinformation und der Besuch bei einem Steuerberater nötig, bevor Sie einen Vertrag unterschreiben. Kostenlosen Rat beziehungsweise gegen Honorar gibt es beispielsweise bei:
- der Deutschen Rentenversicherung Bund unter der Telefonnummer 0800/100048070, in einem persönlichen Beratungsgespräch oder im Internet www.deutsche-rentenversicherung-bund.de (kostenlos)
- unabhängigen Versicherungs- und Rentenberatern, die neutral und gegen Honorar beraten, zu finden beispielsweise beim Bundesverband der Versicherungsberater e.V. unter www.bvvb.de
- den Verbraucherzentralen gegen Honorar, zu finden unter www.verbraucherzentralen.de
- Bund der Versicherten. Als Mitglied ist die Beratung kostenlos und man kann von Gruppentarifen profitieren.

Lassen Sie sich ruhig unterschiedliche Angebote von Unternehmen geben, unterschreiben Sie aber erst einmal nicht, sondern vergleichen Sie beziehungsweise lassen Sie vergleichen. Kommt es zum Streitfall zwischen Ihnen und dem Unternehmen, können Sie sich an den Versicherungsombudsmann wenden:

Versicherungsombudsmann e. V.

Postfach 080632

10006 Berlin

Tel: 0800 3696000 (Anrufe aus dem deutschen Telefonnetz); Montag bis Freitag in der Zeit von 8:30-17:00 Uhr.

E-Mail: beschwerde@versicherungsombudsmann.de

Internet: www.versicherungsombudsmann.de

Vermögenswirksame Leistungen (vL)

Monat für Monat eine kleine Finanzspritze vom Arbeitgeber erhalten? Das klingt zu schön, um wahr zu sein. Mit den sogenannten vermögenswirksame Leistungen (vL) geht das. Auszubildende, Arbeitnehmer, Beamte, Berufssoldaten oder Soldaten auf Zeit können mit kleinen monatlichen Beiträgen Geld ansparen. Die Verwendung ist dabei nicht streng vorgegeben, so kann man zum Beispiel für eine größere Anschaffung, die eigenen vier Wände oder für die Altersvorsorge sparen. Gegebenenfalls gibt es noch einen jährlichen Zuschuss vom Staat. Verwunderlich ist nur, dass lediglich 15 Prozent der deutschen Arbeitnehmer vermögenswirksame Leistungen derzeit erhalten – Anspruch darauf haben aber rund 90 Prozent. Der Großteil der Arbeitnehmer verschenkt also bares Geld: Denn vL-Sparen lohnt sich in nahezu allen Lebenslagen und in jedem Alter.

Voraussetzungen und Regelungen

1. Schritt: Nachfragen Fragen Sie Ihren Arbeitgeber, ob er vermögenswirksame Leistungen zahlt. Meist ist das im Tarif- beziehungsweise Arbeitsvertrag oder in der Betriebsvereinbarung geregelt. Auskunft geben auch Personalabteilungen und Betriebsräte. Bis zu 40 Euro können monatlich vom Arbeitgeber kommen.

2. Schritt: Förderfähiges Produkt abschließen Da der Arbeitgeber die vermögenswirksamen Leistungen nicht direkt auszahlt, müssen Sie ein för-

derungsfähiges Anlageprodukt auswählen und bei einer Bank, Bausparkasse, Versicherung oder einem Fondsshop abschließen. Danach teilen Sie Ihrem Arbeitgeber mit, dass Sie einen vL-Sparvertrag abgeschlossen haben. Dieser überweist monatlich die vereinbarte Sparrate dann direkt an den Anbieter.

Diesen Weg müssen Sie einhalten, um gegebenenfalls einen staatlichen Zuschuss kassieren zu können.

3. Schritt: Staatliche Zuschüsse beantragen Zusätzliches Geld vom Staat gibt es nur, wenn Sie ein entsprechendes Produkt abgeschlossen haben und bestimmte Einkommensgrenzen nicht überschreiten: Als Lediger dürfen Sie pro Jahr kein zu versteuerndes Einkommen von mehr als 17 900 Euro haben. Bei Ehepaaren, die eine gemeinsame Steuererklärung abgeben, liegt die Grenze bei 35 800 Euro.

Unter dem zu versteuernden Einkommen versteht man den Betrag, der nach Abzug von Werbungskosten, Sonderausgaben und dem Kinderfreibetrag herauskommt. Um die staatlichen Zulagen zu bekommen, erhalten Sie jedes Jahr von Ihrem Produktanbieter eine Bescheinigung. Diese müssen Sie jedes Jahr ausfüllen und Ihrer Steuererklärung beifügen.

4. Schritt: Sieben Jahre durchhalten Über das angesparte Geld können Sie erst nach sieben Jahren verfügen: Sechs Jahre wird gespart, ein Jahr gewartet. Das ist ebenfalls Voraussetzung, wenn Sie die staatlichen Zuschüsse bekommen wollen. Wer keinen staatlichen Zuschuss erhält, kann theoretisch jederzeit über sein Kapital verfügen. Praktisch lassen das die meisten Verträge aber nicht zu. Dies sollten Sie im Detail prüfen beziehungsweise beim Anbieter nachfragen.

WISO Tipp

Mit Beginn des siebten Jahres schließt der vL-Sparer idealerweise den nächsten Sparplan ab. So gibt es den Zuschuss des Arbeitgebers ohne Unterbrechung.

Produktwahl

Zwischen 6,45 Euro und 40 Euro können monatlich vom Arbeitgeber kommen. Die meisten Anlageprodukte fordern jedoch einen Mindestanlagebetrag: zum Beispiel Aktienfonds 34 Euro oder Bausparverträge zwischen 14 und 30 Euro. So müssen Sie eventuell etwas von Ihrem Nettogehalt zuschießen. Gibt es nichts vom Arbeitgeber, so zahlen Sie alle Beiträge selbst. Dann haben Sie nur noch die Möglichkeit, wenn Sie unter den genannten Einkommensgrenzen liegen, vom Staat einen Zuschuss zu bekommen.

Anlagemöglichkeit	Staatliche Förderung	Max. Förderung pro Jahr	Einkommensgrenze für die Förderung
Banksparplan	Nein	–	–
Bausparvertrag	Ja	AS 43 Euro[1], WP 45 Euro[1]	AS 17900Euro[1], WP 25600 Euro[1]
Fondssparplan mit Aktien	Ja	80 Euro[1]	AS 20000 Euro[1]
Fondssparplan mit Indexfonds (ETF)	Ja	80 Euro[1]	AS 20000 Euro[1]
Betriebliche Altersvorsorge	Nein	–	–
Kapitallebensversicherung	Nein	–	–
Geschäftsguthaben bei Volks- und Raiffeisen- banken	Nein	80 Euro[1]	AS 20000 Euro[1]
Tilgung eines Bauspardar- lehens	Ja	AS 17900 Euro[1]	AS 43 Euro[1]

AS = Arbeitnehmersparzulage, WP = Wohnungsbauprämie, 1) = Ehepaare das Doppelte

Für wen lohnt sich was? Sicherheitsorientierte Anleger, die keine staatliche Förderung bekommen, greifen zu einem fest verzinsten Banksparplan. Auch bieten manche Volks- und Raiffeisenbanken an, Geschäftsanteile über das vL-Sparen zu erwerben.

Wer hingegen risikoreicher fahren will und auch noch Anspruch auf die Arbeitnehmersparzulage hat, greift zu Fondsparplänen, die in Aktien investieren oder an der Entwicklung eines Aktienindex partizipieren – zum Beispiel dem DAX, dem deutschen Aktienindex, in dem die 30 wichtigsten börsennotierten deutschen Unternehmen gelistet sind. Die sogenannten Exchange-Traded Funds (ETF) sind in den letzten Jahren sehr in Mode gekommen, da sie in der Regel ohne hohe Gebühren zu erwerben sind.

Einen Bausparvertrag mit vL-Sparen zu verknüpfen lohnt sich für Menschen unter 25 Jahren und alle, die später in eine Immobilie investieren wollen – sei es zum Kauf oder für eine Renovierung. Darüber hinaus lohnt sich für Immobilienbesitzer, die vL-Leistungen zur Tilgung eines Bausparkredites einzusetzen. Wenn die darlehengebende Bank so ein Modell anbietet, bringt das in der Regel mehr als jede andere vL-Anlageform.

Das Investment in eine klassische Lebensversicherung ist seit 2012 nicht mehr attraktiv. Die von den Versicherern angebotene garantierte Mindestverzinsung ist auf 1,75 Prozent gesunken.

Einen Exotenstatus bietet die Verbindung zwischen den vermögenswirksamen Leistungen und einer Betriebsrente: Man kann seine Betriebsrente um die vL-Leistungen seines Arbeitgebers aufstocken beziehungsweise man senkt den eigenen Beitrag entsprechend. Vorteil: Erst mit Beginn der Rentenphase führt man Steuern und als gesetzlich Krankenversicherter Kassenbeiträge auf das angesparte Kapital ab. In dieser Lebensphase sind diese Abzüge normalerweise geringer als im Erwerbsleben. Nachteil: Man kommt so erst im Rentenalter in den Genuss der vL-Beiträge.

Zulagenturbo zünden

Wenn Sie zulagenberechtigt sind, können Sie mit den vermögenswirksamen Leistungen sogar einen kleinen Zulagenturbo aktivieren. Wenn Sie unter den Einkommensgrenzen liegen, können Sie pro Jahr dreimal eine staatliche Förderung kassieren. Dafür müssen Sie aber entsprechende finanzielle Eigenleistungen einbringen:

– Sie schließen einen Sparplan auf Investment- beziehungsweise Indexfonds ab und kassieren auf Ihre Einzahlungen von mindestens 400 Euro ganze 80 Euro Zulagen.
– Sie sparen gleichzeitig mit einem Bausparvertrag mindestens 470 Euro und können so 43 Euro an staatlicher Förderung mitnehmen.
– Wenn Sie jetzt pro Jahr noch zusätzlich 512 Euro beziehungsweise bei Ehepaaren 1024 Euro in einen Bausparvertrag einzahlen, dann bekommen Sie noch die Wohnungsbauprämie vom Staat. Das sind bis zu 8,8 Prozent Ihrer jährlichen Beiträge – maximal aber 45,06 Euro für Alleinstehende und 90,11 Euro für Eheleute.

Fazit

Die staatliche Unterstützung bei der privaten Altersvorsorge ist breit aufgestellt, jedoch gilt bei der Riester-Rente und besonders bei der Rürup-Rente, dass vor einem Vertragsabschluss eine eingehende Information und Beratung stehen sollte. Wer vermögenswirksame Leistungen bekommt, sollte diese auf jeden Fall mitnehmen – unabhängig vom Alter.

Aber kein Licht ohne Schatten: Was der Staat in der Aufbauphase fördert, holt er sich in Teilen später wieder zurück. Mit dem Alterseinkünftegesetz müssen auf Rentenzahlungen aus der Riester- und Rürup-Rente im Alter Steuern gezahlt werden.

Die private Vorsorge für freie Berufe

Berufsständische Versorgungswerke sind eine gute Alternative zur staatlichen Rentenversicherung, allerdings nehmen sie nur bestimmte Berufsgruppen auf. Es wird in Deutschland zwischen zwei Typen von Versorgungswerken unterschieden: Jene, die einen öffentlich-rechtlichen Auftrag haben und die freien Kammerberufe (Ärzte, Zahnärzte, Tierärzte, Apotheker, Architekten, Rechtsanwälte, Notare, Steuerberater und -bevollmächtigte, Wirtschaftsprüfer und vereidigte Buchprüfer sowie teilweise Ingenieure und Psychotherapeuten) versichern. Hierbei wird man automatisch (Pflicht-) Mitglied, sobald man in der zuständigen Berufskammer ist.

Zudem gibt es viele freiwillige Versorgungswerke – etwa für Journalisten, Handwerker, Bäcker. Weil auch Künstler Freiberufler sind, wurde für sie eine spezielle Künstlerrente geschaffen und ein sogenannter Künstlertrust. Ein Überblick für Freiberufler.

Berufsständische Versorgungswerke der freien Berufe

Die Wurzeln der deutschen berufsständischen Versorgung reichen bis in das Jahr 1923 zurück. Damals wurde die älteste und heute größte berufsständische Versorgungseinrichtung, die Bayerische Ärzteversorgung, auf dringenden Wunsch der bayerischen Ärzte, Zahnärzte und Tierärzte errichtet. Hintergrund war, dass die Versorgung dieser Berufsgruppen deutschlandweit von der gesetzlichen Rentenversicherung nicht sichergestellt werden konnte und die Wirtschaftskrise sowie die Inflation nach dem Ersten Weltkrieg die private Vorsorge praktisch vollständig entwertet hatten.

Adenauers Rentenreform

In der Nachkriegszeit entstanden weitere berufsständische Versorgungswerke als Folge der Adenauer'schen Rentenreform von 1957. Diese Reform versagte den Mitgliedern der sogenannten freien Berufe, sich freiwillig in der gesetzlichen Rentenversicherung zu versichern. Um nicht vollkommen ohne Altersabsicherung zu sein, entstanden nach und nach Versorgungseinrichtungen der einzelnen Berufsgruppen auf Landesebene.

Die berufsständischen Versorgungswerke wurden nicht aus erwerbswirtschaftlichen Motiven gegründet, sondern dienen ausschließlich dem jeweiligen Berufsstand und sind demnach auf dessen individuelle Bedürfnisse ausgerichtet. Als berufsständische Versorgungseinrichtungen oder auch Versorgungswerke bezeichnet man ein System öffentlich-rechtlicher Einrichtungen, die auf landesgesetzlicher Grundlage der Alterssicherung der freien Kammerberufe (Ärzte, Zahnärzte, Tierärzte, Apotheker, Architekten, Rechtsanwälte, Notare, Steuerberater und -bevollmächtigte, Wirtschaftsprüfer, vereidigte Buchprüfer sowie Ingenieure und Psychotherapeuten) dienen. Diese Einrichtungen sind an die jeweilige berufsständische Kammer (beispielsweise Ärztekammer Westfalen-Lippe, Rechtsanwaltskammer Berlin) angeschlossen. Die jeweilige Kammer, eine Körperschaft

Körperschaft des öffentlichen Rechts

des öffentlichen Rechts, wird per Landesgesetz ermächtigt, ein Versorgungswerk zu errichten, und tut dies entweder in Form eines teilrechtsfähigen Sondervermögens oder als eigenständige Kammer öffentlichen Rechts. Zur Gründung eines Versorgungswerks muss die Kammerversammlung, also die Gesamtheit aller Kammermitglieder, die Gründung des Versorgungswerks mit Mehrheit beschließen.

Heute gibt es für die rund 800 000 Freiberufler, die einer Kammer angehören, 89 berufsständische Versorgungswerke.

Wie das Versorgungswerk funktioniert

Die berufsständischen Versorgungswerke finanzieren sich aus zwei Quellen: über die Beiträge der Mitglieder und aus Vermögenserträgen. Zuschüsse vom Staat erhalten sie nicht. Sie legen ihre Beiträge selbst an und fest. Jedes Mitglied zahlt einen gewissen Prozentsatz seines Einkommens in sein zuständiges Versorgungswerk ein und »finanziert« damit während seiner sogenannten Anwartschaftszeit seine individuelle Rentenhöhe für das Rentenalter selbst. Der Beitrag orientiert sich am Höchstsatz, den Arbeitnehmer in die gesetzliche Rentenversicherung einzahlen. Im Gegensatz zu umlagefinanzierten Systemen bedeuten beim Versorgungswerk höhere Beiträge eine äquivalente höhere Alters- und Berufsunfähigkeitsrente. Wer also höhere Mitgliedsbeiträge einzahlt, profitiert von höheren Leistungen am Lebensabend.

Individuelle Rentenhöhe – je nach Höhe des Mitgliedsbeitrags

Das System ist weder mit der gesetzlichen noch mit der privaten Altersvorsorge verknüpft. Mitglieder der freien Berufe können zusätzlich eine private Rentenversicherung abschließen.

Die Versorgungswerke legen ihre Mitgliederbeiträge kapitalbildend an. Die Rendite ist immer davon abhängig, wie gut der Versicherer tatsächlich wirtschaftet und investiert. Momentan erzielen nach Aussagen der Arbeitsgemeinschaft berufsständischer Versorgungseinrichtungen (ABV) die meisten Versorgungswerke noch mehr Erträge aus Mitgliedsbeiträgen als aus Kapitalanlagen. Doch in den kommenden Jahren wird der Gewinn aus den Kapitalanlagen immer wichtiger werden, um später die Leibrenten an die Mitglieder zahlen zu können. Denn viele Versorgungswerke sind jung und haben wenige Mitglieder, die bereits jahrelang eingezahlt haben und damit für spätere Generationen »vorsorgen« konnten.

Die Zwangsmitgliedschaft in einem Versorgungswerk ist keine schlechtere Wahl als eine private Rentenvorsorge. Am Ende werden neben den Leibrenten auch Hinterbliebenen- und Waisenrenten in entsprechenden Bedarfsfällen ausgezahlt. Für das Versorgungswerk spricht seine homogene Mitgliederstruktur mit hohem Einkommen: Die Altersvorsorge wird durch die Beiträge nachfolgender Mitglieder gesichert. Weiterer Vorteil ist, dass Versorgungwerke keine Gesundheitsüberprüfung verlangen und für Männer wie Frauen gleiche Renten zahlen.

Homogene Mitgliederstruktur, hohes Einkommen

Von Nachteil für Mitglieder der aufgezählten freien Berufe ist die Tatsache, dass berufsständische Versorgungen dem Standard-Rentenpaket entsprechen und nicht individuell wie private Modelle zusammengestellt werden können. Einkommensschwankungen werden nicht berücksichtigt und Mitglieder können nicht zugunsten attraktiverer Versicherungen kündigen. Bei einer hohen Lebenserwartung des Berufsstandes sinkt die zu erwartende Rentenhöhe.

Einige Versorgungswerke wie das der Architektenkammer Baden-Württemberg arbeiten bereits 100 Prozent kapitalmarktabhängig. Das bedeutet, alle eingezahlten Mitgliedsbeiträge werden am Kapitalmarkt angelegt und erzielen eine Rendite. Das Leistungsversprechen des Versorgungswerks wird demnach hauptsächlich von den Verhältnissen an den Kapitalmärkten bestimmt und die sind aktuell nicht gut. Dieses Versorgungswerk funktioniert nach eigenen Angaben vergleichbar mit einer privaten Kapitallebensversicherung.

Die Versorgungswerke unterliegen der Versicherungsaufsicht des jeweiligen Bundeslandes. Zwar wird ihre Arbeit regelmäßig kontrolliert und geprüft, aber dennoch haben die Versorgungwerke genug Freiheiten und Spielräume, die Absicherungen ihrer Mitglieder – wenn auch im Rahmen gesetzlicher Vorgaben – zu gestalten.

Steuerersparnis Seit 2005 können 60 Prozent der Versorgungswerkbeiträge (oder maximal 12 000 Euro) steuerlich abgesetzt werden. Dies erhöht sich seit 2006 jährlich um 2 Prozent, sodass ab 2025 die Beiträge in voller Höhe abzugsfähig sein werden. So haben Mitglieder in ihrer »aktiven Zeit« durch steuerliche Entlastung ein höheres Einkommen. Im Gegenzug schreibt das Alterseinkünftegesetz eine nachgelagerte Besteuerung der Renten vor.

Rentenbesteuerung Wie bei der staatlichen Rente gilt: Wer 2011 in Rente ging, musste 62 Prozent seiner Bruttorente versteuern. Seitdem und bis 2020 steigt der Anteil jährlich um 2 Prozent und von 2021 bis 2039 um jeweils 1 Prozent pro Jahr – sodass ab 2040 alle Renten in vollem Umfang, unter Berücksichtigung bestimmter Freibeträge, steuerpflichtig sein werden.

Probleme in Zeiten der Finanzkrise

»Ärzte, Apotheker, Anwälte und Steuerberater müssen sich auf drastische Kürzungen ihrer Altersvorsorge einstellen« – im Oktober 2012 verunsicherten Medienberichte wie diese die Mitglieder der Versorgungswerke der freien Berufe: Den rund 800 000 Freiberuflern in Deutschland, die einer Kammer angehören, stehen Senkungen ihrer Renten bevor. Denn die 89 berufsständischen Versorgungswerke, die Renten für Freiberufler ga-

Sinkende rantieren, haben aufgrund niedriger Zinsen am Kapitalmarkt gravierende *,Kapitalmarktzinsen* Finanzierungsprobleme, hieß es in vielen Berichten. Hält die Niedrigzinsphase an, können die Werke laut Versicherungsexperten bald ihre Leistungsversprechen nicht mehr einhalten. Denn die Werke haben ihren Mitgliedern rund 4 Prozent Rendite versprochen, doch das Kapitalmarktniveau kann dies nicht erreichen.

Damit haben die Versorgungswerke die gleichen Probleme wie Versicherungsunternehmen, die in den kommenden Jahren nicht mehr ausreichend Gewinne aus ihren Kapitalanlagen erzielen könnten, um die Rendite und schließlich die Rente an ihre Anleger auszuzahlen. Vor dem Hintergrund der anhaltenden europäischen Finanzkrise ist nur schwer absehbar, wann sich diese Situation ändern wird. Deshalb fragen sich viele Mitglieder der Versorgungswerke, ob die prognostizierten Renten eingehalten werden können. Denn die Versorgungswerke funktionieren nach dem beitragsdefinierten System: Es kann nur verteilt werden, was vorher erwirtschaftet wurde.

Beitragsdefiniertes System

Das Problem dieses sogenannten Anwartschaftsdeckungsverfahren weist erhebliche Risiken für die Wirtschaftlichkeit des Versorgungswerks auf: Denn einerseits steigt die Lebenserwartung der Versicherten und andererseits besteht der Druck, vier Prozent erwirtschaften zu müssen, um Renten (und versprochene Zuschüsse) auszahlen zu können. Das Versorgungswerk hat aber die Entscheidungsgewalt, Leistungszusagen – auch aus Beiträgen, mit denen in der Vergangenheit Anwartschaften erworben wurden, und sogar aus laufende Renten – herabzusetzen, vor allem jene aus künftig jährlich erworbenen Anwartschaften. Gleichzeitig kann es die Renten geringer (oder gar nicht) dynamisieren. Solche Maßnahmen wurden bereits bei der Einführung neuer Sterbetafeln 2007 umgesetzt. Dabei wurde auch das Renteneintrittsalter auf 67 Jahre heraufgesetzt – dies ist einem Versorgungswerk im Gegensatz zu einem freien Versicherer erlaubt.

Einige Versorgungswerke haben mit eigenen Konzepten auf das Problem der sinkenden Kapitalmarktzinsen reagiert: Das Versorgungswerk der Ärztekammer Hamburg etwa hat nach eigenen Angaben bereits 2009 den Rechnungszins von 4 Prozent auf 3,5 Prozent gesenkt, um so generationengerecht wie möglich zu arbeiten. Zudem beruft es sich darauf, dass die Höhe der jährlich mitgeteilten Rentenanwartschaften inklusive der erwirtschafteten Kapitalerträge nicht garantiert, sondern nur ein Prognosewert unter bestimmten Annahmen ist. Die Ärzteversorgung Westfalen-Lippe (ÄVWL) hat nach eigenen Angaben vorgesorgt: So wurden zum einen Unternehmensanleihen erstklassiger Bonität erworben, die Zinserträge oberhalb des Rechnungszinses erbringen. Zudem investiert die ÄVWL in Anlageprodukte, die vom Markteinfluss weitgehend unabhängig sind – etwa in den Höchstspannungsnetzbetreiber Amprion, dessen Verzinsung von der Bundesnetzagentur reguliert wird.

Vor dem Hintergrund der Gesamtproblematik aufgrund der europäischen Finanzkrise prognostizieren Versicherungsexperten: Mitglieder einiger Versorgungswerke müssen sich auf weit niedrigere Renten einstellen. Man sollte sich klar darüber sein, dass das Versorgungswerk von den erworbenen Anwartschaften nur den Teil verteilen kann, den es künftig auch tatsächlich erwirtschaftet. Damit können künftig nur dann Renten ausgezahlt werden, wenn die Rechnungsgrundlagen dafür auch eintreffen. Letztlich bedeutet dies, dass eine ausreichende Altersvorsorge keinesfalls mit der Mitgliedschaft im Versorgungswerk automatisch gesichert ist.

Was ist, wenn der Versorger pleitegeht? Das größte Problem: Die Haftungsfrage im Falle einer Pleite eines Versorgers ist nach Recherchen des Fachmagazins *Capital* in Deutschland rechtlich ungeklärt. Selbst der wissenschaftliche Dienst des Bundestags bestätigte, dass die Frage, wer im Insolvenzfall für die Renten der Freiberufler aufkomme, bisher nicht abschließend beantwortet worden sei. Eine staatliche Garantie gibt es bislang nicht.

Autorenversorgungswerk der Verwertungsgesellschaft Wort (VG Wort)

Das Autorenversorgungswerk gewährt freiberuflichen Autoren Zuschüsse zu den eigenen freiwilligen Beiträgen für eine private Altersversorgung. Zur Finanzierung bedient sich das Autorenversorgungswerk der Zahlungen aus der Bibliothekstantieme und aus dem Reprographie-Aufkommen. Freiberufliche, hauptberufliche Autorinnen und Autoren, die Wahrnehmungsberechtigte oder Mitglieder der VG WORT sind, können den Einmalbetrag ab ihrem 55. Lebensjahr bis zum Ende des Jahres, in dem sie das gesetzliche Rentenalter erreicht haben, beantragen.

Den Zuschuss gibt es auf Kapitallebensversicherungen und Rentenversicherungen oder Sparverträge, die zusätzlich zur Rentenpflichtversicherung über die Künstlersozialkasse (KSK) bestehen. Aber Achtung: Diese Verträge werden nicht vor dem vollendeten 60. Lebensjahr ausgezahlt. Den Nachweis dafür müssen Sie dem Autorenversorgungswerk vorlegen!

Der mögliche Zuschussbetrag beträgt 5000 Euro – er kann (bei Auszahlung) aber höchstens 50 Prozent der Ablaufsumme der Verträge betragen. Autoren, die bereits Zuschüsse vom Autorenversorgungswerk erhalten oder erhalten haben, bekommen den Zuschuss nicht.

Presseversorgung

Die Presseversorgung (PV) wurde 1949 gegründet, um Journalisten, aber auch andere Angehörige aus der Kommunikations- und Medienbranche im Alter und bei Berufsunfähigkeit abzusichern. Der verstorbene Verleger und Gründer Dietrich Oppenberg war der Ansicht, »dass der Journalist ohne die Sicherheit, im Alter gut versorgt zu sein, nicht unabhängig genug ist, um seine publizistische Aufgabe wahrnehmen zu können«. Heute sind der Bundesverband Deutscher Zeitungsverleger, der Verband Deutscher Zeitschriftenverleger, der Deutsche Journalisten-Verband sowie die Deutsche Journalistenunion in der Gewerkschaft Verdi Gesellschafter. Die PV funktioniert wie ein Lebensversicherer. Alle Überschüsse fließen in die Gewinnbeteiligung und werden nach PV-Angaben voll an die Versicherten ausgeschüttet. 160 000 Versicherungsverträge betreut die PV derzeit.

Das Versicherungsrisiko wird von drei großen Lebensversicherern – Allianz (federführend mit einem Anteil von 79,7 Prozent), HDI-Gerling (14,0 Prozent) und AXA (6,3 Prozent) – gemeinsam getragen. Durch den zugrunde liegenden Gruppenvertrag können den PV-Mitgliedern günstige Konditionen gewährt werden: Der Versicherungsbeitrag beträgt 7,5 Prozent des Bruttoeinkommens des Journalisten, gedeckelt auf eine Beitragsbemessungsgrenze von 4700 Euro. Die Verlage zahlen derzeit 5 Prozent des Bruttogehalts bis zur Beitragsbemessungsgrenze des Versorgungswerks; 2,5 Prozent steuern die Journalisten bei. 5 Milliarden Euro schwer war das Kapitalanlagenportfolio 2012; nur 5 Prozent davon sind nach eigenen Angaben in Aktien angelegt. Die PV besitzt keine verbrieften Papiere und kam bislang gut durch die Finanzkrise, was sich am ausgezahlten Zinssatz von 4,8 Prozent (2010, 2011, 2012) widerspiegelt. In 2012 hat die Presseversorgung ihren Versicherten 4,8 Prozent Überschüsse gezahlt. Für 2013 wurden 4 Prozent angekündigt, plus 0,5 Prozent Überschüsse.

Im Gegensatz zu manchen Lebensversicherern bietet die PV ihren Versicherten an, die Beitragssätze ihrer wirtschaftlichen Situation anzupassen: So können bei finanziellen Engpässen Beiträge reduziert oder freigestellt werden – ohne dass Mehrkosten entstehen. Zudem besteht die Möglichkeit, den Wert der Police zu beleihen. Auch Ehepartner der Versicherten können sich in der PV versichern lassen – egal, welchem Beruf sie nachgehen.

Die Presseversorgung ermöglicht zudem mit der Variante einer einmaligen Beitragszahlung die Option, dass im Pflegefall weder Ihr Vermögen

Gruppenvertrag

Erfolgreich trotz
Finanzkrise

noch das Ihrer Angehörigen angetastet werden muss. Sie können Ihren Hinterbliebenen den Erbteil sichern. Werden Sie nicht zum Pflegefall, zahlt die Presseversorgung das versicherte Kapital nach Ihrem Tod an Ihre Hinterbliebenen aus – steuerfrei.

Rund 2000 Volontäre, 22 000 Redakteure und rund 20 000 freie Journalisten waren 2010 bei der PV versichert. Sofern Journalisten bei ihren Arbeitgebern den sogenannten »Altersvorsorgetarifverträgen« unterliegen, besteht Versicherungspflicht in Form einer betrieblichen Altersversorgung im Presseversorgungswerk. Auch wer nicht fest angestellt ist, kann sich bei der PV versichern lassen und seinen Lebenspartner und Kinder bis zum 18. Lebensjahr gleich mit. Wer einmal als Journalist einen Vertrag bei der PV abgeschlossen hat, kann diesen dort beibehalten, auch wenn er in einen anderen Beruf oder zu einem anderen Arbeitgeber wechselt. Das PV-Motto lautet: »Einmal Presse, immer Presse!«

Seit Beginn des neuen Jahrtausends ist man sich auch in diesem Versorgungswerk bewusst, dass die Funktion des Generationenvertrages ständig weiter abnimmt, denn immer weniger Beitragszahler müssen für immer mehr Rentner aufkommen. Derzeit teilen sich zwei Aktive die Lasten für einen Rentner. Für das Jahr 2050 wurde vorausberechnet, dass dann ein Beitragszahler einen Rentner finanzieren muss.

Zuschuss-Tipps für freie Journalisten

Freie Journalisten bekommen nach Berechnungen des Deutschen Journalistenverbands im Rentenalter durchschnittlich nur rund 400 Euro von der Deutschen Rentenversicherung ausbezahlt. Grund dafür ist das geringe Einkommen vieler Freier. Sie melden pro Jahr circa 20 000 Euro an die Künstlersozialkasse – also gerade einmal rund 1700 Euro im Monat. Damit stehen die freien Journalisten noch schlechter da als der Durchschnittsverdiener, der bei einem Monatseinkommen von 2500 Euro und einer Einzahlungsdauer von 35 Jahren laut Bundesarbeitsministerium auf eine Rente von 688 Euro kommen dürfte.

Deshalb sollten freie Journalisten, die nicht über ihren Lebenspartner abgesichert sind oder ein größeres Erbe zu erwarten haben, unbedingt privat vorsorgen. Experten gehen davon aus, dass zusätzlich zur gesetzlichen Rentenversicherung mindestens rund 500 Euro pro Monat angespart werden sollten: Das Geld kann etwa in eine selbst bewohnte Eigentumswohnung investiert werden, in eine Kapitallebensversicherung oder in eine Riester- und Rürup-Rente.

Freie bei öffentlich-rechtlichen Rundfunkanstalten, die eine private Alters-versicherung in der Pensionskasse oder beim Versorgungswerk der Pres-se abschließen, können auf Antrag einen Zuschuss erhalten, der derzeit bei 4 Prozent ihres Honorars liegt. Über die Jahre führt das zu Rentenan-sprüchen, die manchmal über den Leistungen aus der gesetzlichen Ren-tenversicherung liegen.

Seit 2011 zahlt zudem das Autorenversorgungswerk der Ver-wertungsgesellschaft Wort einen einmaligen Zuschuss, wenn sich ein freier Journalist, der in der Künstlersozialkasse renten-pflichtversichert ist, in einer privaten Altersversorgung absichern will. Der Journalist kann den Antrag auf Rentenzuschuss ab dem 55. Lebensjahr stellen.

WISO Tipp

Zahlen Sie nur die Mindest-beiträge in die Versorgungs-werke und investieren Sie in andere Geldanlagen wie Fonds oder Sparbrief!

Weitere Versorgungswerke

Egal, ob Signal Iduna, INTER oder Allianz – für die großen Versicherer sind freiwillige Versorgungswerke eine gute Gelegenheit, viele Versiche-rungen an viele Menschen gleichzeitig verkaufen zu können. Im Gegen-zug bieten sie den Mitgliedern Gruppentarife auf Lebensversicherung und Co. Hier sollen exemplarisch ein paar Beispiele das Konstrukt aufzeigen: Der Münchener Verein – dahinter stehen die Krankenversicherung a.G., Lebensversicherung a.G. und Versicherungs-AG des Vereins – schnürt im Hintergrund für drei freiwillige Versorgungswerke die Versicherungspake-te für den Lebensabschnitt nach der Arbeitszeit: für die handwerklichen Versorgungswerke (bündelt 22 einzelne handwerkliche Versorgungswer-ke auf Handwerkskammerebene), für das Versorgungswerk der Interes-sengemeinschaft Mittelstand (IGM) und für das Versorgungswerk für den öffentlichen Dienst (ÖDMV). Alle genannten Versorgungswerke sind ein-getragene Vereine. Mitglieder des Vereins können nur Arbeitgeber wer-den. Rechtliche Voraussetzung für die Gründung eines Versorgungs-werks ist eine Mindestanzahl von 100 Mitgliedern.

In den handwerklichen Versorgungswerken können sich Handwerksun-ternehmer, deren Familienangehörige und Mitarbeiter für die private Al-tersvorsorge versichern. Das Ganze gilt als Selbsthilfeeinrichtung von Handwerkern für Handwerker. Die Höhe des Mitgliedschaftsbeitrags vari-iert von Versorgungswerk zu Versorgungswerk, beträgt aber pro Betrieb maximal 72 Euro pro Jahr (dies gilt für alle über das jeweilige Versor-gungswerk versicherten Mitarbeiter dieses Betriebs).

Handwerkliche Versorgungswerke

Auch hier profitieren Mitglieder von Gruppen- und Kollektivverträgen für die private Pflegeversicherung, private Rentenversicherung, Lebensversicherung, Berufsunfähigkeitsschutz, betriebliche Altersversorgung. Zudem bietet der Münchener Verein die betriebliche Altersvorsorge an (https://www.versorgungswerk-handwerk.de/).

Versorgungswerk der Interessengemein-schaft Mittelstand

Das Versorgungswerk der Interessengemeinschaft Mittelstand vertritt die Interessen von mittelständischen Unternehmen und Selbstständigen, deren Ehepartner und Kinder sowie Mitarbeiter. Hier kostet die Mitgliedschaft einmalig 15 Euro. Auch hier profitieren Mitglieder von günstigeren Versicherungsangeboten für die private Altersvorsorge (https://www.ig-mittelstand.de/).

Versorgungswerk für den öffentlichen Dienst

Das Versorgungswerk für den öffentlichen Dienst (ÖDMV) ist eine Vorsorgeeinrichtung für Gewerkschaften und Verbände, Beamte, Richter, Soldaten, Tarifbeschäftigte des öffentlichen Diensts sowie jeweils deren Angehörige. Die Beitrittsgebühr für Einzelpersonen beträgt 15 Euro. Ein Verband oder eine Gewerkschaft zahlt einmalig 100 Euro.

Dieses Versorgungswerk hat sich auf die Bedürfnisse des öffentlichen Diensts spezialisiert und bietet auch günstigere Beiträge für etwa Lebens- und Rentenversicherungen durch Kollektivverträge an. Dienst- und Berufsanfänger bekommen hier ein Jahr kostenlosen Unfallschutz (www.oedmv.de).

Künstlerrente

Seit April 2012 gibt es ein Modell zur privaten Altersvorsorge von Kunst- und Kulturschaffenden: die Künstlerrente. Sie kann von allen Kunst- und Kulturschaffenden abgeschlossen werden: klassische Künstler, Kreative, Autoren, Designer, Filmschaffende, Architekten sowie der gesamte Sektor der Kulturadministration in Museen, Akademien, Kunstverbänden und anderen kulturellen Einrichtungen.

Die Künstlerrente ist eine traditionelle private Rentenversicherung mit einer überdurchschnittlich hohen Rendite. Sie wurde vom Münchner Kulturmanager Stefan Sixt entwickelt und wird von der Stuttgarter Lebensversicherung a. G. angeboten. Da die »Stuttgarter« ein Versicherungsverein auf Gegenseitigkeit ist, schüttet er keine Gewinne an Aktionäre aus. Die Erträge stehen also den Versicherten zu. Die Verwaltungs- und Vertriebskosten der Künstlerrente wurden konsequent gekürzt. Durch einen Gruppentarif für Kunst- und Kulturschaffende bietet die »Stuttgarter« ermäßigte Beiträge.

Überblick klassische Rentenversicherungen

Versicherungs-gesellschaft	Tarif	garantierte Rente	gesamte Rente	garantierte Kapital-abfindung	gesamte Kapital-abfindung
Stuttgarter	33oG – KG5	256,88 €	953 €	79 263 €	219 761 €
Stuttgarter	33oG	239,42 €	888 €	73 876 €	204 735 €)
AXA	AG1	226,13 €	706 €	69 615 €	164 857 €
Nürnberger	NR2601	225,04 €	690 €	69 470 €	148 187 €
Allianz	R1/R2	246,90 €	685 €	74 469 €	154 369 €
Volkswohl	Bund SR	240,83 €	647 €	74 346 €	159 446 €

Beispiel für eine 20-jährige Frau, die 100 Euro pro Monat anspart, Versicherungsbeginn 1. April 2012, Endalter 67 Jahre, teildynamische Rente, RGZ 5 Jahre (Stand: März 2012)

Versicherungs-gesellschaft	Tarif	garantierte Rente	gesamte Rente	garantierte Kapital-abfindung	gesamte Kapital-abfindung
Stuttgarter	33oG – KG5	277,93 €	1022 €	79 263 €	219 761 €
Stuttgarter	33oG	260,00 €	954 €	74 149 €	205 254 €)
AXA	AG1	245,01 €	755 €	69 705 €	166 500 €
Allianz	R1/R2	267,50 €	754 €	75 624 €	156 078 €
Nürnberger	NR2601	243,80 €	732 €	69 550 €	148 806 €
Volkswohl	Bund SR	261,27 €	693 €	74 538 €	160 355 €

Beispiel für einen 20-jährigen Mann, der 100 Euro pro Monat anspart, Versicherungsbeginn 1. März 2012, Endalter 67 Jahre, teildynamische Rente, RGZ 5 Jahre (Stand: Februar 2012)

Quelle: www.kuenstlerrente.de

Der Künstler-Trust:

Das einzige Kapital, über das die meisten jungen Künstler von Anfang an in ausreichendem Maße verfügen, sind die eigenen Kunstwerke. Diese Tatsache hat sich der »Artist Pension Trust« (APT) zunutze gemacht, eine weltweit agierende Gesellschaft, die 2010 in New York gegründet wurde und die mittlerweile neben den USA in Indien, Deutschland und anderen Ländern durch Tochtergesellschaften vertreten ist. Der APT ist eine private Altersvorsorge für Künstler, die ihre Beiträge nicht in Geld, sondern in Form ihrer Werke erbringen: Insgesamt 20 ausgesuchte Arbeiten sollen die beteiligten Künstler über einen Zeitraum von 20 Jahren in den Trust

Artist Pension Trust (APT)

Beitrag in Form von Kunstwerken

einbringen. Mit ihrer Aufnahme erwirbt der APT eine Option auf den zukünftigen Verkauf der jeweiligen Arbeit. Das Kunstwerk selbst bleibt bis zur Ausübung dieser Option jedoch Eigentum des Künstlers.

Für jedes eingereichte Werk erhält der teilnehmende Künstler Beteiligungseinheiten am Pool. Im Falle eines Verkaufs erhält er 40 Prozent des Erlöses, 32 Prozent fließen dem Pool zu; die restlichen 28 Prozent behält der APT ein, unter anderem zur Deckung der entstehenden Kosten. Die ersten Gewinne fallen, nach Angaben des APT, etwa zehn Jahre nach Beginn der Teilnahme am Trust an.

Anders als bei der Künstlersozialkasse, die (noch) den meisten hauptberuflich tätigen Künstlern offensteht, muss für die Aufnahme in den Artist Pension Trust manche Hürde genommen werden: Ein Expertengremium entscheidet über die zahlreichen Bewerbungen, die monatlich in der deutschen Dependance in der Reinhardtstraße in Berlin eingehen. Auch darüber, welche Werke von den beteiligten Künstlern eingebracht werden sollen, befindet dieses Kuratorium, das aus erfahrenen Kunsthistorikern und Kuratoren wie Aurélie Voltz und Lars Bang Larsen besteht. Ein wichtiges Kriterium ist, ob der jeweilige Bewerber das Potenzial hat, sich langfristig auf dem Kunstmarkt durchzusetzen.

Die rechtliche Struktur des Trusts ist verhältnismäßig kompliziert: So besteht APT Berlin aus zwei auf den British Virgin Islands ansässigen Gesellschaften. Auch aus steuerrechtlicher Sicht ist der APT für den Künstler möglicherweise nicht so leicht zu handhaben wie eine herkömmliche Altersversorgung. Mit dem Artist Pension Trust ist Mutual Art eine neuartige Anlageform für Investoren und Künstler gelungen, die sich in steuerlicher und rechtlicher Hinsicht allerdings noch bewähren muss.

Politische Idee von der Pflicht-Altersvorsorge für Selbstständige

Im Jahr 2012 gab es in Deutschland 4,3 Millionen Selbstständige, 2,4 Millionen davon waren Solo-Selbstständige ohne Mitarbeiter. Tausende von ihnen verfügen über ein so geringes Einkommen, dass sie kaum fürs Alter vorsorgen können. Oder sie üben bis zum Lebensende ihre selbstständige Tätigkeit aus.

Bundesarbeitsministerin Ursula von der Leyen hat deshalb vorgeschlagen, ab 2013 eine obligatorische Altersvorsorge für Selbstständige einzuführen. Diese soll als Basisabsicherung dienen und etwas oberhalb der

Grundsicherung liegen – also zwischen 650 und 750 Euro (Stand Oktober 2012). Ähnlich wie bei der gesetzlichen Vorgabe einer Krankenversicherung soll es für jeden Selbstständigen zur Pflicht werden, sich für die Arbeitsunfähigkeit im Alter zu versichern. Ob diese Versicherung dann auf privater Basis oder bei der staatlichen Rentenversicherung erfolgt, bleibt jedem einzelnen Selbstständigen zur freien Entscheidung überlassen.

Die Kriterien: Die Versicherungspflicht soll für Freiberufler gelten, die sich nach Inkrafttreten der Regelung selbstständig machen oder jünger als 30 Jahre sind. In den ersten Jahren der Existenzgründung soll ihnen erlaubt werden, keine oder nur geringe Beiträge zu zahlen. Für Selbstständige zwischen 30 und 50 Jahren sind abgeschwächte Regeln geplant: Sie sollen künftig nachweisen, dass sie Beiträge zu Lebens- oder Rentenversicherungsverträgen zahlen oder über Vermögen verfügen, das eine Basisabsicherung garantiert. Über 50-Jährige sind nicht betroffen. Auch Selbstständige, die weniger als 400 Euro im Monat verdienen, sind von der Pflicht ausgenommen. Im Bundesarbeitsministerium schätzt man, dass die Versicherten 45 Jahre lang monatlich bis zu 300 Euro für die Altersvorsorge und noch einmal 100 Euro für den Schutz bei einer Erwerbsminderung aufbringen müssten, um über Grundsicherungsniveau zu kommen. Das liegt derzeit bei rund 700 Euro.

Für Ärzte, Rechtsanwälte, Architekten, die in berufsständischen Versorgungswerken versichert sind, und für Mitglieder der Künstlersozialkasse gelten die neuen Regeln nicht. Kritiker monieren: Die Idee ist ein weiteres Förderprogramm für private Versicherungen. Faktisch könnte ein Zwang zur Rentenversicherung das Ende von vielen Geschäftsmodellen kleinerer Selbstständiger bedeuten. Allein die Pflicht zur Krankenversicherung schränkt bereits ihre finanziellen Handlungsmöglichkeiten ein. Ein zusätzlicher Zwang zur Rentenversicherung könnte die Kosten für die soziale Absicherung höher werden lassen als die Erträge aus der selbstständigen Tätigkeit.

Fazit

Berufsständische Versorgungswerke sind eine geeignete Ergänzung zur staatlichen Rentenabsicherung. Wer lange einzahlt, hat meist eine bessere Rente als bei der Deutschen Rentenversicherung – vorausgesetzt, die Versorgungswerke haben gut gewirtschaftet und einen guten Rechnungszins über Jahre erzielt. Versorgungswerke bieten oft günstige Gruppentarife als freie Versicherer an.

Bausparen

Bausparen gehört seit Gründung der ersten Bausparkasse 1912 zu den ältesten und am meisten verbreiteten Formen der Vermögensbildung, wenn es um den Kauf eines Grundstücks, eines Hauses oder einer Eigentumswohnung geht.

Doch in Zeiten der Finanzkrise gilt erst recht: Wer einen Bausparvertrag unterschreibt, sollte klar seine Ziele definieren: 3000 Euro in drei Jahren für die Badrenovierung? 50 000 Euro, damit die Mietwohnung zum Eigentum wird? 100 000 Euro für das Traumhaus auf dem Land?

Dieses Kapitel zeigt auf, für wen Bausparen geeignet ist und für wen nicht.

Wie Bausparen funktioniert

Punkt 1 Der künftige Immobilienbesitzer spart über einen relativ langen Zeitraum monatliche Beiträge (auch Viertel- oder Jahresbeiträge sind möglich, allerdings verliert der Sparer dann die Monatszinsen, jedoch nicht die Prämie) an, bis er ein festgeschriebenes Mindestguthaben erreicht hat. Grundsätzlich können Sie auch unregelmäßig aufs Bausparkonto einzahlen.

Bewertungszahl Dabei gilt: Bei unregelmäßiger Einzahlung entwickelt sich auch die für die Zuteilung maßgebliche Bewertungszahl anders, als im Angebot kalkuliert, und die Zuteilung kann sich verzögern. Sie haben beispielsweise einen Bausparvertrag über 100 000 Euro, der bei knapp 50 000 Euro zuteilungsreif ist. Sie zahlen drei Jahre lang nicht ein, gewinnen dann im Lotto 50 000 Euro und überweisen diese an Ihre Bausparkasse. In diesem Fall ist der Bausparvertrag dennoch nicht sofort zuteilungsreif, da sich die Bewertungszahl »langsam« entwickelt. Also besser regelmäßige Zahlungen – so kommen Sie nicht in die Versuchung, angespartes Geld etwa für einen neuen Fernseher auszugeben.

Ist das festgeschriebene Mindestguthaben erreicht, gewährt die Bausparkasse ein – in der Regel zinsgünstiges – Darlehen über eine größere Summe als das angesparte Guthaben. Dabei sind Zuschüsse von Staat und Arbeitgeber möglich. Sinnvoll wird ein Bausparvertrag also beispielsweise durch die Arbeitnehmersparzulage (siehe »Wohn-Riester« beziehungsweise »Vermögenswirksame Leistungen«) oder die Wohnungsbauprämie (diese muss bei der Bausparkasse beantragt werden). Durch diese Beträge sinkt die Eigenleistung des Sparers.

Punkt 2 Ist das Mindestsparguthaben erreicht (im Regelfall nach sieben Jahren) und sind sonstige Voraussetzungen des jeweiligen Bausparplans erfüllt, wird das vertraglich vereinbarte Darlehen gewährt. Das kann laut Gesetz nun für »wohnwirtschaftliche Maßnahmen« verwendet werden. Hinter dieser Formulierung steckt zur Freude von Anlegern mehr als allein der Immobilien-Neubau.

Wenn Sie also das braune WC und das passende Waschbecken aus den 1970er Jahren nicht mehr sehen können – mit diesem geliehenen Geld können Sie endlich die neue Ausstattung kaufen! Ausgeschlossen sind verschiebbare Schränke und Utensilien. Auch Parkett, Fliesen und Teppichboden dürfen erneuert werden – unter der Bedingung, dass sie fest mit dem Untergrund verbunden werden.

Sonderfall 1 Sie möchten Ihr Guthaben auf dem Bausparvertrag nicht für wohnwirtschaftliche Zwecke verwenden, sondern etwa ein Auto kaufen. Dies ist im Generalfall ohne Verlust der staatlichen Förderung nicht möglich (ausgenommen sind ein Jahr Arbeitslosigkeit, Erwerbsunfähigkeit und Tod). Aber es gibt Ausnahmen: Sie haben Ihren Bausparvertrag vor dem 1.1.2009 abgeschlossen und haben die Sperrfrist von sieben Jahren eingehalten. Dann dürfen Sie das Guthaben anderweitig verwenden. Auch für junge Menschen gilt per Gesetz: Eine Verfügung ohne Verwendung zum Wohnungsbau ist unschädlich, wenn sie mindestens sieben Jahre nach Vertragsabschluss erfolgt und der Bausparer bei Vertragsabschluss das 25. Lebensjahr noch nicht vollendet hatte.

Sieben Jahre Sperrfrist

Sonderfall 2 Sie können auch einen Einmalbetrag in einen Bausparvertrag investieren und von einer schnelleren Zuteilungsreife profitieren. Die Zeit bis zur Zuteilung ist abhängig vom Tilgungsbeitrag, den Sie innerhalb von der jeweiligen Bausparkasse gesetzter Grenzen frei wählen können. Wenn Sie etwa 40 000 Euro für eine Darlehenssumme von 150 000 Euro einzahlen und einen Tilgungsbeitrag von 825 Euro monatlich (5,5 Prozent) vereinbart haben, ist der Vertrag nach neun Jahren zuteilungsreif. Beträgt die monatliche Tilgungsrate 1200 Euro (8 Prozent), bekommen Sie das Darlehen nach knapp sechs Jahren.

Höhere Tilgungsrate – schnellere Zuteilungsreife

Zukunftsmusik: Ab 2013 sollten im Rahmen des KfW-Programms zum altersgerechten Umbau wieder direkte Zuschüsse zu Investitionen für insgesamt 20 Millionen Euro zusätzlich bereitgestellt werden. Die steuerlichen Regelungen sehen vor, dass das in einem Riester-Vertrag angesparte Kapital grundsätzlich auch für den barrierearmen Umbau selbst genutzter Immobilien zur Verfügung stehen soll. Voraussetzung: Nach dem Erwerb einer Immobilie werden mindestens 6000 Euro entnommen, die innerhalb von drei Jahren nach dem Kauf investiert werden müssen. Alternativ sollen für eine bereits vorhandene Immobilie mindestens 30 000 Euro entnommen werden können. 50 Prozent der Investitionskosten müssen dann auf Umbaumaßnahmen entfallen, die den Anforderungen zum barrierearmen Umbau von Wohnimmobilien genügen.

Barrierefreier Umbau

WISO Tipp

Wenn Sie mit Ihren Geschwistern ein Haus oder eine Wohnung geerbt haben, aber Alleineigentümer sein wollen, können Sie mit dem Darlehen die anderen Erben auszahlen.

Punkt 3 Das Darlehen muss nun wieder getilgt werden. Dabei wurde der Zinssatz für das Darlehen bereits bei Vertragsabschluss festgelegt. In der Regel ist der Zinssatz recht attraktiv.

Dabei kann jederzeit eine teilweise oder komplette Rückzahlung des Darlehens erfolgen, ohne dass die sonst übliche Vorfälligkeitsentschädigung
(dies ist ein Entgelt für die außerplanmäßige Rückführung eines Darlehens während der Zinsfestschreibungszeit) gezahlt werden muss. Auch
die Erbschaftsteuer darf vom Geld der Bausparkasse beglichen werden,
wenn diese mit einer Immobilienerbschaft zusammenhängt.

Besparung innerhalb von zehn Jahren

Bauspar-kasse	Tarifname	Bauspar-summe	Anspar-rate (mtl.)	Til-gungs-rate (mtl)	Aus-zahlung in	Zutei-lungsreif nach	Soll-zinsen
Signal Iduna Bauspar-kasse	FREIraum F50	156 000 €	500,00 €	649,67 €	120 Monate	181 Monate	3,00 %
Deutscher Ring Bauspar-kasse	Finanzie-rungs-Tarif P	152 000 €	500,00 €	650,00 €	121 Monate	173 Monate	2,75 %
Wüstenrot Bauspar-kasse	Idael (B/FX)	151 800 €	500,00 €	650,00 €	121 Monate	173 Monate	2,80 %
Alte Leipziger Bauspar	Tarif »easy finanz«	151 213 €	500,00 €	641,77 €	120 Monate	183 Monate	3,90 %
Deutsche Bauspar-kasse Badenia	Via Badenia 06 Niedrige Rate	148 000 €	500,00 €	649,91 €	119,5 Monate	176,5 Monate	3,75 %

Zum Vergleich: Immobiliendarlehen 150 000 Euro für einen solventen Durchschnittsdeutschen
(bei 80 Prozent Beleihung, einer Anfangstilgung von 1 Prozent und einer Sollzinsbindung von
zehn Jahren).

Institut	Sollzins	Eff.-zins	Monatliche Rate	Restschuld
Creditweb	2,55 %	2,58 %	443,75	132 935
DTW-Immobilienfinanzierung	2,55 %	2,58 %	443,75	132 935
Enderlein	2,55 %	2,58 %	443,75	132 935
Interhyp	2,55 %	2,58 %	443,75	132 935
ACCEDO	2,55 %	2,58 %	443,75	132 935

Quelle: FHM Finanzberatung, Stand Oktober 2012

Die Vorteile eines Bausparvertrags

Vorteil 1 Das Ganze ist auf Jahre voraus überschaubar: Sie wissen klar, welche Zinsen und Tilgungsraten wann zu zahlen sind.

Vorteil 2 Die Bausparkasse garantiert Ihnen die gesamte Laufzeit einen niedrigen Darlehenszins.

Vorteil 3 In der Ansparphase sind Zuschüsse von Staat und Arbeitgeber möglich. Sinnvoll wird ein Bausparvertrag also beispielsweise durch die Arbeitnehmersparzulage oder die Wohnungsbauprämie (siehe Wohn-Riester beziehungsweise VL-Sparen). Durch diese Beträge sinkt die Eigenleistung des Sparers.

In der Praxis könnte das so aussehen: Der Ehemann verdient 48 000 Euro brutto im Jahr, die Ehefrau 33 000 Euro, ihr Kind ist bis zum 18. Lebensjahr förderberechtigt. Das Traumhaus der Familie kostet 250 000 Euro, dafür nimmt sie ein Darlehen von 200 000 Euro auf (dafür zahlten sie 4 Prozent pro Jahr). Die Familie bekommt 7702 Euro Riester-Zulagen, gleichzeitig reduzieren sich durch die Riester-Förderung die Darlehenszinsen um 23 633 Euro.

Am Ende hat die Familie bis zum Rentenstart 50 793 Euro eingespart und sie konnte ihr Darlehen um vier Jahre früher zurückzahlen.

Vorteil 4 Es kann jederzeit eine teilweise oder komplette Rückzahlung des Darlehens erfolgen, ohne dass die sonst üblichen Vorfälligkeitsentschädigungen (Entgelt für die außerplanmäßige Rückführung eines Darlehens während der Zinsfestschreibungszeit) gezahlt werden müssen. Banken erheben dagegen eine sogenannte Vorfälligkeitsentschädigung für Sondertilgungen auf Hypothekendarlehen.

Bei vorzeitiger Rückzahlung keine Vorfälligkeitsentschädigung

Die Nachteile eines Bausparvertrags

Nachteil 1 Es wird die sogenannte Abschlussgebühr fällig, mit der Bausparkassen ihre Provisionskosten auf den Kunden abwälzen. Diese betragen meist 1,0 bis 1,6 Prozent der Bausparsumme (Bausparsumme = Sparbetrag + Darlehen).

Ist also beispielsweise eine Bausparsumme von 30 000 Euro vereinbart, werden 300 bis 480 Euro fällig.

Nachteil 2 Der Zeitpunkt der Zuteilung kann sich verzögern. Damit kann sich ein Bausparer nicht auf einen bestimmten Zeitpunkt verlassen. Dies liegt daran, dass ein Darlehen überwiegend aus dem Guthaben anderer, nicht zuteilungsreifer Bausparverträge finanziert wird und diese Guthaben schwanken können.

Nachteil 3 Die Tilgung (Rückzahlung des Kredits) ist meist auf zehn bis zwölf Jahre ausgelegt. Deshalb sind die Tilgungsraten im Vergleich zu anderen Immobiliendarlehen recht hoch. So profitiert man am Ende von den oft geringen Darlehenszinsen nur vergleichsweise kurz.

Nachteil 4 Ein Bausparvertrag ist auf einen Immobilienwunsch in ferner Zukunft ausgerichtet und somit für kurzfristige Entscheidungen völlig ungeeignet. Denn die gesamte Laufzeit – inklusive Tilgung – kann bis zu 20 Jahren betragen – wobei im Standardtarif allein meist etwa acht Jahre nur angespart wird.

WISO Tipp

Lassen Sie alte Verträge, die noch 4,5 Prozent Zinsen oder mehr einbringen, einfach weiterlaufen und kassieren Sie die Zinsen! Sie sind nicht verpflichtet, bei Kreditfälligkeit das Angesparte vom Konto zu nehmen. Nach einem Urteil des Bundesgerichtshofs können die Verträge so lange weiterlaufen, bis die gesamte Bausparsumme erreicht ist. Wer also zehn Jahre auf 50 000 Euro angespart hat, dann eine Zuteilung bekommt, das Geld aber nicht benötigt, kann das Geld noch einmal so lange auf dem Bausparkonto belassen – und einfach nur Zinsen kassieren.

Ein Bausparvertrag ist daher eine sichere Anlage und ideal für risikoscheue Menschen! Ansonsten hängt – wie bei allen Altersvorsorgeprodukten – viel von der individuellen Situation und Planung ab. Wer etwa die Arbeitnehmersparzulage (siehe »Wohn-Riester«) und die Wohnungsbauprämie bezieht, für den sinkt auch der entsprechende Eigenaufwand beim Sparen.

Es bleiben jedoch die wunden Punkte »weitgehend geringe Flexibilität«, »hohe Abschlussgebühr« und »kurzer Tilgungszeitraum«. Auch die Tatsache, dass das Darlehen erst einmal (Immobilien-)zweckgebunden ist, sollte der Anleger immer beachten. Dennoch kann ein Bausparvertrag durchaus sinnvoll sein – dann, wenn der Anleger weiß, dass er in den nächsten Jahren eine Immobilie kaufen oder bauen will. Will man jedoch kurzfristig auf sein Erspartes zugreifen können und/oder eine hohe Rendite erhalten, ist die »... auf diese Steine können Sie bauen ...«-Wahl eine schlechte.

Achtung: Bausparkassen müssen im Gegensatz zu Banken keine Beratungsprotokolle führen. Lassen Sie hierbei also noch einmal mehr Obacht bei einer Beratung walten. Ist ein Vertrag einmal unterschrieben, hat der Berater von der Bausparkasse seine Provision sicher – und Sie müssen diese indirekt via Bearbeitungsgebühr mittragen.

Fazit

Allein das Versprechen »Sicherheit« erfüllen Bausparverträge. Bislang galt als einziges Verkaufsargument der Bausparkassen, dass sie geringe Zinsen anbieten. Dafür muss der Kunde aber jahrelang seine Raten abzahlen. Wer will das schon freiwillig, wenn er es nicht mehr muss. Dank der Finanzkrise bietet fast jede Bank Immobiliendarlehen zu attraktiven Zinssätzen von 4 bis 6 Prozent an. Stellen Sie auch hier das Für und Wider eines Bausparvertrages gegenüber. Wer schnell Geld benötigt, für den könnte sich ein solches Darlehen lohnen. Wer Zeit hat, sollte besser in andere Geldanlagen investieren.

Private Altersvorsorge

Die Euro-Krise brachte nicht nur niedrige Zinsen auf Tagesgeldkonten, Bundesschatzbriefe und Co. mit sich, sie treibt auch die Sorgen der Deutschen voran: Fast die Hälfte der Deutschen hat Angst davor, dass die Rente im Alter nicht zum Leben ausreicht, ergab eine Studie der Postbank im Herbst 2012. Zudem befürchten 65 Prozent der Befragten, dass sich die Euro-Krise negativ auf ihre Rente auswirken wird. 43 Prozent denken, sie müssten mehr tun, und das ist richtig. So gilt für alle: Investieren Sie in Ihre private Altersvorsorge nicht zu wenig! Sie haben einige Möglichkeiten mehr, Ihr Geld anzulegen!

Die Kapitallebensversicherung

Berichte über drohende Schieflagen und nicht eingelöste Zinsversprechen haben das Vertrauen der Deutschen in die Lebensversicherung erschüttert. Nach einer Emnid-Umfrage im November 2012 würden 69 Prozent der Bundesbürger heute keine solche Versicherung mehr abschließen. Wackelt damit das Fundament des Klassikers der privaten Altersvorsorge? Ein Blick auf die bestehenden Verträge zeigt: In Deutschland gibt es 80 Millionen Menschen – und laut Gesamtverband der Deutschen Versicherungswirtschaft (GDV) 89,7 Millionen Lebensversicherungsverträge. Davon waren allein fast 40 Millionen Kapitallebensversicherungen, knapp 37 Millionen Rentenversicherungen und etwa 12 Millionen Risikolebensversicherungen. Jeder Lebensversicherte zahlt durchschnittlich 75 Euro pro Monat, also 900 Euro pro Jahr, an Beiträgen. So vermeldete der GDV 2011 ein Beitragsvolumen von insgesamt rund 77 Milliarden Euro.

Wie funktioniert die KLV?

Bei einer Kapitallebensversicherung werden zwei Dinge miteinander gekoppelt, die zwei Ziele verfolgen:

Risikoabdeckung Eine (Risikolebens-)Versicherung für den Fall, dass Sie sterben und dann Ihre Angehörigen finanziell abgesichert sind. Dafür legen Sie eine Versicherungssumme fest.

Vermögensbildung Ein Sparplan, auf den Sie durch garantierte monatliche Beiträge Zinsen bekommen – kurzum eine Vermögensbildung.

Ablaufleistung Am Ende der Laufzeit, die zwischen zwölf und 30, 40 Jahre liegen kann, erhalten Sie die Auszahlung, die sogenannte Ablaufleistung. Sie können vor Vertragsabschluss entscheiden, ob Sie nach Vertragsende eine monatliche Rente bis ans Lebensende oder die Gesamtsumme ausgezahlt bekommen wollen – mit Zinsen, Zinseszinsen und möglichen Überschussbeteiligungen. Diese sind aber bei den aktuell niedrigen Zinsen, etwa für Bundesanleihen, nur schwer zu erwirtschaften. Sollten Sie sterben, bekommen Ihre Angehörigen die vertraglich geregelte Summe ausgezahlt. Das hört sich doch erst einmal alles gut und logisch an.

Die Vorteile der KLV

Im Gegensatz zu Händlern von Aktien- und Wertpapieren können Sie ruhig schlafen. Viele Menschen hätten diese private Altersvorsorge nicht, wäre sie nicht so langatmig, starr und unflexibel. So sorgt sie für Spardisziplin. Die Rendite (also die Auszahlung eines Beitrages) ist – anders als etwa bei der privaten Rentenpolice (Auszahlung monatlicher Renten) – nicht durch die Alterung der Gesellschaft bedroht. Und am Ende der Einzahlzeit können Sie Kapitalauszahlungen nachträglich sehr einfach in eine monatliche Rente umwandeln.

Das Risiko, dass ein Versicherer total pleitegeht, gilt als äußerst gering. Und wenn doch einmal ein deutscher Lebensversicherer in Schieflage geraten sollte und weder eine andere Versicherung noch die Bankenaufsicht BaFin helfen können, springt eine Auffanggesellschaft namens »Protector« ein. Diese war 2002 von 120 deutschen Lebensversicherern gegründet worden, um in Problemsituationen die Policen der Versicherten zu sichern. Die Kunden werden dann informiert und ihr Vertrag läuft unter denselben Konditionen weiter. Sollte »Protector« am Jahresende einen Überschuss erwirtschaftet haben, wird dieser zu mindestens 90 Prozent an den Kunden weitergegeben. Bislang musste Protector nur einmal einspringen: Im Oktober 2003 übernahm sie den Kundenstamm der gescheiterten Mannheimer Lebensversicherung.

Protector

Die Nachteile der KLV

Dennoch raten Verbraucherschützer und der Bund der Versicherten seit Jahren vom Abschluss einer Kapitallebensversicherung ab. Ihre Argumente: Die Versicherungen sind zu teuer, es entstehen dem Versicherten zu viele (undurchschaubare) Kosten. Denn 4 Prozent, rechnen Verbraucherschützer vor, aller eingezahlten Beiträge gehen in die einmaligen Verwaltungskosten. Damit macht also der Versicherer Gewinn, nicht Sie! Hinzu kommen Verwaltungsgebühren auf die monatlichen Beiträge – diese liegen, abhängig vom Versicherer, zwischen 8 und 15 Prozent. Bei einer monatlichen Prämie von 50 Euro wären das immerhin 6 bis 7,50 Euro, die Ihnen fehlen.

*Verwaltungskosten
– einmalig und laufend*

Wie genau die Versicherung die Rendite insgesamt hinter den Kulissen errechnet, ist für Sie kaum nachvollziehbar. Klar ist nur eines: Ihr monatlicher KLV-Beitrag teilt sich in drei Bestandteile – in den Risikoanteil zur Deckung des Todesfallrisikos, den Kostenanteil für Verwaltung und Provisionen sowie den Sparanteil. Und an diese Maßgaben binden Sie sich über eine sehr lange Zeit bei Vertragsunterzeichnung.

Versuchen wir, die Kapitallebensversicherung etwas auseinanderzudividieren.

Der Garantiezins

Wie bereits beschrieben, müssen sich Lebensversicherte mittlerweile in Hinblick auf die Rendite bescheiden: Seit dem 1. Januar 2012 liegt der Garantiezins bei neu abgeschlossenen Verträgen nur noch bei 1,75 Prozent. Das ist ein Rekordtief seit Jahren, wie die Übersicht zeigt:

Entwicklung des Garantiezinses der Lebensversicherer

Abschlussjahr	Garantiezins
1994–2000	4,00 %
2000–2003	3,25 %
2004–2006	2,75 %
2007–2011	2,25 %
2012	1,75 %

Der niedrige Garantiezins steht im Zusammenhang mit der Finanzkrise in Europa. Denn die Versicherer müssen das eingezahlte Kundengeld rentabel investieren, um die Garantiesummen einlösen zu können. Doch das

Anlagevorschriften

Gesetz schreibt vor, dass Versicherer höchstens 30 Prozent der Kundengelder der Kapitallebensversicherung in Aktien investieren dürfen. Im Branchenschnitt sind es aktuell sogar nur rund 7 Prozent laut GDV. Mit festverzinslichen Papieren allein lässt sich derzeit aufgrund des niedrigen Zinsniveaus keine attraktive Rendite erwirtschaften. Vor allem zählten Versicherer zu den größten Abnehmern von Bundes- und Euro-Staatsanleihen und zu den größten Immobilieneigentümern Deutschlands. Genau das wurde seit der Finanzkrise 2008 zum Problem: Zehnjährige Bundesanleihen bringen den Versicherungsunternehmen nur 1,5 Prozent Rendite pro Jahr. Selbst wenn sie dem Bund 30 Jahre Geld borgen, bekamen sie in 2012 nur 2,3 Prozent. Das reicht nicht. Denn Lebensversicherer garantieren Kunden auf eingezahlte Beiträge nach Abzug von Kosten im Durchschnitt 3,2 Prozent Zins. Also müssen sie sich etwas einfallen lassen, um ihren Kunden auch noch weiterhin attraktive Renditen bieten zu können.

Doch Finanzexperten und Branchenkenner sagen, dass sich die Policenwelt bei anhaltend niedrigen Zinsen grundlegend verändern muss und wird. Denn kurzfristig können die Versicherer durch niedrigere Gewinnbeteiligung der Versicherten und durch die Erhöhung der Risiken im Anlageportfolio einiges abfedern. Langfristig aber funktioniert das nicht. Garantien für 40 Jahre – die wird es in einigen Jahren sicher nicht mehr geben.

Tatsache ist auch, dass 2013 die Gewinnbeteiligung – die Summe aus Garantiezins und Überschussanteilen – auf den Sparanteil in jedem Fall kleiner als 2012 (da hatten die Versicherer 3,9 Prozent angekündigt) ausfallen wird. Zum Vergleich: Im Jahr 2000 waren es noch 6,09 Prozent.

In der zweiten Jahreshälfte 2012 breitete sich vor diesem Hintergrund in Deutschland eine Panik unter vielen Menschen aus, die eine Kapitallebensversicherung hatten: Es könnte eine Pleitewelle der Versicherer durchs Land gehen – daraufhin wollten viele Versicherte ihre KLV kündigen. Dies führt jedoch immer zu Verlusten für Sie als Versicherter. Der Bund der Versicherten beruhigte im Akutfall und rät auch generell von einer vorzeitigen Kündigung ab.

(Zur »Kündigung einer KLV« ausführlicher am Ende des Kapitels.)

Von den Wirren des Kapitalmarktes zurück zu Ihrer persönlichen Police: Der Garantiezins sagt noch lange nichts darüber aus, was Sie einmal an Gewinn aus Ihrer lang angelegten Kapitallebensversicherung herausbekommen werden. Denn: Der Garantiezins gilt nicht für den gesamten Monatsbeitrag, den Sie einzahlen. Erst mal werden vom Versicherungsanbieter Verwaltungskosten, Todesfallschutz und Vertreterprovision abgezogen. Nur auf den Rest, auf den sogenannten Sparanteil, gibt es die Zinsen – nicht auf den Versicherungsschutz für den Todesfall!

Weniger Todesfallschutz, mehr Auszahlung

Wie viel Ihres monatlichen Beitrags die Versicherung nun zum Sparen und für den Todesfallschutz (Risiko) aufteilt, verrät sie Ihnen ungern. Die Rechnung ist kompliziert und für den Versicherten schwer verständlich. Es gibt einen kleinen Trick, wie Sie ein wenig mehr Einsicht bekommen können:

Vergleichen Sie bei einem Anbieter zwei Angebote, die sich in den Ausgangsdaten wie Alter und Einzahlsumme nur beim Todesfallschutz unterscheiden. Einmal geben Sie 100 Prozent Todesfallschutz ein und einmal 60 Prozent:

Berechnungsgrundlage/Modellfall

Anbieter	Europa Vers.	Asstel	CosmosDirekt
Rating (Morgen&Morgen)	*****	***	****
Monatl. Betrag	100 Euro	100 Euro	100 Euro
Überschusssystem (Jahreszinsen am Laufzeitende)	Verzinsliche Ansammlung	Verzinsliche Ansammlung	Verzinsliche Ansammlung
Garantierte Versicherungssumme (auszuzahlender Betrag bei Todesfall)	42 494 Euro	41 241 Euro	41 057 Euro
Mögliche Ablaufleistung (inklus. Überschussbeteiligung)	77 964 Euro	64 418 Euro	73 075
Rendite	4,72 Prozent	3,61 Prozent	4,35 Prozent

Frau, 35 Jahre alt bei Versicherungsbeginn 1. 12. 2012, monatlicher Beitrag 100 Euro,
100 Prozent Todesfallsumme/-schutz, Vertragslaufzeit 30 Jahre bis 1. 12. 2042 mit 65 Jahren
Quelle: Biallo.de/MORGEN&MORGEN

Niedriger Todesfall-schutz = höhere Ablaufleistung

Auffällig ist: Wollen Sie im Jahr 2012 Ihren Todesfall nur mit 60 Prozent versichern lassen, gibt es nur eine Versicherung (CosmosDirekt, Tarif CK 100), die das anbietet: Eine Frau, bei Versicherungsbeginn 1. 12. 2012 35 Jahre alt, zahlt monatlich 100 Euro, und dies über 30 Jahre bis zum 1. 12. 2042. Dann ist sie 65 Jahre: Die garantierte Versicherungssumme beträgt 41 930 Euro, die mögliche Ableistung/Abfindung: 74 100 Euro.
Sie sehen nun: Die Police mit nur 60 Prozent Todesfallschutz zeigt Ihnen eine höhere garantierte Versicherungssumme – weil der Risikoanteil, der von Ihren Einzahlungen abgeht, geringer ist. Vor einigen Jahren boten noch mehr Versicherungen den niedrigeren Todesfallriskioschutz.
Im Internet gibt es einige Vergleichsportale, wo Sie dies selbst durchspielen können: zum Beispiel www.biallo.de

Renditekiller Verwaltungs- und Provisionskosten

Die Kosten für Verwaltung des Konzerns und Vermittlungsprovisionen des Beraters können dem Sparer Tränen in die Augen treiben. Vor allem können Sie nichts daran ändern, das müssen Sie zahlen! Vor einigen Jahren waren diese Kosten noch das größte Geheimnis der Versicherungsanbieter. Heute ist es so, dass die Versicherung die genaue Höhe der Abschluss- und Verwaltungskosten – wie für den Risikoschutz – zu Verträ-

gen, die nach dem 1. Juli 2008 abgeschlossen wurden, grundsätzlich
in Euro ausweisen muss. Wenn das zwischen 12 bis 15 Prozent des Mo-
natsbeitrags sind, schlägt sich das in Ihrer Zinsanrechnung gewaltig nieder: Wenn Sie also 50 Euro zahlen, gehen davon 6 bis 7,50 Euro erst
einmal direkt an die Bank. Dann bleiben vom aktuellen mickrigen Garantiezins von 1,75 Prozent unterm Strich bei lang laufenden Verträgen sogar
rein rechnerisch Negativ-Einnahmen. Besonders bei Verträgen, die unter
zwölf Jahre laufen und schlechtere Renditekonditionen haben, macht
sich dies – trotz höherem Garantiezins der vergangenen Jahre – bemerk-
bar.

Hinzu kommen Abschlussgebühren, welche die Gesellschaften mit 3,5
bis 5 Prozent der Versicherungssumme berechnen. Bei einer Vertrags-
summe von 50 000 Euro sind das 1750 bis 2500 Euro, die Ihr »Berater«
verdient.

Unterm Strich bleiben Ihnen als Sparanteil also nur noch 70 bis 80 Prozent – und das bei aktuellen mageren 1,75 Prozent Garantiezins.

Im Vergleich: Zinsen aufs Sparbuch und KLV

Wenn Sie auf Ihr kostenloses Sparbuch 100 Euro einzahlen und Ihnen
2 Prozent Zinsen garantiert werden, haben Sie am Ende eines Jahres
auch 102 Euro. Wenn Sie aber bei Ihrer KLV 100 Euro einzahlen, haben
Sie nur 101,75 Euro am Jahresende – denn in jedem Fall werden Ihnen
Kosten berechnet. Eine höhe Summe steht am Ende nur, wenn das Geldinstitut eine attraktive Überschussbeteiligung zahlt.

Die Überschussbeteiligung – erst einmal nur eine Prognose

Das klingt doch gut: Sie bekommen etwas ab vom Gewinnkuchen Ihres
Versicherers. Überschussbeteiligung, prima! – wenn es denn so einfach
wäre. Denn die Überschussbeteiligungen sind – gern als garantiert beworben – reine Renditeprognosen und damit nicht 100 Prozent sicher! So
steht im Kleingedruckten Ihres KLV-Vertrags:»Überschüsse können, müssen aber nicht ausgezahlt werden.« Das heißt: Sie als Anleger können
sich nicht darauf verlassen. Die Rechnung wird mit einer fiktiven, mathe-
matisch prophezeiten Methode gemacht. Denn im Gegensatz zu etwa
Bundesanleihen oder festverzinslichen Angeboten Ihrer Hausbank, welche die ausgewiesenen Zinsen in jedem Fall zahlen, können Lebensversicherer am Ende auch keine Überschussbeteiligung überweisen.

Die Überschussbeteiligung hängt nämlich von vielen Faktoren ab: der Finanzlage am Kapitalmarkt, dem Geschick des Versicherungsunternehmens bei der Geldanlage, der Höhe der Verwaltungskosten und der Entwicklung der Sterblichkeit aller Versicherter. Und so schrumpften aufgrund niedriger Zinsen und fallender Aktienkurse in den letzten Jahren auch die Gewinnbeteiligungen.

Bilanzierungstricks bei den Überschüssen

Auch wenn die Versicherungsunternehmen per Gesetz dazu verpflichtet sind, 90 Prozent der Überschüsse an die Kunden weiterzureichen, so haben sie Spielräume gefunden, wie der Gewinn – also auch Ihr Anteil am Überschuss – für die Bildung stiller Reserven und durch andere Bilanzierungstricks gesenkt werden kann. Dann werden zwar formal immer noch 90 Prozent an die Versicherten ausgeschüttet, aber der absolute Betrag und damit die Beteiligungssumme der Versicherten sind niedriger. Seit Januar 2008 müssen Versicherungsunternehmen ihre Kunden auch anteilig an den stillen Reserven beteiligen.

Kalkulieren Sie deshalb also lieber diese Beträge nicht fest für Ihre Altersvorsorge oder beispielsweise zum Abbezahlen der Kredite für Ihr Haus ein. Hinterfragen Sie Prognosen kritisch und orientieren Sie sich beim Vergleich unterschiedlicher Angebote zunächst an den Garantiewerten. Darüber hinaus sollten Sie auch die Ertragslage der vergangenen Jahre einbeziehen. Eine Garantie für die künftige Wertentwicklung bietet die KLV jedoch auch noch nicht.

Außerdem gibt es jährlich Überschussanteile, und wenn man bis zum Laufzeitende durchhält, bekommt man einen Schlussbonus. Doch Überschussanteil und Bonus hängen vom Gewinn des Versicherungsanbieters ab. Das heißt: Läuft das Geschäft für Allianz, Axa und Co. schlecht, gibt es auch nicht viel für den Versicherten.

Absicherung für den Tod

Die Absicherung für den Todesfall ist meist zu niedrig, monieren Verbraucherschützer. Denn die Kombination mit dem Sparvorgang führt zu hohen Prämien. Für eine Versicherungssumme, die unter dem Risikoaspekt notwendig wäre, sind die Prämien kaum bezahlbar. Als Folge wird oft eine zu geringe Versicherungssumme gewählt.

Wie finde ich die beste Versicherung?

Sie haben die Wahl zwischen rund 100 Lebensversicherern. Das klingt erst einmal erschlagend und die Vergleiche zwischen Anbieter A und Anbieter B sind nicht einfach. Aber in diesem Kapitel sollen Sie einige Entscheidungshilfen erhalten, so kommen Sie Ihrem Ziel näher, wenn auch leider ohne Garantie.

Sie können mit Ihrem Gesuch zu Ihrer Hausbank gehen, müssen es aber nicht! Nur weil Sie Ihr Girokonto dort haben, bedeutet dies keine Verpflichtung zum Vertragsabschluss mit der Tochterfirma der Hausbank, die Versicherungen verkauft. Haben Sie in den vergangenen Jahren Vertrauen zu Ihrem direkten Ansprechpartner bei der Hausbank aufgebaut und bisherige Geldanlagen waren gute Empfehlungen, lassen Sie sich gern ein Angebot machen – das müssen Sie ja noch nicht unterschreiben! Lassen Sie sich nicht »vom netten Herrn Müller« blenden – der bekommt genauso, dazu sehr hohe, Provisionen durch den Vertragsabschluss mit Ihnen wie der andere Versicherungsverkäufer.

Lassen Sie sich auch von anderen Versicherungshäusern Angebote zukommen – diese können Sie meist direkt auf den Internetseiten der Versicherungen anfragen und erhalten sie dann per E-Mail oder per Post zugesandt. Auf Web-Vergleichsportalen für Geldanlageprodukte werden Sie meist keine Angebote für Kapitallebensversicherungen finden – weil sie viel komplizierter als etwa eine Hausratversicherung zu berechnen sind und auf Ihre persönlichen Ansprüche zugeschnitten werden müssen. Nur das Verbraucherportal Biallo (www.biallo.de) lässt Sie selbst die Werte eintippen und spuckt Ergebnisse aus – allerdings fehlen hier einige wichtige Größen. Denn die Höhe der Kosten für Verwaltung und Vertrieb werden hier nicht angegeben. Wichtig ist immer, dass Sie nur gleichwertige Verträge vergleichen. Denn schon ein paar Jahre Unterschied in der Laufzeit können die Rendite stark beeinflussen.

Statt zu Ihrer Hausbank können Sie auch direkt zu einem unabhängigen (gerichtlich zugelassenen!) Versicherungsberater gehen, der Ihnen von den verschiedenen Anbietern die Angebote vorlegt. Diese Beratung kostet 100 bis 150 Euro Honorar – eine Investition, die sich gerade bei einer Langzeitanlage wie der Kapitallebensversicherung lohnt (ausführlich zum Thema Beratung »Gut beraten ist die halbe Miete«).

6,3 Millionen neue Lebensversicherung wurden nach Angaben des Gesamtverbandes 2011 abgeschlossen. Immer wieder finden Sie in Verbraucherschutz-Zeitschriften wie *Finanztest* detaillierte Vergleiche zu KLV-

Anbietern, auch solchen, die Sie vielleicht nicht auf den ersten Blick als solche kennen.

Auch die Wirtschaftsteile der großen Tageszeitungen und Magazine bieten Rankinglisten in unregelmäßigen Abständen an. Allerdings greifen die Medien oft auf verschiedene Ratingagenturen zu, die ihnen die Vergleichswerte liefern. Durch andere Maßstäbe und Datengrundlagen sind

Deutsche Rating-
agenturen

diese Rankings oft nicht miteinander vergleichbar. Die namenhaften Ratingagenturen in Deutschland sind: Assekurata, Map-report, Morgen & Morgen, Professor Finsinger und Stiftung Warentest.

Egal, wo Sie nachschauen – wenn eine Versicherung immer wieder in den Top 3 eines Rankings oder einer Auswertung auftaucht, gehört sie zu den besseren. Damit haben Sie schon mal eine erste Vorentscheidung und mit diesem Gedanken im Hinterkopf können Sie dann auch in das Vermittlergespräch gehen. Auf einem Zettel sollten Sie noch folgende Fragen an den Versicherungsverkäufer notieren:

Ihre Fragen

– Wie hoch sind die Stornokosten? (Diese liegen im Durchschnitt bei 4 bis 7 Prozent.)
– Wie hoch sind die Vertriebskosten? (Direktversicherer und Gesellschaften, die in einem Vertriebsnetz arbeiten, sind günstiger.)
– Wie hoch ist die RfB-Quote? (RfB steht für »Rückstellung für Beitragsrückerstattung« und gibt die Überschussbeteiligung an.)

Der Bund der Versicherten rät generell nie zum Abschluss von Kapitallebensversicherungen. Sollten Sie sich dennoch dazu entscheiden, sind nach seiner Ansicht aufgrund von »geprüfter Sicherheit und Rendite« folgende Anbieter die besseren:

– Allianz Lebensversicherungs-AG
– HUK Coburg
– LMV Lebensversicherungs-AG
– Europa Lebensversicherung AG
– InterRisk Lebensversicherungs-AG
– VOLKSWOHL BUND Lebensversicherungs a.G.

Die Finanzanalysten von Morgen & Morgen haben im Oktober 2012 eine intensive Bewertung von deutschen Lebensversicherern vorgenommen. Dabei haben sie überprüft: Wie steht es um das Versicherungsunternehmen? Wie groß, sicher und erfolgreich ist es? Es wurden die Kennzahlen der Geschäftsberichte der vergangenen fünf Jahre analysiert und verglichen. Zu den Kennzahlen gehörten die Nettoverzinsung (Einnahmen/

Ausgaben der LV), Abschlusskosten, Verwaltungskosten, freie RfB (Rück-stellung für Beitragsrückerstattung = Überschussbeteiligung), Über-schussquote (Gesamtmenge der Überschüsse), Wachstumsquote (Wachstum des Unternehmens), Storno kapitalbildender Erträge (Gebühr bei vorzeitiger Kündigung), modifizierte Eigenmittelquelle (eigene Ein-nahmen des Versicherers aus Geldanlagen) und Bewertungsreserve (stil-le Reserven).

Am Ende entstanden die Bewertungskategorien 1 Stern (sehr schwach) bis 5 Sterne (ausgezeichnet). In der Kategorie 5 Sterne fanden sich schließlich:

- Allianz
- Alte Leipziger
- Debeka
- Europa
- InterRisk
- HUK Coburg
- LVM
- R+V
- WGV
- R+V a.G.

Quelle: Morgen & Morgen

Bevor Sie unterschreiben

Auf Ihren Fragebogen für das Gespräch mit dem Versicherungsvermittler sollten noch folgenden Punkte hinzukommen:

- Dynamik
- Fragen nach Berufsunfähigkeit
- Zusatzversicherungen
- Gesundheitszustand
- Rückkaufswert
- Eintrittsalter

Zu diesen Punkten können Sie sich vor dem Gespräch in Fachzeitschrif-ten oder im Internet etwas einlesen, damit Sie mit diesen Begriffen dann nicht überrumpelt werden.

Hinter dem Begriff Dynamisierung verbirgt sich eine jährliche Steigerung Ihrer Beiträge von 3 bis 5 Prozent. Versicherungen begründen dies als

Dynamisierung

WISO Tipp

Lassen Sie das Kreuzchen
bei dem Wort »Dynamik«
auf dem Versicherungs-
antrag weg!

Sicherheit für die Inflation: Nehmen wir also an, diese beträgt 3 Prozent, so sind Ihre 100 Euro in 30 Jahren nur noch 30 Euro wert. Da klingt es doch gut, wenn die Versicherung anbietet, dies aufzufangen. Aber: Von den jährlich steigenden 3 bis 5 Prozent bekommt der Vertreter nochmals eine Provision und zusätzlich wird noch Geld in die Risikoprämie (insgesamt 0,5 bis 1 Prozent) abgeführt. Nach den 30 Jahren sind Ihre 100 Euro also noch weniger als 30 Euro wert!

Zusatzversicherungen

Eine Berufsunfähigkeitsversicherung als mögliche Zusatzversicherung zur KLV können Sie erwägen. Die meisten Verträge lassen sich für den Fall, dass Sie berufsunfähig werden, beitragsfrei stellen. Dennoch bleibt der Versicherungsschutz erhalten – die bis dahin angesparte Überschussleistung wird eingefroren.

Weitere Zusatzversicherungen sollten Sie sich bitte nicht aufdrängen lassen!

Den Bogen mit den Gesundheitsfragen füllen Sie am besten selbstständig aus und nicht durch Ihren Vermittler. Denn nur Sie wissen wirklich, welche Krankheiten Sie wann hatten – und diese müssen wahrheitsgemäß angegeben werden, denn ansonsten verstoßen Sie gegen die vertragliche Anzeigepflicht und Ihnen können Leistungen verweigert werden. Nehmen Sie sich also Zeit für das Ausfüllen des Gesundheitsfragebogens, und wenn Sie mögen, können Sie alles samt Unterschrift und Datum bekräftigen:

Bedenken Sie die
vertragliche
Anzeigepflicht!

»Ich habe alle Angaben nach bestem Wissen und Gewissen gemacht, soweit meine laienhafte Beurteilung und mein Erinnerungsvermögen es zuließen. Über meinen Gesundheitszustand ist mein Hausarzt XY am besten informiert. Ihn entbinde ich hiermit von der Schweigepflicht für Fragen, die diesen Vertrag betreffen.«

Rückkaufswert

Der Rückkaufswert einer Versicherung ist der Betrag, den Sie bei vorzeitiger Kündigung Ihres Versicherungsvertrages ausbezahlt bekommen. Er wird von den Versicherungen als Zeitwert der bisherigen Versicherungszeit nach den Grundsätzen der Versicherungsmathematik ermittelt. Dieser ergibt sich aus dem vorhandenen Kapital abzüglich eines angemessenen Abschlages für Abschlusskosten für die Versicherung, für Risikoprämien und Stornokosten.

Wollen Sie in den ersten Jahren kündigen, machen Sie auf jeden Fall finanzielle Verluste. Denn durchschnittlich sind die Beiträge der ersten ein bis zwei Jahre allein für Provision und Abschlusskosten der Versicherung zu rechnen. Das heißt, kündigen Sie, sind die Monatsbeiträge umsonst gewesen und den Zinseszins streichen Sie auch nicht ein. Andererseits sind die Verluste noch überschaubar. Rechnen Sie also genau vor einem Ausstieg nach!

Beispiel: Verluste bei vorzeitiger Kündigung

Laufzeit	Eingezahlt	Rückkaufswert	Verlust
3 Jahre	10 800 Euro	6434 Euro	4366 Euro
5 Jahre	18 000 Euro	11 039 Euro	6961 Euro
12 Jahre	43 000 Euro	35 471 Euro	7529 Euro
13 Jahre	46 800 Euro	39 318 Euro	7482 Euro
20 Jahre	72 000 Euro	69 092 Euro	2908 Euro

Rechnung basiert auf der Annahme: 35-jährige Frau zahlt monatlich 300 Euro ein, Vertragsdauer 30 Jahre bei Volkswohl Bund Lebensversicherung a.G.,

Quelle: www.feminanz.de

Wer ist KLV-Kandidat?

Singles brauchen keine Kapitallebensversicherung, denn sie benötigen keinen Todesfallschutz. Es sei denn, Hinterbliebene (Familienangehörige) müssen weiterhin versorgt werden. Dennoch sollten auch hier Alternativen wie Banksparpläne oder Risikolebensversicherung individuell geprüft werden.

Junge Familien brauchen keine Kapitallebensversicherung: Ein Sparplan und eine Direktversicherung mit Steuerersparnis sind sinnvoller.

Familien mit älteren Kindern brauchen keine Kapitallebensversicherung: Auch hier bieten sich besser Risikolebensversicherung und Sparpläne sowie eine Direktversicherung mit Steuerersparnis an.

Menschen über 45 brauchen keine Kapitallebensversicherung: Der Todesfallschutz ist in diesem Alter zu teuer. Auch hier gilt: Es ist besser in einen Risikolebensversicherung einzahlen!

Von Anfang an müssen Sie sich selbst die Fragen stellen, die Ihnen der Versicherungsverkäufer auch stellen wird: Was brauchen Sie? Welche Geldanlage ist für Sie die richtige, um eine zusätzliche Rente zu haben? Wie lange möchten Sie sich an eine Gesellschaft binden?

WISO Tipp

Trennen Sie Sparplan und Risikolebensversicherung – das ist finanziell günstiger und Sie behalten den Überblick, was Sie detailliert in welche Anlageprodukte investieren. Eine Risikolebensversicherung kostet meist nur etwa 7 Prozent des Beitrags zur KLV. Die restlichen 93 Prozent können Sie dann selbst und mit besseren Aussichten auf höhere Gewinne anlegen.

Altverträge

Etwa jeder Vierte der rund 89,9 Millionen LV-Vertragsinhaber hat zwischen 1994 und 2000 seinen Vertrag unterzeichnet und kann sich somit noch über einen Garantiezins von 4 Prozent freuen. Trotz Finanzkrise versichern Finanzexperten, dass diese Garantieverpflichtungen in den kommenden Jahren von den Versicherern erfüllt werden können. Wenn Sie sich dennoch von Ihrem Versicherer »trennen« wollen sollten Sie ein paar Hinweise beachten:

Hilfe, ich will hier raus! – Kündigung einer KLV

Ein Hauptrisiko der Kapitallebensversicherung: Wer nicht bis zum Vertragsende durchhält, weil er vorzeitig Geld benötigt, arbeitslos wird, eine Familie gründet (und das Geld fürs tägliche Leben benötigt) oder die Prämien nicht mehr bezahlen kann, muss mit Verlusten rechnen. Bei Verträgen, die vor 2008 abgeschlossen und in den ersten Jahren gekündigt wurden, ist oft sogar das ganze eingezahlte Geld verloren. Denn die Prämien werden zunächst nur für die Vermittlerprovision und sonstige Abschlusskosten verwendet.
Bei Verträgen, die ab dem 1. Januar 2008 abgeschlossen werden, müssen die Abschlusskosten im Falle einer Kündigung mindestens auf die ersten fünf Vertragsjahre verteilt werden. Nach zwölf Jahren Laufzeit erhält man in etwa das zurück, was man eingezahlt hat. Möchten Sie dennoch vorzeitig aus Ihrem Vertrag, müssen Sie sich ans Versicherungsvertragsgesetz halten. Die Versicherung muss Ihnen den bereits erwähnten Rückkaufswert zahlen – und Sie fahren Verluste ein.
Generell können Sie zum Ende jedes Jahres kündigen.

Recht auf Rückerstattung nicht ausgezahlter Beiträge

Die Verbraucherschutzzentrale Hamburg hatte gegen die hohen Verluste bei vorzeitigen Kündigungen geklagt und in fünf Fällen vor dem Bundesgerichtshof (BGH) Ende 2012 recht bekommen. Nun hat derjenige, der vorzeitig aus seiner Lebensversicherung ausgestiegen ist, Anspruch auf Rückerstattung nicht ausgezahlter Beiträge.
Nach dem Urteil des Bundesgerichtshofs (BGH) sind Vertragsklauseln zur Kündigung und zum Stornoabzug (diese Gebühr erheben Versicherer oft bei einem vorzeitigen Ausstieg) bei Kapitallebens- und privaten Renten-

versicherungen unwirksam (Az.: IV ZR 202/10). Nach Schätzungen der Verbraucherschützer müssen die Versicherer insgesamt 12 Milliarden Euro erstatten.

Ein Beispiel

Ein Kunde zahlte in fünf Jahren insgesamt 6000 Euro in seine Lebensversicherung ein. Nach der Kündigung bekommt er 1000 Euro ausgezahlt. In diesem Fall hat er noch Anspruch auf 2000 Euro. Außerdem muss der Stornoabzug erstattet werden.

Betroffene haben die Möglichkeit, mit einem Musterbrief an ihre Ex-Versicherung Geld zurückzufordern.
Den Musterbrief finden Sie hier: www.verbraucherzentrale-berlin.de/vz/download/finanzen_versicherungen/musterbrief.pdf

WISO Tipp

Fordern Sie als Betroffener Ihren Versicherer schriftlich zur Rückzahlung auf und wenden Sie sich zeitgleich an den Ombudsmann oder einen Rechtsanwalt. Dann kann die Verjährung gestoppt werden.

Der Weiterverkauf

Statistiken zufolge werden 50 Prozent aller Kapitallebensversicherungen vor dem Ende des Vertrages aufgelöst. Als Alternative zu einem Verkauf gibt es heute die Möglichkeit, die Lebensversicherung an darauf spezialisierte Gesellschaften zu verkaufen. Aber Achtung: Diese Versicherungsaufkäufer werben damit, dass sie bis zu 15 Prozent mehr für Ihre Versicherung zahlen, als der Rückkaufswert der Versicherung ist. Untersuchungen haben ergeben, dass kein Anbieter dies eingehalten hat.

Beachten Sie: Beim Verkauf der Versicherung entfallen Stornoentgelte und Steuernachzahlung, die bei einer Kündigung der Versicherung fällig wären. Zudem sind bestimmte Bedingungen an den Mindestrückkaufswert und die Restlaufzeit der Versicherung gekoppelt. Sollten Sie Ihre Lebens- oder Direktversicherung verkaufen wollen, holen Sie sich auch hier mehrere Angebote ein. Im Internet kann nach diversen Unternehmen recherchiert werden, die sich auf den Ankauf von Versicherungen spezialisiert haben.

Es kann auch passieren, dass die Gesellschaft den Kauf ablehnt. Deshalb sollten Sie sich – am besten mit schriftlicher Zusage – genau über die Details informieren, bevor Sie Ihre Lebensversicherung auflösen. Im Zweifelsfall kann man noch versuchen, seine laufende Lebensversicherung zu beleihen.

Höherer finanzieller Spielraum – ohne Kündigung

Kommen Sie in die Situation, dass Sie aus persönlichen und finanziellen Gründen am liebsten die KLV kündigen wollen, gibt es Alternativen:

Alternativen zur Kündigung

– Stellen Sie den Versicherungsvertrag beitragsfrei! (Todesfallschutz sinkt zwar, aber Überschussanteile gehen nicht verloren.)
– Verkürzen Sie die Laufzeit der Police! (Dazu benötigen Sie das Einverständnis der Versicherungsgesellschaft.)
– Vereinbaren Sie mit der Gesellschaft eine Stundung der Beträge! (Nachteil: Sie müssen alles inklusive Zinsen später zurückzahlen.)
– Nehmen Sie die Beitragsdynamik aus der Police heraus! (Friert Todesfallsumme auf jetzigen Stand ein.)
– Bezahlen Sie jährlich statt monatlich! (Sie sparen bis zu 5 Prozent Ratenzahlungsaufschlag.)
– Kündigen Sie etwaige Zusatzversicherungen (aber nicht die Beitragsbefreiung bei Berufsunfähigkeit.)
– Ändern Sie das Überschusssystem! (Dies bedarf der Zustimmung der Versicherung.)

Steuern am Ende der langen Laufzeit

Haben Sie die 20, 30, 40 Jahre durchgehalten, hält Vater Staat die Hand auf: Sie müssen bei Auszahlung von Erträgen aus Kapitalversicherungen Steuern zahlen. Bei Verträgen für Kapitallebens- und private Rentenversicherungen, die ab Januar 2005 abgeschlossen wurden, werden die Erträge zur Hälfte besteuert. Voraussetzung ist, dass der Vertrag mindestens zwölf Jahre läuft und erst nach Vollendung des 60. oder bei Vertragsabschluss ab 2012 des 62. Lebensjahres ausgezahlt wird. Entfällt auch nur eine der Voraussetzungen, wird die volle Kapitalertragsteuer auf die Erträge fällig.
Bei Kapitallebensversicherungen, die seit dem 1. April 2009 abgeschlossen wurden, müssen weitere Voraussetzungen erfüllt sein: Die vereinbarte Todesfallsumme muss mindestens 50 Prozent der über die Vertragslaufzeit vereinbarten Beitragssumme betragen. Spätestens fünf Jahre nach Vertragsabschluss muss die Todesfallabsicherung mindestens bei 10 Prozent des Deckungskapitals, des Zeitwerts oder der Summe der gezahlten Beiträge liegen. Von den Beiträgen der ersten Jahre zieht das Versicherungsunternehmen zunächst die Provision für den Vermittler und Verwaltungskosten ab.

Wie sich die Finanzkrise auf Lebensversicherer auswirkt – und wie der Staat die Branche stützt – ein Exkurs

Die Finanzkrise in Europa und die damit verbundene Niedrigzinspolitik der Notenbanken machen auch den deutschen Lebensversicherern zu schaffen. Zwar haben die Branchenriesen wie Allianz, Münchner Rück oder Debeka noch genügend Rücklagen und Eigenmittel, um ihren Kunden in den kommenden Jahren den versprochenen Garantiezins der vergangenen Jahre (bis 2000: 4 Prozent, bis 2011: 2,25 Prozent, seit 2012: 1,75 Prozent) zu geben. Aber einige kleinere Versicherer, die statt Milliarden nur Millionen anlegen, haben weit weniger Spielraum und könnten dazu übergehen, bei der Finanzaufsicht BaFin eine »zeitweise Aussetzung der garantierten Zinszahlungen an ihre Kunden zu beantragen«.

Denn auf den Garantiezins zahlen, wie bereits zuvor erwähnt, die Versicherer ihren Kunden eine jährliche Rendite und Ausschüttungen. Diese erwirtschaften sie durch Gewinne mit ihren Kapitalanlagen wie Aktien, Immobilien und festverzinsliche Wertpapiere wie Staats- oder Bankanleihen. 2011 lagen diese Gewinne durchschnittlich bei 4,1 Prozent; 2012 dann schon bei rund 3,8 Prozent bis 4 Prozent. Demnach bekommt der Kunde dann dies als Gewinnausschüttung – zusätzlich zum Garantiezins von 1,75 Prozent (Stand: 2012).

Weil die Bundesregierung am Wohlergehen der Versicherer interessiert ist – schließlich geben sie dem Staat Geld in Form von Bundesanleihen –, hilft sie der Versicherungsbranche seit Jahren in schlechten Zeiten. Schon zwei Mal hat der Bund in den vergangenen Jahren den Versicherern Steuererleichterungen bei Rückstellungen für die Beitragsrückerstattung gewährt. Und auch die (staatliche) BaFin ist für die Absenkung von 4 auf 1,75 Prozent Garantiezins verantwortlich. Diese Tatsache hilft den Versicherern in schwierigen Zeiten – der Kunde dagegen hat den Schaden: Er erhält für seine regelmäßigen Einzahlungen nicht einmal den Inflationsausgleich.

Nun springt das Bundesfinanzministerium wieder ein: Ab 2013 müssen die Lebensversicherer Kunden, die vertragsgerecht oder vorzeitig kündigen, nicht mehr zur Hälfte an den stillen Reserven beteiligen. Damit fallen die Ablaufleistung (Überschussbeteiligung) und Rückkaufswerte (Rückzahlung bei vorzeitiger Kündigung) 2013 geringer aus – und es bleibt mehr Geld in den Versicherungsunternehmen. Grund für die Entscheidung des Ministeriums: Ein Fünftel der rund 100 Lebensversicherer sind ab 2018 möglicherweise nicht mehr in der Lage, die den Kunden garantierten Zinsen zu zahlen und zugleich ausreichend Eigenmittel vorzuhalten. Unterstellt wird dabei, dass die Rendite zehnjähriger deutscher Staatsanleihen dauerhaft bei 2,1 Prozent verharrt.

Zudem wird die Trennung von Alt- und Neubeständen aufgehoben. Die meist gut verzinsten Kapitalanlagen aus der Zeit bis 1994 – der Liberalisierung des Versicherungsmarktes – durften bislang neueren Verträgen nicht zugute kommen. Denn der Altbestand enthält mit drei Vierteln den größeren Anteil an den gesamten Beitragsrückstellungen der Konzerne; eine Übertragung ist nicht möglich. Wenn diese Verträge auslaufen, verbleiben diese Gelder im »Untertopf des Altbestands«. Das ist mit der neuen Gesetzesregelung aufgehoben worden.

Verbraucherschützer kritisierten, dass es nicht Aufgabe der Politik sei, mit gezielten Subventionen Versicherern unter die Arme zu greifen – damit sie auch in Zeiten niedriger Zinsen hohe Gewinne erwirtschaften.

Auch wenn die Überschussbeteiligungen Finanzmarktspezialisten zufolge in den kommenden Jahren sinken werden, beruhigten sowohl der Gesamtverband der Versicherungen GVD wie auch der Bund der Versicherten – erstmals einer Meinung – sowie die Bankenaufsicht BaFin die Lebensversicherungskunden: Die Lebensversicherer können kurz- bis mittelfristig ihre Leistungsversprechen erfüllen. Wer eine gute, hoch verzinste Police hat, sollte sie nicht Hals über Kopf kündigen.

Die Risikolebensversicherung

Eine Risikolebensversicherung ist keine Geldanlage. Sie versichert nichts anderes als das Risiko, dass ein Hauptverdiener verstirbt und die Versorgung der Hinterbliebenen dadurch nicht gesichert ist. Das heißt: Die Versicherungssumme wird ausschließlich im Todesfall gezahlt. Deshalb ist es vor allem für Familien ratsam, diese Versicherung abzuschließen. Denn in Haushalten, in denen es nur einen Haupternährer gibt, würde der plötzliche Tod dieser Person für erhebliche finanzielle Probleme sorgen – erst recht wenn Kredite abgezahlt werden müssen. Aber auch wenn einige Monate ein fehlendes (Zweit-)Gehalt in der Familie überbrückt werden muss, ist eine Risikolebensversicherung von Vorteil.

Für die Höhe der Versicherungssumme sollten Sie nicht zu knapp kalkulieren und stets die Inflation im Auge behalten. Wie bei einer Berufsunfähigkeitsversicherung sollten Sie die Versorgungslücke berechnen: Welche Einnahmen fallen weg? Welche laufenden Ausgaben – wie Kredite,

Lebensversicherung, Unterhalt – müssen weiter bezahlt werden? Gibt es eine Witwenrente oder andere Geldquellen? Eine Faustregel: Für Familien mit kleinen Kindern sind vier bis fünf Jahreseinkommen die richtige Rechengröße, aber nach 50 Jahren oder wenn die Kinder aus dem Haus sind, reichen je nach finanzieller Ausgangslage ein bis drei Jahreseinkommen. Der Bund der Versicherten (BdV) rät:

– das 200- beziehungsweise 240fache der Versorgungslücke bei jungen Familien mit Kindern absichern und
– das 100fache der Versorgungslücke in späteren Jahren, wenn die Kinder schon älter sind und Vermögen vorhanden ist

Setzen Sie die Versicherungssumme von Anfang an hoch an, da Sie diese während des Vertrags nur durch eine erneute Gesundheitsprüfung anheben können. Einzige Ausnahme: Der Vertrag enthält eine Nachversicherungsgarantie, die es Ihnen bei besonderen Ereignissen, wie Hochzeit oder Geburt, erlaubt, die Versicherungssumme anzuheben. Eine Minderung ist hingegen normalerweise jederzeit möglich. Hohe Anfangssummer oder Nachversicherungsgarantie

Die Laufzeit können Sie beliebig bestimmen. Weil diese Lebensversicherung keinen Sparanteil hat, fällt die Prämie niedrig aus. Entscheiden Sie die Laufzeit danach, wen oder was Sie absichern wollen: Soll das Angesparte später für Ihre Kinder sein, dann vielleicht so lange, bis diese mit eigenem Gehalt gut leben können. Soll die Sparsumme für einen Kredit zur Hausfinanzierung sein, ist es in der Regel die Laufzeit des Darlehens. Laufzeit

Die Berechnung der Beiträge gestaltet sich nicht ganz einfach: Es wird zwischen Tarif- (Brutto-) und sogenanntem Zahlbetrag unterschieden. Vom Tarifbeitrag wird die Überschussbeteiligung abgezogen. Dadurch zahlen Sie netto weniger: Bei einer Versicherungssumme von 50 000 Euro und einer Laufzeit von 25 Jahren würden pro Jahr 201 Euro brutto anfallen. Netto sind es aber nur 84,42 Euro, die der Versicherte zu zahlen hat. Dieser Zahlbeitrag ist aber abhängig von den Überschüssen und kann nicht garantiert werden. Die Höhe der künftigen Überschussbeteiligung hängt aber davon ab, wie sich das Sterblichkeitsrisiko entwickelt sowie von den Kapitalerträgen und der Kostenentwicklung des Versicherers. Daher kann sich Ihr Beitrag jährlich ändern. Beitragsberechnung

Vergleichen Sie auf jeden Fall die Preise der Anbieter von Risikolebensversicherern, etwa beim Internetvergleichsportal biallo.de. Sie können bis zu 500 Euro im Jahr sparen, also auf die gesamte Laufzeit gerechnet etwa 10 000 Euro. Wenn Sie jährlich ihre Beiträge zahlen, können Sie kleine Summe sparen.

Anbieter	Tarif	Monatl. max. Beitrag	Mindest. monatl. Zahlbeitrag	Preisvorteil Zahlbeitrag gesamte Laufzeit
CosmoDirect	CR	20,57 €	7,61 €	5538 € (= 18,46 Euro pro Monat)
Euroversicherung Pur	E-T2 N/R	18,60 €	7,62 €	5535 € (= 18,45 Euro pro Monat)
Asstel	AP8PZ Plus Familie	12,80 €	7,80 €	5481 € (=18,27 Euro pro Monat)
ErgoDirekt	O6A	19,77 €	7,91 €	5448 € (= 18,16 Euro pro Monat)
Huk24	WB24	17,84 €	7,99 €	5424 € (= 18,08 Euro pro Monat)
Hannoversche	T1	20,61 €	8,10 €	5391 € (17,73 Euro pro Monat)
Direkte Leben	D1260	13,98 €	8,39 €	5304 € (17,68 Euro pro Monat)
Allianz	L0 (DL)	12,02 €	8,41 €	5298 € (17,66 Euro pro Monat)
myLife	RP	19,74 €	9,16 €	5073 € (16,91 Euro pro Monat)
Ontos	TG(N/R)O12	23,72 €	9,25 €	5046 € (16,82 Euro pro Monat)

Zusatzoptionen:

– Ehepaare oder eheähnliche Paare können sich gegenseitig mit einer Lebensversicherung absichern. Hier wird die Summe nur einmal fällig, wenn einer der beiden Partner stirbt. Sie ist günstiger als Einzelverträge.

– Wenn Sie noch keine Berufsunfähigkeitsversicherung haben, können Sie die hier als Zusatz kombinieren. Diese Variante kann unter Umständen billiger sein als zwei Policen. Generell ist von Kombiverträgen abzuraten.

– Sie können die Versicherungsleistung jährlich um einen bestimmten Prozentsatz oder Betrag sinken lassen. Diese Option wird in der Regel zur Absicherung eines Kredits genutzt und als Restschuldversicherung bezeichnet. Mit der absinkenden Versicherungssumme sinken auch die Monatsbeiträge.

Die private Rentenversicherung

Die klassische Rentenversicherung hat für den Verbraucher einen großen Vorteil: Sie ist nicht nur risikolos, sondern auch verständlich. Denn eigentlich ist eine private Rentenversicherung gar keine Versicherung, sondern eine reine Geldanlage.

Im Gegensatz zur Kapitallebensversicherung wird hierbei normalerweise kein Todesfallrisiko abgesichert: Das bedeutet geringere Beiträge und keine Gesundheitsprüfung! Ein höheres Sterberisiko des Versicherten bedeutet für den Versicherer sogar eine kürzere Zeit, in der er diese Leistungen auszahlen muss. Wie bei der KLV müssen Sie aber auch bei der privaten Rentenversicherung Abschlussprovisionen und Verwaltungsgebühren bezahlen.

So funktioniert's Sie zahlen auf einmal eine größere Summe (Sofortleibrente) oder kontinuierlich Beiträge (aufgeschobene Leibrente) ein. Darauf bekommen Sie einen garantierten Zins und sind per Gesetz an den von der Versicherungsgesellschaft erwirtschafteten Gewinnen beteiligt. Ab einem vereinbarten Termin – in der Regel der gesetzliche Renteneintritt – wird Ihnen monatlich bis zum Lebensende eine private Rente gezahlt. Im Gegensatz zur gesetzlichen Rentenversicherung können Sie bei der privaten Variante auch schon vor dem 67. Lebensjahr in den Ruhestand gehen. Denn gegen die Zahlung eines Einmalbetrages beginnt die monatliche Sofortleibrente sofort zu laufen. So kann diese Geldanlage für Sie auch schon vor der Pensionierung interessant sein – nämlich dann, wenn Sie einen ordentlichen Betrag über die Jahre angespart haben. Allerdings gilt: Sobald die erste Monatsrente überwiesen ist, kann die Versicherung nicht mehr gekündigt werden!

Bei der aufgeschobenen Leibrente sollte man darauf achten, dass diese mindestens zwölf Jahre vor dem gesetzlichen Rentenalter abgeschlossen wird: So muss statt der gesamten Rente nur der Ertragsanteil versteuert werden. Stirbt der Versicherte während der Sparzeit von 25 bis 30 Jahren,

Sofortleibrente

Aufgeschobene Leibrente

gehen die Erben leer aus – es sei denn, sie haben eine sogenannte Beitragsrückgewähr mit dem Policenanbieter vereinbart. Diese jedoch kostet Gebühren und damit Rendite.

Ihr Steuervorteil Nur der sogenannte Ertragsanteil ist steuerpflichtig. Wenn Sie also 65 Jahre bei Rentenbeginn wären, betrüge der grundsätzlich steuerpflichtige Ertragsanteil nur 18 Prozent. Die übrigen 82 Prozent der Rentenzahlung sind dagegen steuerfrei. Sie sollten allerdings Ihre Anlagen nicht ausschließlich nach steuerlichen Gesichtspunkten tätigen. Die Versicherungsgesellschaft verwaltet das Geld der Anleger. Der Aktienanteil darf laut Gesetz nicht mehr als 30 Prozent betragen und ist damit recht risikosicher.

Drei Arten privater Rentenversicherungen

Der Klassiker Auf den Sparanteil der Einlage gibt es eine garantierte Verzinsung von 2,25 Prozent. Per Gesetz wird der Anleger an den erwirtschafteten Überschüssen beteiligt.

Die Fondspolice Hierbei können Sie in mehrere Fonds mit unterschiedlichem Risiko investieren. Die Fonds können Sie sich selbst zusammenstellen oder Sie erhalten ein gut gestreutes Fondsdepot mit Ablaufmanagement. Dies beutet, dass zum Ende der Laufzeit hin automatisch in sichere Fonds umgeschichtet wird. Achtung: Fondspolicen haben keine garantierte Verzinsung!

Die britische Versicherung Seit 1994 sind britische Versicherungsgesellschaften auch in Deutschland tätig. Sie sind die ältesten Versicherungsgesellschaften Europas, die erste wurde 1699 gegründet. Anfangs nach britischem Recht sind diese nun in Deutschland ansässig. Es gilt somit deutsches Vertragsrecht und deutscher Gerichtsstand.

WISO Tipp

Vereinbaren Sie eine Rentengarantiezeit für Ihre Angehörigen. Bei einem frühen Tod hat wenigstens die Familie noch einige Zeit etwas von Ihren Einzahlungen.

Der Hauptunterschied zu deutschen Kapitalversicherungen: Britische Versicherer dürfen den größten Teil des Sparanteils in Aktien investieren. Während deutsche Gesellschaften per Gesetz höchstens 30 Prozent in Aktien anlegen dürfen, beträgt die britische Aktienquote in der Regel zwischen 60 und 80 Prozent – erlaubt sind sogar bis 100 Prozent. Als Folge fallen die Ablaufsummen für den Anleger meist höher aus als die von deutschen Anbietern. Wie stets beim Geschäft mit Aktien birgt die hohe Quote natürlich auch Risiken: Etwa das der deutlich niedrigeren Auszahlung bei einer vorzeitigen Auflösung. Oder das des geringeren Gewinns in einer längeren Börsenflaute. Deshalb arbeiten die meisten britischen Versicherer mit dem Sicherheitsinstrument des sogenannten »Smoothing« – dabei glätten die Policenanbieter die jährlichen Ergebnisse, indem sie die Erträge aus guten Jahren nicht voll ausschütten, sondern für schlechtere Zeiten aufheben. Dadurch können sie die Schwankungen am Aktienmarkt abfedern.

Die Gewinnausschüttung funktioniert in zwei Stufen: Sie erhalten einerseits zum Ende jedes Jahres eine garantierte Summe, die Ihnen nicht verloren gehen kann. Zusätzlich zahlt die Versicherung bei Fälligkeit des Rentenversicherungsvertrages einen ansehnlichen Schlussbonus.

Wer eine lange Anlagezeit vor sich hat, kann von der jahrhundertealten Tradition der aktienorientierten Vermögensverwaltung gewiss profitieren.

Fazit

Einst galt die (Kapital-)Lebensversicherung als der Deutschen liebstes Anlageprodukt – sicher und zugleich mit lukrativem Zins während der vielen Laufzeitjahre. Doch Verbraucherschützer monieren seit Jahren die undurchsichtigen Geschäftsbedingungen und den Umgang mit den Kunden, nicht zuletzt die Arbeitsmethoden in der Versicherungsbranche. Letztlich lösten die aktuelle Finanzkrise und der damit verbundene niedrige Leitzins den guten Ruf komplett auf. Seit Januar 2012 liegt der Garantiezins bei mageren 1,75 Prozent.

Geldanlage in Wertpapieren

Ein breit gestreuter Mix von Anlageprodukten in Ihrer privaten Altersvorsorge ist vorteilhafter als nur eine Lebensversicherung zu halten. Investieren Sie in Investmentfonds oder andere Bankprodukte. Wer Immobilieneigentum in attraktiver Lage erben wird, muss nicht unbedingt selbst in weitere Wohnungen und Häuser investieren. Je jünger Sie sind, desto länger haben Sie Zeit, Vermögen aufzubauen, und desto mehr können Sie riskieren!

Dieses Kapitel gibt grundlegende Tipps zu den Anlageformen Aktien, Anleihen (festverzinsliche Wertpapiere), Bundeswertpapiere, Optionsscheine und Renten- und Aktienfonds.

Das magische Dreieck

Rendite, also Gewinne, wollen alle, Risiko dagegen die wenigsten Menschen. Doch in der Geldanlage-/Finanzwelt gibt es das eine leider nicht ohne das andere. Von einem magischen Dreieck sprechen Finanzexperten immer: Gewinne, Risiko und Verfügbarkeit stellen dabei die drei Außenachsen dar. Die Regel besagt: Wenn Sie das eine wollen, dann müssen Sie das andere vernachlässigen. 100 Prozent von allen drei Dingen gibt es nie!

So hat ein Sparbuch zwar kein Risiko und Sie können jederzeit an Ihr Angespartes, aber Zinsen unter 1 Prozent sind keine wirkliche Rendite.

Aktienfonds dagegen bieten hohe Renditechancen, aber Sie müssen das Risiko der hohen Kursschwankungen an der Börse eingehen.

Und nicht zuletzt wirkt sich eine Verfügbarkeit, also wie schnell Sie auf Ihr angelegtes Geld zugreifen können, auf die Rendite aus: Ihr Erspartes auf einem Tagesgeldkonto, das jederzeit für Sie verfügbar ist, kann nicht dieselbe Rendite bieten wie eine Anlage, bei der Ihr Geld über einige Jahre gebunden ist!

Abhängig von Ihrer Lebenssituation, von Ihren Finanzwünschen, von Ihrem Anlagezweck müssen Sie also entscheiden, was für Sie an erster Stelle steht. Für die Altersvorsorge sollte natürlich auf lange Sicht die Rendite (neben der Sicherheit, an Ihr Geld zu gelangen) vornan stehen!

Wenn Sie sich etwa für Aktienfonds entscheiden, fahren Sie gut: Haben diese doch in den vergangenen 15 bis 20 Jahren in der Regel gute Gewinne eingebracht – wenn auch vor der Kulisse schwankender Kurswerte. Börsenhandel setzt immer einen langen Atem voraus und nach einer Talfahrt (Baisse) kommt wieder ein Aufschwung (Hausse). Einige Finanzexperten empfehlen den vorsichtigen Deutschen, öfter mal risikofreudiger zu sein – so können Sie langfristig satte Erträge mitnehmen, die Sie im Ruhestand gebrauchen können.

Zusammenfassend lässt sich sagen: Nicht jedes hohes Risiko bedeutet automatisch eine grandiose Rendite. Aber Sicherheit bezahlen Sie stets mit einer niedrigen Rendite.

Legen Sie 10 000 Euro für 30 Jahre an, erhalten Sie folgende Beträge:

Bei 2 Prozent =   18 100 Euro
Bei 4 Prozent =   32 400 Euro
Bei 6 Prozent =   57 400 Euro
Bei 8 Prozent = 100 600 Euro

Geht man davon aus, dass die Inflationsrate 2 Prozent beträgt, müssen Sie also mehr als 2 Prozent durchschnittliche Gewinne während der gesamten Anlagezeit pro Jahr einfahren, um das Kapital zu erhalten oder eine minimale Realrendite zu erwirtschaften.

Sollten Ihnen Bekannte oder auch der Bankangestellte weismachen wollen, dass es Anlageprodukte gibt, bei denen Sie das magische Dreieck außer Kraft setzen und nur eine hohe Rendite einfahren – lassen Sie von diesen Empfehlungen die Finger!

WISO Tipp

Streuen Sie Ihr Kapital: Nur so können Sie die drei Achsen – Rendite, Risiko, Verfügbarkeit – für sich nutzen. Ein Sparbuch plus ein Aktienfond plus ein Windkraftanlageinvestment kann also unterm Strich ein optimaler (Gewinn-)Mix sein.

Geldanlage an der Börse

Aktienmärkte reagieren sehr sensibel auf kleinste Veränderungen in der Welt. Zwar ist in den meisten Fällen das eingesetzte Kapital nicht endgültig verloren, doch muss man genügend Zeit haben, bis die Aktien wieder einen höheren Wert als beim Kauf haben – und man dadurch Rendite erzielen kann. Deshalb könnte bei älteren Anlegern ein zu riskantes Engagement den geruhsamen Lebensabend verhindern, den sie sich doch eigentlich sichern wollten.

Ein paar Begriffe sollen Sie am Anfang auf den Weg mitbekommen, damit Sie weder hier beim Lesen ins Stolpern geraten noch im Anlageberatungsgespräch bei Ihrer Bank.

Emission Dies ist der Börsengang eines Unternehmens. Damit entscheidet sich das Unternehmen, innerhalb einer festgelegten Preisspanne Anteilsscheine (Aktien) anzubieten.

Hausse (Bullen-Markt) Dies bezeichnet den Zeitraum, in dem die Aktienkurse steigen.

Baisse (Bären-Markt) Dies bezeichnet den Zeitraum, in dem die Aktienkurse fallen.

Volatilität Diese gibt die Schwankungsbreite, also die Abweichung vom Mittelwert, an. Je höher die Volatilität ist, desto weiter waren die Preise/ Kurse der Anlage vom Mittelwert entfernt. Ergo: Die Schwankungen der gesamten Anlage waren höher. Risikoscheue Anleger bevorzugen weniger Schwankungen.

Dividende Sie wird ausgeschüttet, um die Aktionäre am Gewinn des Unternehmens zu beteiligen. Meist wird die Hälfte des Jahresgewinnes verteilt. Die andere Hälfte dient als hausinternes Wachstumsfördermittel oder als Rücklage für etwaige Übernahmen. Der Firmenvorstand schlägt die Höhe der Dividende vor; die Aktionäre stimmen dann ab.

Aktienindex Er gibt fortlaufend die Kursentwicklung ausgewählter Aktien an. Aus diesem Kursbarometer lässt sich die Börsentendenz ableiten. Der DAX ist mit den 30 umsatzstärksten Aktiengesellschaften der wichtigste deutsche Aktienindex, der Dow Jones das Barometer der US-amerikanischen Börse und der Nikkei der Gradmesser des japanischen Parketts.

Börsenwert Er ergibt sich aus der Anzahl der ausgegebenen Anteilsscheine eines Unternehmens – multipliziert mit ihrem Kurs. Dieser Wert kann als Prognose für die zukünftige Wirtschaftlichkeit eines Unternehmens gesehen werden.

Rendite Dies ist der Ertrag, den Sie dank Zinsen aus Ihren Geldanlagen erzielen. Wenn Sie bei einer Anlage von 1000 Euro am Jahresende 1050 Euro bekommen, dann sind das 50 Euro oder 5 Prozent Rendite. Entnehmen Sie die Rendite nicht, bekommen Sie auf diese Gewinnzinsen noch einmal Zinseszinsen gezahlt. Allerdings nur, wenn man das im Rahmen seines Freibetrages erwirtschaftet. Alles darüber hinaus muss versteuert werden.

Alles gut gelagert – das Wertpapierdepot

Bevor Sie den Handel mit Wertpapieren überhaupt betreiben können, benötigen Sie ein Wertpapierdepot. Darin werden Ihre Aktien, Fonds oder Zertifikate verwaltet. Sowohl Banken als auch Fondsgesellschaften verlangen eine jährliche Verwaltungsgebühr von Ihnen, die von Anzahl, Wert und Herkunft der Papiere abhängig ist und zwischen 15 und 30 Euro jährlich kostet.

Direktbanken, Discount-Broker oder Online-Anbieter von Depots bieten die Verwaltung oft kostenlos an. Bei Direktbanken werden die Geldgeschäfte im Internet oder am Telefon in der Regel ohne Beratung abgewickelt. Für die Eröffnung eines Depots bei einer Direktbank sind mehrere Schritte notwendig: Das Formular für die Depoteröffnung laden Sparer aus dem Internet herunter und nehmen es ausgefüllt mit zum Postamt.

Prozedere bei einer Direktbank

Zur Identifizierung legen sie dort am Schalter den Personalausweis oder Reisepass vor. Die Depotunterlagen sowie ihre Online-Zugangsdaten erhalten Verbraucher dann per Post.

Legen Sie Wert auf eine Beratung – und haben wenig Ahnung vom Aktienkauf und -verkauf –, sollten Sie das Depot bei Ihrer Hausbank einrichten, auch wenn das teurer ist. Die regulären Ankaufkosten für Fondsanteile (Ausgabeaufschlag) etwa betragen bis zu 5 Prozent.

Kennen Sie sich mit dem Börsengeschäft aus und wissen genau, was Sie wollen, tragen Sie dies Ihrer Bank vor und verhandeln über den Ausgabeaufschlag. Je mehr Geld Sie anlegen wollen, desto größer sind die Chancen, einen geringeren Ausgabeaufschlag auszuhandeln. Denn den bekommt der Berater und nicht, wie gern behauptet, die Fondsgesellschaft! *Ausgabeaufschlag*

Durch Discountfondsvermittler, die ihre Dienste nur im Internet anbieten, können Sie Transaktions- sowie Depotführungskosten und auch den Ausgabeaufschlag senken oder sogar vollständig vermeiden. Sollten Sie ein aktiver Aktienhändler sein und über ein großes Depot verfügen, wenden Sie sich an einen Direktbroker oder eine Online-Bank – die sind in jedem Fall günstiger. Dort müssen Sie sich nur noch aus der riesigen Auswahl, etwa an Fonds, den richtigen aussuchen. *Gebühren für Transaktion und Depotführung*

Ein Kostenvergleich lohnt sich also immer: Denn zur Depotverwaltungsgebühr kommen noch eine Börsengebühr, Maklercourtage und Gebühren für die Bank.

Aktien

Ein guter Rat vorweg: Wer sich auf die Geldanlage Aktie einlässt, sollte mehrmals pro Woche die Aktienkurse studieren und das nötige Vokabular verstehen. Dennoch sagen Finanzexperten: Aktien sind unverzichtbar für die (private) Altersvorsorge.

Nach Jahren einer niedrigen Aktionärsquote (im europäischen Vergleich) vermeldete das Deutsche Aktieninstitut (DAI) einen enormen Anstieg von 1,5 Millionen Anlegern im ersten Halbjahr 2012. Damit hatten insgesamt 10,2 Millionen Anleger (15,7 Prozent der Gesamtbevölkerung) direkt oder indirekt in Aktien investiert. 2009 waren es nur knapp ein Drittel, nämlich 3,6 Millionen. Die Aktionärsquote in Deutschland bekam damit fast wieder das Niveau von 2007. Damals hatte die Finanzkrise mit der Immobilienblase in den USA begonnen. Gegenüber dem Tiefststand Ende 2010 konnten mehr als zwei Millionen Anleger zurückgewonnen werden. *Aktionärsquote*

Aktie als Sachwert Als Grund vermutet das Aktieninstitut: Angesichts der anhaltenden Staats-schuldenkrise in Europa wird die Aktie als Sachwert geschätzt. Außerdem sind Dividendenrenditen von rund 4 Prozent attraktiv. Festverzinsliche Anlageformen erstklassiger Schuldner dagegen erzielten zum damaligen Zeitpunkt meist noch nicht einmal den Inflationsausgleich.

Aktien, auch Anteilsscheine genannt, sind Sachwerte – und damit nicht inflationsanfällig. Im Falle einer Geldentwertung wären sie also nicht be-troffen. (Andere Sachwerte sind Immobilien oder etwa Fahrzeuge.) Das Gegenteil sind Geldwerte – sie liegen auf Ihrem Konto.

Eine Aktie ist ein Miteigentum an einem Unternehmen (in diesem Fall ei-ner Aktiengesellschaft) – wenn auch nur als ein Bruchteil des Kapitals. Sie ermöglicht ein Mitspracherecht bei den Entscheidungen des Unterneh-mens. Als Aktionär werden Sie zu den jährlichen Hauptversammlungen eingeladen. Sie werden am Gewinn beteiligt, aber ebenso an den Verlus-ten. Fast alle Aktiengesellschaften lassen ihre Anteilsscheine an den Bör-sen handeln; einige Eigentümer entscheiden komplett selbst über ihre Aktien. Aktien sind Wertpapiere und eine langfristige Geldanlage. Im Ver-gleich zum Sparbuch oder zu festverzinslichen Anlagen bringt eine Akti-enanlage den höchsten Ertrag. Allerdings ist sie auch den Schwankun-gen an der Börse stetig ausgesetzt, gerade in Krisenzeiten wie jetzt.

Langer Atem nötig Nur Geld, das man für mindestens acht bis zehn Jahre nicht benötigt, sollte in Aktien angelegt werden. Denn wenn an der Börse die Aktienkur-se fallen, muss man die Zeit haben, diese Baisse (Tiefphase) auszusitzen und die Papiere erst dann zu verkaufen, wenn sie wieder auf der Gewin-nerseite stehen. So hatte der Dax Ende 2012 immer noch nicht den Wert von 2007 erreicht, damals war in den USA mit der Immobilienblase die weltweite Finanzkrise losgetreten worden.

Also hat man mit dem Geld, das man im Zweifel vor über fünf Jahren in-vestiert hat, noch keine Rendite erwirtschaftet – auch wenn das zuvor viele Berater und Institute behaupteten. Wenn die Krise da ist und das Geld unterbewertet, wünschen Sie vielleicht, weniger Geld in Aktien inves-tiert zu haben. Wenn Sie aber mit Ihrer Investition auf der sicheren Seite sind, können Sie auch als Inhaber unterbewerteter Aktien und Fonds bes-ser schlafen.

Man unterscheidet in Vorzugsaktien, Inhaberaktien und Namensaktien: Bei Vorzugsaktien haben Sie Ihr Stimmrecht an das Unternehmen abge-geben. Im Gegenzug bekommen Sie eine höhere Dividende. Alle anderen Aktionärsrechte bleiben bei Ihnen. Der Kurs dieser Aktien ist oft günstiger als der von Inhaberaktien.

Inhaberaktien sind, wie der Name es sagt, Eigentum des Inhabers und lagern in dessen Depot. Sie können unproblematisch an den nächsten Aktionär weitergegeben werden.

Dies ist bei Namensaktien weitaus komplizierter. Denn als Inhaber von Namensaktien werden Sie mit Ihrem Namen als Inhaber der Aktien ins Aktienbuch der AG eingetragen. In den USA werden nur Namensaktien ausgegeben. Bei einer vinkulierten Namensaktie benötigen Sie für den Weiterverkauf die Zustimmung des Vorstandes.

Die richtige Aktienwahl

Mögen Ihnen die Redakteure der Finanzzeitschriften, Börsenexperten im Fernsehen oder Ihr Bankberater auch etwas anderes erzählen: Den todsicheren Tipp für die Aktie gibt es nicht – und erst recht nicht in Krisenzeiten wie der derzeitigen. Kurssteigerungen sind bei Aktien niemals garantiert und auch nicht vorhersehbar – ein sicheres System zur Kursprognose hat bislang noch niemand gefunden. Fest steht, dass sich politische und wirtschaftliche Ereignisse sofort auf den Wert von Unternehmensanteilen auswirken: So beeinflussen steigende Gehälter und mehr Konsum das Geschehen an der Börse positiv. Verändern sich Rohstoffpreise von etwa Öl oder Erdgas, verändern sich auch die Aktienkurse. Insgesamt kann man wohl sagen: Börsenmakler wie auch (private) Anleger handeln oft nicht rational, sondern aufgrund von Erwartungen, Stimmungen und Einschätzungen.

Aber es gibt ein paar Hinweise, mit denen Sie keine unnötigen Risiken beim Aktiengeschäft eingehen.

Grundsätzlich sollten Börsenneulinge ihr Kapital nicht nur in Unternehmen einer Branche investieren, rät die Deutsche Schutzvereinigung für Wertpapierbesitz. Das führt zu einem sogenannten Klumpenrisiko. Vor allem dem Anlagedebütanten empfiehlt das Deutsche Aktieninstitut, sich erst einmal mit allen Branchen zu befassen und aus möglichst vielen ein bis vier Unternehmen zu wählen, die ihm besonders »zusagen«. Das beinhaltet auch »Bauchgefühl«. Denn selbst wenn die Aktienanalyse eine zuverlässige Aussage treffen könnte, welche Werte in den kommenden Monaten oder sogar Jahren besser abschneiden als andere, so wäre dies für die Altersvorsorge immer noch zu kurz. Empirische Untersuchungen belegen, dass die Transaktionskosten bei einem Wechsel der Anlageobjekte im Durchschnitt höher sind als die vor Kosten erzielbare Mehrrendite.

Sichere Kursprognosen sind unmöglich

Klumpenrisiko

Für Langfristanleger sind die Bereiche Nahrungsmittel, Chemie, Technologie und (wegen der drohenden konjunkturellen Abkühlung mit Abstrichen) Maschinenbau interessant. Damit wären sowohl Zykliker wie Chemie und Maschinenbau als auch defensive Werte (Nahrungsmittel) und dynamische Gesellschaften (Technologie) vertreten.

Die Verwaltung des Ersparten ist bei allen Anforderungen eine der schwierigsten Aufgaben. Denn neben der Wahl der richtigen Depotbank müssen Sie auch die Investments im Blick behalten. Dabei ist das Setzen von Gewinn- und Verlustmarken sehr hilfreich: Direkt nach dem Kauf entscheiden Anleger, bei welchem Kurs die Papiere wieder verkauft werden sollen – im Fall eines Gewinns genauso wie bei einem Verlust. Dieser Automatismus nimmt Ihnen die Last, sich ständig um die Anlagen kümmern zu müssen. Gleichzeitig hilft er, sich rechtzeitig Gedanken zu machen, was von den Papieren erwartet wird. Bei den meisten Direktbanken besteht die Möglichkeit, solche Limits am heimischen Computer selbst zu setzen und zu ändern.

Momentan ist es am besten, Aktien zu kaufen, die auf Dividenden setzen. In Zeiten von Inflation wirkt dies der Geldentwertung entgegen. Selbst wenn die Kurse vorübergehend unter den Einstandskurs sinken sollten, bleibt den Anlegern zumindest noch eine jährliche Dividende. Die Kursschwankungen können so besser ausgesessen werden. Allerdings dürfen sich die Anleger nie ganz sicher sein, ob es tatsächlich jedes Jahr eine Dividende gibt.

Doch etliche Konzerne wie zum Beispiel viele Versicherungen zahlen seit Jahrzehnten eine Dividende – ohne Ausnahme. Gezahlt werden Dividenden in der Regel zudem in defensiven Branchen, etwa bei Energieversorgern, in der Nahrungsmittelbranche oder bei Luxusgüterherstellern. So zahlte die Allianz etwa für das Geschäftsjahr 2011 eine Dividende in Höhe von 4,50 Euro je Aktie und kommt damit auf eine Dividendenrendite von 4,3 Prozent. Daimler zahlte 1,85 Euro (Rendite: 3,6 Prozent) und die Deutsche Post 0,65 Euro (Rendite 4,8 Prozent). Insgesamt hat der deutsche Aktienindex Dax in den vergangenen 25 Jahren im Schnitt jährlich etwa 8 Prozent zugelegt. Die 30 Dax-Unternehmen haben 2012 rund 27 Milliarden Euro an ihre Aktionäre ausgezahlt

Auch in anderen europäischen Ländern finden Aktionäre einige wahre Dividendenkönige wie die Telekommunikationskonzerne France Télécom (Dividendenrendite 2011: 13,4 Prozent) oder die spanische Telefónica (5,3 Prozent). Auch das norwegische Öl-Explorationsunternehmen Seadrill Ltd. schüttete 8,7 Prozent und der britische Versorger National Grid

6,1 Prozent aus. Generell raten Aktienmanager zu großen europäischen Versicherern, Öl- und Gaskonzernen sowie Autoherstellern. Zu den europaweiten Dividenden-Spitzenreitern zählt 2011 auch die Deutsche Telekom. Sie zahlte 0,70 Euro pro Aktie (Rendite: 7,7 Prozent).

Allerdings sollte sich kein Anleger allein von der absoluten Höhe der Dividendenrendite blenden lassen. Denn diese Kennziffer wird immer auf Basis der letzten Ausschüttung errechnet. Ist seitdem der Kurs gesunken, dann steigt die Dividendenrendite.

Damit ähneln Dividendenpapiere Anleihen, nur dass die Dividenden jährlich neu festgelegt werden und dabei auch an die Inflation angepasst werden können. Zum anderen bieten sie die Chance auf Wertzuwachs durch Kursgewinne. Somit verbinden qualitativ hochwertige Dividendentitel die Vorzüge von Aktien und Anleihen. In Jahren, in denen es an den Börsen tendenziell bergab ging, haben Dividendenpapiere in den vergangenen Jahrzehnten deutlich weniger an Wert eingebüßt als Aktien, die keine Dividende zahlten: In den jeweiligen Tiefphasen zwischen Ende Januar 1972 und Ende Dezember 2011 belief sich der Verlust bei Letzteren auf 26 Prozent, bei den Dividendenzahlern auf nur 14 Prozent.

Schauen Sie insgesamt genau hin, bevor Sie sich für dividendenstarke Aktien entscheiden: Wie ist die Dividendenpolitik? Welche Qualität besitzt das Management? Wie steht das Verhältnis von Eigen- zu Fremdkapital in der Bilanz? Können die entsprechenden Unternehmen gute Bilanzen und langfristig erfolgversprechende Geschäftsmodelle vorweisen und zahlten in der Vergangenheit zuverlässig Dividenden, ist das ein gutes Indiz.

Wie hoch die Dividendenrendite ist, können Sie selbst ausrechnen. Denn die Rendite ergibt sich aus dem Verhältnis von Dividende und aktuellem Kurs. Wenn also eine Aktie mit 100 Euro bewertet und pro Wertpapier 4 Euro Dividende ausgeschüttet hat, beträgt die Dividendenrendite 4 Prozent. Bei einem Kurs von 50 Euro liegt die Rendite bei 8 Prozent. Achtung: Dieser Wert ist ein dynamischer Wert, der sich schnell ändern kann. Sinkt der Kurs, steigt die Dividendenrendite. Lassen Sie sich also nicht von den Renditen blenden. Am Ende kann sich die Beobachtung lohnen: Die Erträge aus Dividendenpapieren sind im Schnitt doppelt so hoch wie im festverzinslichen Bereich.

Dividendenrendite

Zehn goldene Regeln für Börsenneulinge

Startgeld ### Regel Nummer 1: Startgeld 5000 Euro

Wenn Sie sich entscheiden, an die Börse zu gehen, sollten Sie mindestens 5000 Euro dort anlegen können, ohne dass Ihnen das Geld an anderer Stelle fehlt. Bei Anlagesummen unter 5000 Euro empfiehlt sich der Eintritt in einen Investmentclub (siehe »Investmentclubs«). Bei einem einzelnen Aktienkauf sollten mindestens 1000 bis 2500 Euro investiert werden, damit die Bankgebühren nicht mehr als 1 Prozent des Kaufpreises betragen. Die – mittelfristig anzustrebende – Mindestgröße für ein ausreichend gestreutes Aktiendepot von fünf bis zehn verschiedenen Aktien liegt damit bei 5000 bis 12 500 Euro.

Spielgeld ### Regel Nummer 2: Unabhängigkeit

Der Anleger sollte Geld für den Aktienkauf »übrig« haben. Legen Sie nur den Teil Ihrer Ersparnisse in Aktien an, über den Sie nicht kurzfristig verfügen wollen oder müssen. Eine alte Börsenregel lautet: Zu niedrigen Kursen kaufen, zu hohen Kursen verkaufen. Schaffen Sie sich deshalb die Unabhängigkeit, den Kauf- und Verkaufszeitpunkt selbst bestimmen zu können. Das bedeutet: Nur solche Beträge in Aktien anlegen, von denen Sie sicher wissen, dass Sie sie kurz- oder mittelfristig nicht benötigen. Notverkäufe enden häufig mit Verlusten.

Mindestens fünf verschiedene Aktien im Depot ### Regel Nummer 3: Streuen, streuen, streuen

Mindern Sie Ihr Risiko durch Streuung Ihrer Anlagen auf Aktien verschiedener Branchen. Innerhalb eines Konjunkturzyklus verhalten sich die einzelnen Branchen unterschiedlich. Manche Branchen profitieren von einer Zinssenkung stärker als andere. Es gibt Wirtschaftszweige, die sehr exportorientiert sind. Hier muss der Wechselkurs (etwa Dollar/Euro) beachtet werden. Aber auch innerhalb einer Branche gibt es Unternehmen, die mehr oder weniger vom Konjunkturaufschwung profitieren. Daher: nie alles auf eine Aktie setzen. Ein Depot sollte aus mindestens fünf, aber auch nicht mehr als zehn verschiedenen Aktien bestehen. Nur so können Sie die Zusammensetzung des Depots der wirtschaftlichen Entwicklung anpassen.

Regel Nummer 4: Obacht bei Unternehmensaktien ohne Dividenden

Wählen Sie mit Bedacht Aktien von jenen Unternehmen, die keine Dividende zahlen. Auch wenn Apple etwa in den letzten Monaten keine Dividende zahlte, hat sich der Kursgewinn top entwickelt. Halten Sie nur einen Teil dieser Aktien im Depot!

Regel Nummer 5: Setzen Sie auf Standardwerte!

Liquidität

Grundsätzlich sollten Sie als Neuaktionär für den Anfang nur in die traditionellen Dax- oder M-Dax-Werte investieren. Das hat den Vorteil, dass Sie die Papiere schneller kaufen und auch wieder verkaufen können, sprich, es ist genügend Liquidität am Markt vorhanden.

Regel Nummer 6: Wählen Sie Aktien mit positiver Entwicklung

Lesen Sie die Geschäftsberichte!

Schauen Sie sich das Unternehmen an, dessen Aktien Sie kaufen möchten. Die Ergebnisse der Vergangenheit sind zwar zu berücksichtigen, aber entscheidend ist die künftige Ertragsentwicklung. Solide Finanzierung versetzt ein Unternehmen in die Lage, neue Marktchancen zu nutzen. Auch die Qualität des Managements ist bei der Anlageentscheidung zu berücksichtigen. Informationen zu diesen Punkten bieten neben dem Geschäftsbericht, den Sie bei Ihrer Bank oder direkt beim Unternehmen erhalten können, Artikel in der Tages- und Wirtschaftspresse. Meiden Sie nicht notierte Werte, die über Zeitungsannoncen, durch Postwurfsendungen oder per Telefon angeboten werden.

Regel Nummer 7: Achten Sie auf das richtige Timing!

Das richtige Timing

Auch wenn es leichter gesagt als getan ist: Wählen Sie einen günstigen Zeitpunkt für den Kauf und Verkauf von Aktien. Warten Se beim Kauf nicht auf Tiefstkurse und beim Verkauf nicht auf den absoluten Höchststand. Hat man mit einer Aktie einen schönen Kursgewinn erzielt, sollte man sich ruhig einmal von einem Papier trennen. Nur realisierte Gewinne sind echte Gewinne. Am besten setzen Sie ein sogenanntes Stopp-Limit: Fällt der Aktienkurs unter diese Grenze, wird die Aktie sofort verkauft.

Regel Nummer 8: Werden Sie nicht panisch bei Kurseinbruch!

Keine Panik!

Studieren und verfolgen Sie so oft wie möglich den Kurs Ihrer Aktien! Bei vorübergehenden Kurseinbrüchen sollten Sie nicht panisch reagieren und sofort verkaufen, sondern das Ganze »aussitzen« – zumindest dann, wenn der wirtschaftliche Erfolg nicht gefährdet ist.

Regel Nummer 9: Suchen Sie sich eine qualifizierte Beratung!

Vor dem Kauf sollten Sie in jedem Fall seriösen Rat einholen – fragen Sie also bei Ihrer Bank nach dem ausgewiesenen Wertpapier-Spezialisten!

Regel Nummer 10: Bleiben Sie auf dem Laufenden!

Sind Sie erst einmal stolzer Kleinstaktionär, geht die Arbeit weiter: Lesen Sie die Geschäftsberichte der Unternehmen, deren Mini-Anteilinhaber Sie nun auch sind, verfolgen Sie aufmerksam die (Fach-)Medienberichterstattung über die Aktiengesellschaften. Verschiedene Institute bieten zudem Fortbildungsseminare zum Thema »Aktienhandel« an.

Auf der Internetseite der Börse Frankfurt (www.boerse-frankfurt.de) gibt es viele Hinweise, Anleitungen und Einsteigervideos zum »ersten Mal an der Börse«. Beim Deutschen Aktieninstitut erhalten Aktieneinsteiger kostenlos zwei 60-seitige Broschüren: »Alles über Aktien« und »Aktien richtig einschätzen«, entweder als pdf-Dokument oder via Bestellung per Post (www.dai.de).

WISO Tipp

Hoch spekulative Aktien, Modebranchen oder In-Unternehmen sollten nicht in Ihr persönliches Altersvorsorgedepot! Damit können Sie experimentieren, wenn Sie Geld übrig haben.

Investmentfonds

Heißt es nun Fond oder Fonds? Eindeutige Antwort: Fond (ohne »s«) ist eine dicke Brühe von Rind, Wild oder vielleicht auch Huhn. Auf jeden Fall ist es keine Geldanlage – denn die heißt Fonds und wird mit einem »s« am Ende geschrieben.

Sind Fonds zur Altersvorsorge geeignet? Ja, denn Fonds bieten Ihnen die Möglichkeit, auch mit wenig Kapital Geld breit gestreut anzulegen. Das funktioniert so: Ein Fonds ist eine Art Topf, in den viele Anleger gemeinsam einzahlen und dadurch Fondsanteile erwerben. Je nachdem, wie viele Menschen ihr Geld darin investieren, kann der Wert eines Fonds einige Millionen Euro umfassen. 2012 hatten die Deutschen nach Angaben des Bundesverbands Investment und Asset Management (BVI) rund 715 Milliarden Euro in Fonds investiert und damit wieder das Niveau von 2010 erreicht (zum Vergleich 2011: 651 Milliarden).

Eine Kapitalanlagegesellschaft (Investmentgesellschaft) verwaltet das eingenommene Geld und kauft davon Wertpapiere. Ihre Depotbank regelt die Ausgabe der Fondsanteile, denn diese Anteile werden nicht an der Börse gehandelt. Ihr Wert bestimmt sich nach dem tagesaktuellen Wert des Anlagevermögens – also nach den Aktien, Rentenpapieren, Optionsscheinen oder Immobilienanteilen. Die Auswahl der Wertpapiere eines Fonds trifft üblicherweise ein professioneller Fondsmanager. Sie müssen also keine eigene Recherche-Arbeit zu einzelnen Aktien oder Anleihen, die zu Ihnen passen, leisten. Dieses Prozedere nennt man dann »aktiv gemanagte Fonds«. Holen Sie sich am besten vor dem Kauf von Investmentanteilen Informationen über den Manager ein: Wie lange ist er dabei? Wie hat sich der Fonds unter seiner Leitung entwickelt?

Wer erstmals investiert, sollte nicht gleich in einen reinen Aktienfonds investieren, sondern mit Mischfonds beginnen: So bekommen Sie ein Gefühl dafür, was Schwankungen bedeuten. Denn in der Theorie klingen diese immer einfach und verständlich, aber wenn Sie dann das erste Mal ein Minus auf dem Depotauszug sehen, betrifft es Sie persönlich!

Wer dann noch ruhig schlafen kann, sollte darüber nachdenken, seine Risikostruktur sukzessiv zu erhöhen. Wer um den Schlaf gebracht wird, sollte seine Risikostruktur eher senken. Mischfonds können von konservativ (Aktienquote maximal bei 30 Prozent) über ausgewogen (Aktienquote 50 Prozent) bis hin zu offensiv (Aktienquote maximal 80 Prozent) strukturiert sein und bieten für Erstanleger gute Möglichkeiten der Anlage.

Risiko erhöhen oder senken?

Anleger sollten immer einen kritischen Blick auf die Berichte ihres Investmentfonds werfen. In den Halbjahres- und Jahresberichten sind sämtliche Wertpapiere, alle Käufe und Verkäufe sowie Informationen zu Branchen, Regionen und Unternehmen aufgelistet. Das gibt einen Überblick über die Entwicklung des Fonds.

Übersicht bekommen Anleger außerdem auf den sogenannten Fact-Sheets, die auf den Internetseiten der Anbieter bereitstehen. In diesen Papieren wird für jeden Fonds die Aufteilung auf Anlageklassen, Branchen und Regionen aufgezeigt. Dort können Sie etwa nachlesen, zu welchen Teilen ein Fonds in Unternehmen der Gesundheitsbranche oder in Anleihen bestimmter Staaten investiert.

Fact-Sheets

Weil Fonds sehr flexibel sind, können Sie einmal oder monatlich über einen Dauerauftrag einzahlen. Haben Sie einmal etwas Geld übrig, können Sie nachzahlen, aber auch bei finanziellen Engpässen aussetzen oder täglich verkaufen. Ein weiterer Pluspunkt ist die Transparenz dieser Geldanlage: Die Preise werden täglich an der Börse festgestellt und sind übers Internet abrufbar. So behalten Sie den Überblick, wie sich Ihr Fonds entwickelt.

Die Angebotspalette ist riesig. Sie können aus knapp 6700 Fonds in Deutschland wählen, darunter sind riskante ebenso wie sichere Anlageangebote. Von den aktiv gemanagten Investmentfonds haben globale Rentenfonds laut einer Studie der Deutschen Schutzvereinigung für Wertpapierbesitz in den vergangenen Jahren die beste Rendite erzielt – noch vor Aktienfonds. In diesem Segment lagen rund 35 Prozent der gemanagten Produkte über dem Vergleichsindex.

Deutlich schlechter schnitten Geldmarktfonds ab, von denen es nur rund 14 Prozent schafften, mehr Rendite zu erzielen als der Vergleichsindex. Schlusslicht waren die Mischfonds mit einer Quote von 6 Prozent. Für die Studie wurden aktiv gemanagte Publikumsfonds analysiert, die zehn Jahre und länger auf dem Markt sind und ein Volumen von mindestens 7,5 Millionen Euro aufweisen. Verglichen wurden schließlich die Renditen von knapp 1300 Renten-, Aktien-, Misch- und Geldmarktfonds aus den Jahren 2002 bis 2011.

Aktienfonds

Rund 36 Prozent aller Fonds sind Aktienfonds. 2011 investierten die Deutschen 205,7 Milliarden Euro allein in diese Form der Geldanlage. Die Auswahl ist riesig. Sie können dabei aus Schwerpunkten wie Branchen (Pharmaindustrie), Rohstoffe (Erdöl), Länder (Südamerika, Russland), Ökologie (Windkraft) oder Nachhaltigkeit (Mikrokredite) wählen. Die meisten Aktienfonds, die hierzulande angeboten werden, legen auch in deutschen Aktien an. Sie unterscheiden sich in Standardwerte (Dax), Technologieaktien (TecDax) und Nebenwerte (M-Dax). Zu den Standardwerten gehören die Anteile von großen Unternehmen wie BMW, die Deutsche Bank oder BASF; als Nebenwerte gelten die Aktien von Lanxess, Sky Deutschland, EADS. Ein gut gemischter Fonds enthält meist mehrere Dutzend, manchmal sogar ein paar Hundert verschiedene Aktien.

Risiko streuen mit Fonds

Im Gegensatz zur direkten Aktienanlage ist der Vorteil beim Fonds, dass Sie das Risiko mehr streuen. Da meist nur 5 bis 10 Prozent des gesamten Anlagevermögens in einzelne Aktien investiert werden, ist das Verhältnis von Chance und Risiko ausgeglichener, als wenn Sie selbst ein Depot erstellen.

Börsenanfänger sollten einen breit in deutsche oder europäische Werte streuenden Aktienfonds bevorzugen und keinen speziellen Branchenfonds, rät das Deutsche Aktieninstitut. Denn auch wenn man oft liest, es sei das Ziel, »den Markt zu schlagen« – das heißt, besser zu sein als der Durchschnitt oder der Index: Den Markt zu schlagen vermögen dauerhaft nicht einmal die Profis, also die Fondsmanager. Für die Mehrzahl der Privatanleger wäre gegenüber dem Status quo ein Riesenfortschritt, überhaupt den Markt »mitzunehmen«, also die Indexrendite zu erzielen. Damit liegt man im mehrjährigen Schnitt etwa 2 Prozentpunkte pro Jahr über den festverzinslichen Renditen. Das macht dank Zinseszinseffekt eine ganze Menge aus.

Ein weiterer Vorteil von Aktienfonds: Fondsgelder sind gegen eine Insolvenz der Kapitalanlagegesellschaft abgesichert, da die Fondsanlagen als Sondervermögen geführt werden.

Um auf die Ausgangsfrage zurückzukommen: Ja, Fonds sind ein geeignetes Instrument zur Altersvorsorge! Allerdings: Sie müssen einen langen Atem haben und Schwankungen an den Börsen aussitzen. Auf 10, 20 Jahre voraus betrachtet, bringen Aktienfonds eine gute Rendite!

Rentenfonds

Festverzinsliche Wertpapiere wie etwa Staatsanleihen, Bundessschatzbriefe, Kommunalobligationen, Wandel- und Unternehmensanleihen – all das finden Sie in Rentenfonds. Den Hauptertrag machen Sie hierbei mit Zinseinnahmen und dem Handel mit Einzeltiteln. So gewinnen diese Fonds überproportional in Zeiten niedriger Zinsen durch die dann hohen Kurse. Zugleich können Verluste entstehen, wenn man in Zeiten hoher Zinsen Rentenfonds kauft. Die Gewinne dieser Fonds werden in der Regel zur Wiederanlage verwendet – der Anleger bekommt die Zinszahlungen also nicht auf sein Konto gutgeschrieben.

Rentenfonds sind mit rund 1 Prozent Ausgabeausschlag deutlich günstiger als etwa Investmentfonds – aber da sie kaum Rendite bringen, sind sie für die Altersvorsorge unrelevant.

Mischfonds

Nach Auskunft des BVI wurden Mischfonds 2012 wieder mehr nachgefragt: 134 Milliarden Euro haben die Deutschen darin investiert. Gemischte Fonds legen sowohl in Aktien als auch in festverzinslichen Wertpapieren (Rentenpapiere) an. Sie sind also optimal für Menschen, die unentschlossen und weniger risikofreudiger sind – und zugleich als mittelfristige Geldanlage geeignet. Der Vorteil von Mischfonds: Wird von den Aktienmärkten Talfahrt vermeldet, steigen die Fondsmanager auf mehr festverzinsliche Papiere um. So bleiben Verluste in schlechten Börsenzeiten gering.

Lesen Sie genau den Fondsprospekt: Bei vielen Mischfonds ist die Mischung aus Aktien und Renten festgelegt. Ist etwa die Hälfte des Fonds auf Aktienanteile festgeschrieben, kann dies für Sie in einer etwaigen Krise auch 50 Prozent Verlust heißen!

Geldmarktfonds

Geld parken Diese Fonds sind eine Anlagemöglichkeit für alle, die kurzfristig Geld parken wollen. Geldmarktfonds gelten als Alternative zu Tages- und Termingeldern und können als Sondervermögen bei einer Bankpleite nicht wertlos verfallen. Sie investieren dabei in sogenannte Kurzläufer, das sind festverzinsliche Wertpapiere oder Einlagen auf Bankkonten, die höchstens 13 Monate (Rest-)Laufzeit samt Zinsbindung haben. Danach müssen sie die Fonds neu anlegen. Eine Sicherheit haben Sie: Währungsspekulationen sind bei Geldmarktfonds nicht erlaubt. Geldmarktfonds bieten eine Rendite, die den aktuellen Marktzinsen im Handel zwischen Banken entspricht. Aufgrund des niedrigen Leitzinses der Europäischen Zentralbank schrammen auch die Renditen von Geldmarktfonds nur noch knapp über der 1-Prozent-Linie. Die Verwaltungsgebühren liegen zwischen 0,1 und 0,7 Prozent.

Dachfonds

Ein Dachfonds, englisch: »fund of funds«, investiert nicht in einzelne Wertpapiere, Anleihen, Währungen oder Immobilien, sondern erwirbt Anteile Doppelte Risikostreuung an anderen Fonds. Damit bietet ein Dachfonds eine doppelte Risikostreuung, denn er verteilt das Vermögen auf viele Zielfonds und diese legen wiederum in vielen anderen Einzeltiteln an. Gut ist es, wenn er einen vermögensverwaltenden Ansatz hat, das heißt, dass er neben Aktienfonds auch auf Rentenfonds, Geldmarktfonds, Immobilienfonds, Länderfonds oder Branchenfonds (z.B. Goldminenfonds) zugreifen kann.
Weniger interessant ist für den Anleger, wenn der Dachfonds nur in hauseigene Fonds investiert. Fondsmanager schichten je nach Marktsituation das Fondsportfolio um, ohne dass der Anleger selbst aktiv werden muss. Zudem können Dachfonds schneller auf Marktveränderungen reagieren, weil innerhalb des Dachfonds die Spekulationsfrist nicht gilt. Einsteigen können Sie schon mit ein paar Tausend Euro.

Offene Immobilienfonds

Sie möchten so gern (Mit-)Eigentümer einer Immobilie sein, aber noch reicht das Vermögen nicht aus? Mit offenen Immobilienfonds haben Sie die Möglichkeit, zumindest anteilig Geld in Immobilien anzulegen. Das funktioniert so: Eine Fondsgesellschaft kauft Einkaufszentren und Bürotürme im In- und Ausland – und Sie wiederum kaufen daran Anteile. Dann sorgen die Mieten dafür, dass Gewinne fließen. In der Regel bietet jede der größeren Fondsgesellschaften einen oder mehrere Immobilienfonds zur Auswahl. Offene Fonds betreuen in der Regel mehrere Immobilien, halten zusätzliche Bargeldbestände (mindestens 5 Prozent, maximal 49 Prozent des Fondsvermögens) und können je nach Marktlage in weitere Objekte investieren. In welche Projekte ein Fonds investieren darf, ist in den Fondsprospekten mehr oder weniger deutlich geregelt. Anders als bei geschlossenen Fonds können die Kunden ihre Anteile jederzeit zurückgeben und sich ihr Geld auszahlen lassen.

Investiert werden kann per Einmalanlage oder auch im Rahmen eines Sparplans. Ab 50 Euro monatlich erwerben Sie Anteile an einem Immobilienfonds-Sondervermögen, welches von der Fondsgesellschaft, dem Fondsmanagement, verwaltet wird. Der Ertrag setzt sich aus Miet- und Zinseinnahmen zusammen. Hinzu kommt die in der Regel steuerfreie Wertsteigerung der Objekte, die der Verkauf einer oder mehrerer Immobilien bringt. Wenn Sie also Ihren Freibetrag bereits ausgeschöpft haben und eine stabile Anlage mit geringem Risiko suchen, sind offene Immobilienfonds eine solide, langfristige Geldanlage. Zudem eignen sie sich bestens für einen monatlichen Auszahlplan. Dennoch: Auch sie und ihre Rendite sind nicht zu 100 Prozent sicher!

Langfristige Geldanlage

Offene Immobilienfonds waren bis 2002 ein Produkt für den langfristig orientierten Kleinanleger. Nach dem Platzen der ersten Internetblase an den Börsen entdeckten institutionelle Großanleger die bis dato als langweilig geltenden Immobilienfonds. Diese legten enorme Summen bei den Fonds an, waren aber nicht langfristig orientiert. Die Fonds investierten das Kapital, rechneten aber nicht damit, dass neue Anleger die Fondsanteile relativ schnell wieder zu Geld machen wollten.

Die Konsequenz: Die Fonds können Anteilsscheine von Anlegern nicht zurücknehmen, also die Anleger nicht auszahlen. Im schlimmsten Fall muss ein Fonds geschlossen werden. Das heißt, die Anleger bekommen danach erst einmal nicht ihr Geld zurück, sondern bei Wiedereröffnung. Seit der Finanzkrise 2008 kamen immer mehr Fonds in solche Engpässe.

2011 wurde dann das sogenannte Anlegerschutz- und Funktionsverbesserungsgesetz eingeführt: Es sieht vor, dass Anleger, die Anteile von mehr als 30 000 Euro erwerben, diese mindestens 24 Monate halten müssen. Bei Rückgabe besteht zudem eine Kündigungsfrist von zwölf Monaten. Das Gesetz sieht weiter vor, dass ein Fonds höchstens zwei Jahre geschlossen sein darf. Kann er danach nicht geöffnet werden, muss er ab-

Haltefrist, Kündigungsfrist

gewickelt werden – die Immobilien werden also peu à peu verkauft. Alle sechs Monate bekommt der Kunde dann einen Anteil an den Verkaufserlösen ausbezahlt. Wie viel das am Ende sein wird und ob er damit seinen Anteil zurückbekommt, ist ungewiss. So bleiben dem Anleger in diesem Fall vor allem zwei Dinge: Verkauf seiner Anteile über die Börse – was zu Verlusten führen kann – oder Abwarten, denn die Immobilien in solchen Fonds werden nicht wertlos. Diese Maßnahmen sollen vor allem spekulative Großanleger abhalten und die Rechte von Kleinanlegern stärken.

Zurzeit ist laut Bundesverband Investmentfonds immer noch ein Anlagevermögen von rund 24 Milliarden Euro blockiert. Das entspricht gut einem Viertel des gesamten Vermögens, das in offenen Immobilienfonds gebunden ist. Zehntausende Kunden kommen nicht an ihr Geld. Seit Januar 2013 gelten neue gesetzliche Regelungen, nach denen Anleger nicht mehr jederzeit ihre Anteile zurückgeben dürfen:

- 12 Monate Kündigungsfrist für Bestands- und Neuanleger
- 24 Monate Ersthaltefrist für Neuanleger
- Freibetrag von 30 000 Euro pro Kalender-Halbjahr, unabhängig von allen Fristen

Beispiel: Bestandsanlage 200 000 Euro mit Kündigung im Januar 2013
30 000 Euro Auszahlung sofort
30 000 Euro Auszahlung Juli 2013
140 000 Euro Auszahlung Januar 2014

Beispiel: Neuanlage 200 000 Euro im Januar 2013 mit Kündigung im Februar 2013
30 000 Euro Auszahlung sofort
30 000 Euro Auszahlung Juli 2013
30 000 Euro Auszahlung Januar 2014
30 000 Euro Auszahlung Juli 2014
80 000 Euro Auszahlung Februar 2015

AS-Fonds

Seit 1998 gibt es AS-Fonds, das Altersvorsorge-Sondervermögen. Diese Mischfonds investieren sowohl in Aktien als auch in Rentenpapieren und offenen Immobilienfonds. Sie gelten als Vorgänger des Riester-Sparens (allerdings ohne Förderung!), sie werden heutzutage nur noch bei einigen Fondsgesellschaften angeboten. Für AS-Fonds gelten besondere Gesetze: So müssen 51 Prozent des Fonds investiert sein, der Rest kann als

Barreserve dienen. Auch darf der Aktienanteil nur zwischen 21 und 75 Prozent des Fondsvermögens schwanken, der Anteil an Immobilienfonds darf höchstens bei 30 Prozent liegen. Die Gewinne des Fonds werden nicht jährlich ausgeschüttet, sondern sofort im Fondsvermögen neu investiert (thesaurierende Fonds).

Die Anlage in AS-Fonds kann sowohl mit monatlichen Sparleistungen von mindestens 50 Euro erfolgen als auch mit Einmalanlagen. Bei einem Sparplan ist zudem der Cost-Average-Effekt zu nutzen. Dies ist der Effekt des durchschnittlichen Einkaufswertes, denn bei niedrigen Kursen werden mehr Anteile gekauft. So ist es für den Kunden unerheblich, zu welchem Zeitpunkt er kauft.

Der Ausgabeaufschlag bei AS-Fonds liegt im Durchschnitt bei 4 Prozent. Alle AS-Fonds müssen mit Spar- und Entnahmeplänen angeboten werden. Für Sparpläne ist fest gelegt, dass sie mindestens eine Laufzeit von 18 Jahren haben müssen oder sie müssen bis zum 60. Lebensjahr angeboten werden. Entscheiden Sie sich für einen Sparplan, bieten viele Gesellschaften eine Reduzierung des Aufschlags – die Preissenkung richtet sich nach der Dauer der Anlage. Die Sparpläne für AS-Fonds müssen im Fondsdepot verwaltet werden. Anders als bei normalen Investmentfonds unterliegen AS-Fonds einer Kündigungsfrist von drei Monaten, es sei denn, Sie werden arbeitslos – dann kann sie verkürzt werden.

Spar- und Entnahmepläne

Nach Ablauf von 75 Prozent der vereinbarten Laufzeit müssen die Investmentgesellschaften den kostenlosen Umtausch der Fondsanteile in andere Fondsanteile mit einer geringeren Wertschwankung anbieten.

Da der Gesetzgeber für diese Anlageform keine Förderung vorsieht, hat sich das Produkt für die Altersvorsorge nicht weit durchgesetzt. Allerdings überzeugen die regelmäßige Verfügbarkeit und die geringeren Kursschwankungen im Gegensatz zu reinen Aktienfonds. Es gibt aber keine Garantien etwa für eine bestimmte Rendite oder ein bestimmtes Vermögen am Ende der Laufzeit – auch wenn der Name dies vermuten ließe.

Für die Altersvorsorge mit Fonds hat die Heidelberger Lebensversicherung mit dem 5R-Prozess ein eigenes Instrument zur Qualitätssicherung bei der Fondsauswahl entwickelt. Die fünf »R« stehen für die Kriterien: Reputation, Rating, Rendite, Risiko und Review. Bewertet wird regelmäßig eine Auswahl von derzeit 50 Investmentfonds. Jeder untersuchte Fonds erhält eine Abschlussbewertung, die einer Ampelfarbe entspricht. »Grün« steht für einen Top-Fonds, »Gelb« für einen durchschnittlichen Fonds und »Rot« für einen unterdurchschnittlichen Fonds. Im dritten Quartal 2012 standen 47 Fonds auf »Grün«, drei auf »Gelb« und kein Fonds auf »Rot«.

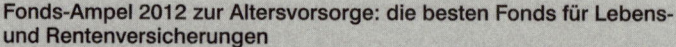

Fonds-Ampel 2012 zur Altersvorsorge: die besten Fonds für Lebens- und Rentenversicherungen

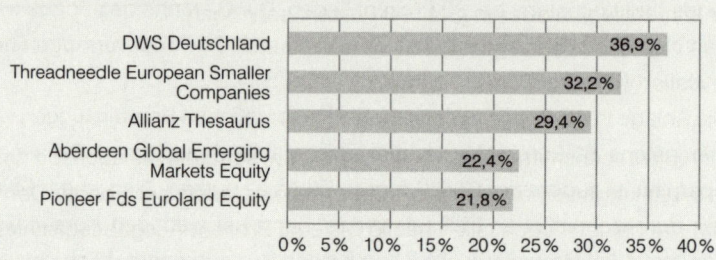

Fonds	Wertentwicklung
DWS Deutschland	36,9%
Threadneedle European Smaller Companies	32,2%
Allianz Thesaurus	29,4%
Aberdeen Global Emerging Markets Equity	22,4%
Pioneer Fds Euroland Equity	21,8%

Fonds* ausgewählt von der Heidelberger Leben mit der besten Wertentwicklung 2012 und mit Bestwertung bei den »5R« Reputation, Rating, Rendite, Risiko und Review.

*Von 61 geprüften Fonds wurden 47 mit »Grün«, 9 mit »Gelb« und 5 mit »Rot« bewertet (Stand 12/2012)

An der Spitze mit der besten Wertentwicklung in den letzten zwölf Monaten: die Aktienfonds »DWS Deutschland« (+40,6 Prozent), »Vontobel US Equity« (+33,0 Prozent) und der »Allianz Thesaurus EUR« (+30,9 Prozent). Drei Fonds stehen in diesem Quartal unter Beobachtung: Neben den beiden dynamisch vermögensverwaltenden Fonds »smart-invest Helios« und »Pioneer Investments Substanzwerte« betrifft dies auch den Fonds für Unternehmensanleihen »LBBW RentaMax R«. Bei den beiden Letztgenannten gibt jeweils ein Managerwechsel den Ausschlag dafür, dass sie ab sofort genau unter die Lupe genommen werden.

Mikrofinanzfonds

Sie stellen sogenannten Mikrofinanzinstituten Kapital zur Verfügung. Diese Geldinstitute wiederum vergeben Kleinstkredite ohne die üblichen Sicherheiten an einfache Leute mit guten Ideen in Entwicklungs- oder Schwellenländern. Damit hat diese Art von Fonds wie die deutschlandweit existierenden Vereine »Oikokredit« auch einen moralischen Aspekt: Die unterstützten Menschen würden niemals bei »normalen« Banken einen Kredit bekommen, denn ihre einzige Sicherheit ist die Umsetzung und das Gelingen ihres Projekts.

Kleinkredite für gute Ideen

So sind nicht allein die Zinsen Ihr Gewinn, sondern das Wissen, dass Sie einigen Menschen dank Ihrer Geldanlage aus der Armut herausgeholfen haben oder helfen. Schon mit einer Summe von 200 Euro können Sie hierbei ins Investment gehen. Die Rückzahlungsquote der Mikrofinanzkredite ist, im Vergleich besonders zu klassischen Krediten wie etwa bei der Immobilienfinanzierung, mit 98 Prozent sehr hoch.

Vorsicht Fondsgebühren

Wenn Sie Lebensmittel oder Kleider einkaufen, schauen Sie auch, ob das Preis-Leistungs-Verhältnis stimmt. Tun Sie dies auch bei Fonds. Denn beim Kauf eines Fonds fallen häufig bis zu 5 Prozent Ausgabeaufschlag an, hinzu kommen Verwaltungs- und Managementgebühren. Und diese Kosten verringern dann Ihre Rendite deutlich: Wenn Sie also 20 000 Euro investieren und bei Aktienfonds einen Ausgabeaufschlag von 5 Prozent zahlen, verlieren Sie auf einen Schlag 1000 Euro. Die Gebühren durch eine höhere Rendite hereinzuholen ist schwierig. Einfacher is: Je nach Anlagevolumen lässt sich viel sparen, wenn eine günstige Anlageform gewählt wird.

Der einmalige Ausgabeaufschlag bei Investmentfonds drückt die Rendite dabei weniger als die laufende Verwaltungsgebühr. Einmalkosten am Anfang verringern zwar den Zinseszinseffekt, doch auf lange Jahre gesehen verlieren sie an Bedeutung: Wenn Sie 35 Jahre lang 100 Euro pro Monat bei 5 Prozent Zinsen sparen, macht das eine Einzahlung von 42 000 Euro. Mit Zins und Zinseszins kämen Sie dabei ohne Kosten auf 111 320 Euro. Wenn ein Ausgabeaufschlag von 5 Prozent verlangt wird, sind es noch 108 080 Euro. Die Kosten beim Kauf reduzieren den Wertzuwachs pro Jahr damit auf 4,9 Prozent. Wenn noch 1,5 Prozent Verwaltungskosten jährlich einbehalten werden und damit der Wertzuwachs des investierten Geldes auf 3,5 Prozent gedrückt wird, bleiben lediglich 79 151 Euro. Umgerechnet in Prozent beträgt die Rendite nach Kosten in diesem Fall nicht 5 Prozent, sondern 3,4 Prozent.

Einmaliger Ausgabeaufschlag

Der Ausgabeaufschlag – bei Rentenfonds oft 3 Prozent, bei Aktien- und offenen Immobilienfonds 5 Prozent – ist verhandelbar. Der Wettbewerb der Banken mit den Direktbanken hat dazu geführt, dass die meisten Häuser einen Rabatt von 25 oder 50 Prozent geben. Viele Online-Broker wie Comdirect Bank, Cortal Consors und ING-Diba bieten ausgewählte Produkte ganz ohne Agio an. Bei Online-Vermittlern wie AAV und fondsvermittlung24.de gibt es sogar fast alle Investmentfonds ohne Kaufgebühren. Bei der Börse entfällt der Ausgabeaufschlag – dafür fallen Spesen und Maklercourtage an. Je nach Bank sind das meistens 0,5 Prozent bei Online-Brokern und 1 Prozent bei Filialbanken.

Kein Agio bei Direktbanken

Die günstige Alternative: börsengehandelte Fonds (ETFs)

Seit einigen Jahren gibt es neben den klassischen, aktiv gemanagten Fonds auch sogenannte »Exchange Traded Funds« (ETF). Das bedeutet wörtlich übersetzt »börsengehandelte Fonds«. Hinzu kommt, dass diese Fonds kein aktives Fondsmanagement betreiben, sondern möglichst 1:1 einen Börsenindex »passiv« nachbilden. Folglich gleicht die Rendite der Indexrendite und ist damit transparent. Steigt der Dax um 1 Prozent, legt auch der Wert des Fonds um etwa 1 Prozent zu.

ETFs werden nicht aktiv gemanagt

Anleger sollten sich vor dem Kauf eines ETF gut überlegen, welchen Index sie auswählen. Der Dax mit seinen 30 Unternehmen ist eine naheliegende Wahl. Als alleinige Aktienanlage ist ein Dax-ETF aber nicht ausreichend. Mischen Sie also ETFs auf andere Aktienmärkte dazu oder setzen Sie von vornherein auf einen internationalen Index. Die breiteste Streuung bietet der von der US-Bank Morgan Stanley berechnete MSCI World. Mit einem ETF auf diesen Index beteiligen Sie sich an der Wertentwicklung von fast 1700 internationalen Konzernen. Die Börsen von Schwellenländern sind allerdings nicht enthalten. Wer auch auf die Aktienmärkte in China, Südamerika, Afrika oder Asien setzen will, braucht zusätzlich einen ETF auf den MSCI Emerging Markets, den breitesten Index für diese Länder und Regionen.

ETFs werden in der Regel zu geringeren Kosten angeboten, da sie kein aktives Management erfordern. Aufwendiges Wertpapier-Research sowie ständige Umschichtungen des Portfolios entfallen im Vergleich zu herkömmlichen Fonds. Der Ausgabeaufschlag entfällt beim Kauf über die Börse, die jährlichen Managementgebühren liegen dank starker Konkurrenz unter den Anbietern für Fonds, die den Dax oder Euro Stoxx 50 abbilden, nur noch bei 0,15 Prozent. Gebühren entstehen außerdem in Form einer – meist sehr geringen – Spanne zwischen An- und Verkaufskurs. Ein weiterer Reiz von ETFs liegt für Anleger darin, dass sie das Risiko ausschließen, einen schlechten Fondsmanager zu erwischen. Achtung: Nicht alle ETFs bilden das Marktbarometer tatsächlich nach, sondern holen sich die Indexperformance nur über ein Tauschgeschäft mit einer Investmentbank ins Portfolio.

WISO Tipp

Setzen Sie nicht auf aktiv gemanagte Fonds, sondern nutzen Sie ETFs. Gute Renditen und geringe Gebühren machen diese Produkte zu einer hervorragenden Altersvorsorge. Stiftung Warentest bietet einen aktuellen Produktfinder für Investments an.

Beispiel für ETF-Kosten

Beim db x-tracker DAX ETF TR (dieser ETF der Deutschen Bank bildet den Dax nach) fällt lediglich eine jährliche Gebühr von 0,15 Prozent an.

Gleichzeitig erwirtschaftet der Fonds die gleiche Rendite wie der Dax. In fünf Jahren belaufen sich die Gebühren folglich auf 0,75 Prozent. Zum Vergleich: Im gleichen Zeitraum fallen bei einem DWS Aktienfonds 12,25 Prozent Gebühren an.

Geschlossene Fonds

Im Gegensatz zu offenen Fonds sind geschlossene Fonds börsenunabhängige Sachwerte. Das heißt, Sie beteiligen sich mit einer Kapitaleinlage (ab 10 000 Euro) an einer renditeträchtigen und steuerlich günstigen Investition. Somit werden Sie zum Teilhaber, sprich zum Unternehmer. Das klingt zunächst gut, doch bergen geschlossene Fonds einige Risiken. Deshalb raten Verbraucherschützer vor allem unbedarften Anlegern, die nicht über sehr viel Geld verfügen, davon strikt ab.

Damit werden Sie zum Teilhaber

Um Anteilhaber zu werden, investieren Sie mit anderen (Ihnen unbekannten) Anlegern in ein größeres Wirtschaftsgut wie Container, Schiffe oder gar ganze Schiffsflotten, in Gewerbeimmobilien im In- oder Ausland, in Medien- oder Filmprojekte, in Flugzeuge oder Flugzeugturbinen, in junge Unternehmen mit Erfolgsaussichten oder Anlagen erneuerbarer Energien wie Windparks, Wasserkraftwerke oder Biogasanlagen (mehr dazu in »Alternative Geldanlagen«). Ist der Investmentgegenstand vollständig finanziert, werden keine weiteren Anteile mehr verkauft und der Fonds wird »geschlossen«.

Zweck des Ganzen Der Fonds erwirbt ein oder mehrere Objekte, betreibt diese dann mit Gewinnabsichten, hält sie instand und verkauft sie am Ende der Laufzeit – im besten Fall gewinnbringend. Diese Laufzeit kann 10, 20, mitunter sogar 30 Jahre betragen. Der in dieser Zeit erwirtschaftete Gewinn wird unter allen Anlegern aufgeteilt und ausgeschüttet. Diese Ausschüttungen und die Erlössumme des Verkaufs machen am Ende die Rendite der Beteiligung aus.

Wo liegt das Risiko? Sie können Ihren Fondsanteil nicht oder nur mit viel Anstrengung während der Laufzeit verkaufen – auch wenn es mittlerweile einen sogenannten Zweitmarkt für »gebrauchte Anteile« gibt. Auf einen vorzeitigen Verkauf über diese inzwischen etablierten Börsen sollten Sie jedoch nicht setzen. Die intransparente Preisbildung bietet eher Käufern Chancen als Verkäufern.

Fondsanteile nahezu unverkäuflich

Rechnen Sie sich vor einer Beteiligung an einem geschlossenen Fonds also genau durch, ob Sie auf die investierte Summe wirklich über die gesamte Laufzeit »verzichten« können! Eine andere Sache, auf die Sie gar keinen Einfluss nehmen können, sind die Entwicklungen der Investmentanlage. Treten unvorhersehbare Ereignisse wie Trockenperioden bei Tropenwaldanlagen oder rückläufige Buchungszahlen bei Hotels oder Pflegeheimen ein, müssen Sie diese Durststrecken finanziell aushalten und mit einem Renditerückgang oder Ausfall einer Ausschüttung rechnen.

Da Sie bei geschlossenen Fonds in aller Regel auch Mit-Unternehmer sind, haften Sie auch, wenn beispielsweise das Investment frisches Kapital benötigt, also zum Beispiel eine Gewerbeimmobilie saniert werden muss, und das mit Geldern der Anteilseigner. Dann müssen Sie Geld nachschießen und legen erst einmal wieder drauf.

Geschlossene Immobilienfonds Sie gehören zu den Klassikern und sind die Anlegerlieblinge unter den geschlossenen Beteiligungen: Der Anteil an geschlossenen Immobilienfonds am gesamten Fondsvolumen lag 2012 bei 73 Prozent. Bis September 2012 investierten Anleger knapp 1,4 Milliarde Euro in geschlossene Immobilienfonds. Die meisten lukrativen Fonds beinhalten Objekte im Ausland (beispielsweise Großbritannien, Niederlande, Australien), selten deutsche Immobilien.

So können Sie von günstigen Doppelbesteuerungsabkommen profitieren: Dann zahlen Sie auf die Einnahmen, die im Ausland erzielt wurden, nur dort und nicht noch einmal an den deutschen Fiskus Steuern. Und weil die Steuersätze im Ausland oft günstiger und die Freibeträge höher sind als hier, profitieren Sie doppelt – von der Steuerfreiheit und von den Ausschüttungen!

Wer dem Trend in Immobilien folgen will, sollte bei seiner Entscheidung auf eine langjährige erfolgreiche Historie des Fondsinitiators achten. Zudem sollten die Einkünfte der folgenden Jahre hoch genug ausfallen, um einem Erstinvestment weitere Beteiligungen folgen lassen zu können. Nur so erreicht der Anleger über die Zeit eine – wie bei allen Anlageformen – empfehlenswerte Diversifikation. Die ist je nach aktuellem Angebot der Initiatoren über verschiedene Länder, Währungen, Standorte und Nutzungsarten möglich.

Finanzexperten meinen, Investments in Nicht-Euro-Währungen bieten Schutz für den Fall, dass etwa der Euro stirbt. Andere Länder bieten zusätzliche steuerliche Freibeträge oder niedrigere Steuersätze. Gute Angebote in Fremdwährungen gibt es allerdings derzeit noch nicht am Markt, aber renommierte Initiatoren wie BVT für die USA und Real I.S. für Australien haben bereits neue Fonds angekündigt.

Dank der verschiedenen Nutzungsarten können Sie Ihr Risiko breit streuen: in Büros, Wohnungen, Seniorenheime, Studentenapartments, Einzelhandel, Logistikimmobilien, Einkaufszentren und Hotels oder Parkhäuser. Im Immobiliengeschäft funktioniert eine Risikostreuung am besten über unterschiedliche Immobilienarten. Das gilt genauso für verschiedene Objekttypen wie Neubau, Bestand oder sogar Projektentwicklung. Anleger sollten die Angebotsvielfalt im Lauf der Zeit besser nutzen. Eine Umfrage des Fondsinitiators Wealthcap ergab, dass bisher 69,2 Prozent der Anleger Büroimmobilien bevorzugen. 50,8 Prozent gaben an, dass Shopping-Center die Anlegerwünsche befriedigen. Nur 28,3 Prozent bevorzugen Wohnimmobilien.

Wer bereits ein Eigenheim erstanden hat, muss sein Geld nicht weiter in Wohnimmobilien anlegen. Und wer in München ein Haus oder eine Wohnung sein Eigen nennt, sollte andere Standorte wählen. Bereits in den vergangenen Jahren haben Regionalmärkte – also Städte und Gemeinden abseits der sieben A-Städte Berlin, Düsseldorf, Frankfurt, Hamburg, Köln, München und Stuttgart – an Bedeutung gewonnen. Ihr Anteil am deutschen Gewerbeinvestitionsvolumen stieg laut Immobiliendienstleistungs-Unternehmen Savills von 38 Prozent im Jahr 2009 auf 49 Prozent in der ersten Jahreshälfte 2012.

Ab Mitte 2013 soll die Mindestanlagesumme für Einobjektfonds von ursprünglich 50 000 auf 20 000 Euro sinken. Auch angedachte Restriktionen bei der Fremdfinanzierung wollen die Politiker lockern. Anstatt einer zulässigen Höchstbeleihung von 30 Prozent erlaubt die neue Richtlinie eine Kreditaufnahme bis zu 60 Prozent des Fondsvermögens.

Geschlossene Schiffsfonds Bei dieser Anlage investieren Sie in ein oder mehrere Schiffe, meist sind dies Container- oder Kühlschiffe, Tanker, Bulker, Schiffe für Massengüter. Ein Vertragsreeder managt gegen eine Gebühr das Geschäft auf dem und rund ums Schiff. Der Charterer mietet das Schiff an, um im Auftrag Dritter Frachtgut zu transportieren.

Gewinn machen Sie durch die Ausschüttungen aus den Chartereinnahmen. Weil Sie bei Schiffsfonds von der sogenannten Tonnagesteuer profitieren, ist diese Anlage interessant: Es wird nicht der tatsächliche Gewinn, sondern ein geringer, pauschal ermittelter Betrag, der von der Schiffsgröße abhängt, versteuert. Oft fallen die Ausschüttungen hierbei sehr hoch aus.

Sollten aktuell die Ausschüttungen geringer als angekündigt

WISO Tipp

Bei geschlossenen Fonds sollten Sie über mehrere Anbieter und Anlageklassen streuen und nicht mehr als 10 Prozent des Gesamtvermögens in geschlossene Beteiligungen investieren. Diese Beteiligungen sind unternehmerische Investitionen – ein Totalverlust ist möglich.

ausfallen, sollten Sie das Ganze aussitzen. Die Zweitmarktbörse für Schiffsbeteiligungen ist ausgetrocknet. Denn das Öl für die Maschinen ist teurer, Personal knapper und teurer geworden. Dazu steigen die Betriebskosten, aber die Frachtraten sinken.

Festverzinsliche Wertpapiere

Der offizielle Name für alle Arten von festverzinslichen Wertpapieren sind Rentenpapiere und der Markt, auf dem die Papiere gehandelt werden, nennt sich Rentenmarkt. Rentenpapiere sind Schuldscheine: Mit der Ausgabe dieser Papiere leihen sich unser Staat, andere Länder und Gemeinden, aber auch Unternehmen Geld von Anlegern. Dafür zahlen sie dann einen Zins, der über die gesamte Laufzeit festgelegt ist – deshalb »festverzinslich«. Gleichzeitig ist die Laufzeit festgelegt – sie kann bis zu 30 Jahre betragen.
- Bundeswertpapiere – dazu gehören Bundesschatzbriefe, Finanzierungsschätze, Bundesobligationen und Bundesanleihen – gaben bislang die Bundesrepublik Deutschland und die Bundesländer aus.
- Inhaber-Schuldverschreibungen geben Sparkassen und Banken aus.
- Unternehmensanleihen sind Schuldscheine von großen und mittleren Unternehmen.
- Staatsanleihen sind für ausländische Staaten eine Gelegenheit, sich Geld bei Anlegern zu borgen.

Der Bundesschatzbrief

Ende des Bundes-
schatzbriefs für
Privatanleger

Seit dem Jahreswechsel 2012/13 hat die Finanzagentur des Bundes das Privatkundengeschäft beendet. Damit können Privatanleger Bundesschatzbriefe, Finanzierungsschätze und Tagesanleihen des Bundes nicht mehr über die Finanzagentur kaufen und verkaufen, sondern nur noch über eine Bank. Die rund 330 000 bestehenden Schuldbuchkonten werden bis zur Fälligkeit der darin verwahrten Wertpapiere weitergeführt. Bundesschatzbriefe gehörten zu den sogenannten Staatsanleihen. Der Staat braucht frisches Kapital und gibt deshalb solche Anleihen an Investoren ab, die dafür Zinsen kassieren. Die deutschen Anleihen gelten seit jeher als sehr sicher; die Bundesrepublik ist ein guter Schuldner, der seine Schulden zurückzahlt. Das Risiko, dass Deutschland als Herausgeber von Anleihen zahlungsunfähig wird, gilt auf den Finanzmärkten als sehr gering. Deshalb sind keine Höhen- und Tiefflüge bei der Wertentwicklung zu erwarten. Für Bundesanleihen gilt also die Faustregel: Je höher ihre Sicherheit, desto geringer ihre Rendite. So sind bei einer Niedrigzinsphase die Zinsen für Bundesschatzbriefe sehr gering:

Typ A mit sechs Jahren Laufzeit und jährlichen Zinszahlungen warf 2012 eine durchschnittliche Jahresrendite von gerade einmal 0,51 Prozent ab.

Typ B mit sieben Jahren Laufzeit und Zinsthesaurierung bot mit 0,69 Prozent kaum mehr. Das angelegte Geld ist zwar relativ sehr sicher angelegt, wird aber weniger wert. Der Grund: Die mickrigen Zinsen sind geringer als die derzeitige Inflation von rund 2,3 Prozent (Stand Oktober 2012). Das heißt: 1000 Euro in 2012 investiert, sind nach zehn Jahren und einer durchschnittlich gleichbleibenden Inflation nur noch rund 776 Euro wert. Die Verwahrung von Bundesschatzbriefen im Depot kostet bei den Kreditinstituten in der Regel Geld. So verlangt die Commerzbank 21 Euro Depotgebühren pro Jahr. Hinzu kommen die sogenannten Stückzinsen beim Ankauf, die allerdings sehr gering sind. Beim Verkauf fallen laut Bank keine Gebühren an. Die Frankfurter Sparkasse nimmt für die Verwahrung von Bundesschatzbriefen in einem ihrer Wertpapierdepots eine Grundgebühr von 20 Euro plus mindestens 5 Euro pro Gattung Verwahrkosten.

Anleihen

Alle Anlagen haben eines gemeinsam: Wer eine Anleihe kauft, wird zum Gläubiger. Derjenige, der die Anleihe ausgegeben hat, schuldet Ihnen einen bestimmten Betrag. Vertraglich wird dieser als Nennwert der Anleihe in der »Leihurkunde« festgehalten. Die meisten Anleihen sind schon für 50 Euro zu haben. Sie haben eine bestimmt Laufzeit und einen festgelegten Zinssatz über die gesamte Laufzeit. Wichtig: Die Laufzeit ist nicht ans Kaufdatum gekoppelt, sondern an den Zeitpunkt, zu dem die Anleihe ausgegeben wurde. Am Ende der Laufzeit bekommen Sie Ihr Geld plus den vereinbarten Zinssatz überwiesen.

Staatsanleihen Staatsanleihen sind Anleihen, die von der öffentlichen Hand und anderen staatlichen Körperschaften ausgegeben werden. Jahrelang galten Staatsanleihen als gutes Basisinvestment für die Altersvorsorge. Denn sie brachten laufende Erträge oberhalb der Inflationsrate und

Anleihen der öffentlichen Hand

damit realen Wertzuwachs. Das ist heute anders: Die Renditen der europäischen Staatsanleihen, die als sicher gelten, sind so niedrig wie noch nie. Das trifft vor allem auf deutsche Papiere zu: Zehnjährige deutsche Bundesanleihen rentieren momentan mit etwa 1,6 Prozent pro Jahr. Damit lässt sich langfristig kein Vermögen aufbauen. Ein reines Anleiheportfolio ist generell weniger geeignet, um einer möglichen Inflation entgegenzuwirken. Denn die Zinssätze der Anleihen sind in der Regel festgelegt. Das heißt: Bei konstanten Kupons und steigender Inflation kann das reale Vermögen trotz regelmäßiger Zinserträge abnehmen.

Unternehmensanleihen / Inhaberschuldverschreibungen Unternehmen können sich neben Bankkrediten auch über die Ausgabe von Unternehmensanleihen, sogenannte Coporate Bonds, über den Kapitalmarkt mit Fremdkapital versorgen. Die Ausstattungsmerkmale wie Kupon und Emissionsvolumen sind im Emissionsprospekt erläutert.

Corporate Bonds

Mittelstandsanleihen Viele (deutsche) Unternehmen setzen angesichts von Schuldenkrise auf Anleihen, um Fremdkapital aufzunehmen. Inzwischen sind nicht nur große Konzerne in diesem Bereich aktiv, sondern zunehmend auch mittelständische Unternehmen. Das Geschäftsmodell ist einfach: Unternehmen borgen sich über eine Anleihe für einen bestimmten Zeitraum Geld von Anlegern. Dafür stellen die Firmen nicht nur die Rückzahlung des zur Verfügung gestellten Kapitals in Aussicht, sondern bieten auch Zinsen.

Der Vorteil für die Unternehmen Eine Anleihe ist vergleichsweise einfach herauszugeben und das Kapital ist nicht an weitere Vorgaben gebunden. Anleger wiederum können von den vergleichsweise hohen Zinsen profitieren, die etwa bei 5 bis 9 Prozent liegen.

Der Vorteil für Anleger Durch den Handel über die Börse kann jeder Depotinhaber über seine Bank direkt an einer Zeichnung teilnehmen. Der Haken: Es besteht auch hier das Risiko des Totalausfalls. Im Falle einer Insolvenz des Unternehmens werden Anleihen nachrangig bedient. Sie als Anleger stehen also am Ende der Kette.

Unerfahrene Anleger sollten daher sehr vorsichtig bei Anleihen sein, warnen Verbraucherschützer: Investieren Sie deshalb lediglich einen kleinen Teil des Vermögens in Mittelstandsanleihen! Je nach Risikobereitschaft eignet sich eine Anleihe nur als Beimischung. Wenn Sie beispielsweise

Mittelstandsanleihe als Beimischung

ein Vermögen von 30 000 Euro haben, sollten Sie nicht 10 000 Euro davon in eine einzelne Anleihe investieren. Aufgrund des aktuell sehr niedrigen Zinsniveaus sollten Sie Anleihen allenfalls für einen Zeitraum von bis zu zwei Jahren wählen. Auch wenn die Rendite mit rund bis 9 Prozent Zinsen attraktiv für Privatanleger ist:

Bei einer Insolvenz droht ein Totalverlust!

Auch erfahrene Anleger sollten sich Zeit nehmen, bevor sie ihr Geld investieren. Lassen Sie sich nicht nur von den Zinssätzen oder dem bekannten Namen des Unternehmens leiten, sondern beschaffen Sie sich so viele Informationen wie möglich vorab.

Wichtige Quellen sind dabei die jeweiligen Handelsplätze. Denn um ihre Anleihen platzieren zu können, müssen die Unternehmen eine Reihe von Vorgaben erfüllen. Neben einem Wertpapierprospekt sind unter anderem ein Fact-Sheet und das Rating einer Agentur nötig. Ist die Anleihe auf dem Markt, müssen die Unternehmen zudem Halbjahres- und Jahresabschlüsse veröffentlichen und Ad-hoc-Meldungen über wichtige Entwicklungen herausgeben. Zu finden sind diese Informationen in der Regel auf den Internetseiten der einzelnen Börsen. *Informationsquellen nutzen*

Hier könnten Anleger erfahren, wie das Unternehmen aufgestellt ist und wie es seine Aussichten bewertet. Auch das Geschäftsmodell und das Alter des Unternehmens spielen eine Rolle. Werden etwa neue Technologien ausprobiert oder die Firma ist erst seit Kurzem auf dem Markt, ist Vorsicht geboten.

Ein weiterer wichtiger Punkt ist die Höhe des Zinssatzes. Generell gilt: Je mehr Zinsen gezahlt werden, desto höher das Risiko. Daher sollten Sie genau darauf achten, wofür das Geld, das mit der Anleihe eingenommen wird, verwendet werden soll. Wenn für eine Anleihe 7 Prozent Zinsen gezahlt werden, müssen diese 7 Prozent auch erst einmal erwirtschaftet werden.

WISO Tipp

Kaufen Sie keine Anleihen mit einer Laufzeit von weniger als drei Jahren! Sonst werden die Renditen zu gering.

Pfandbrief Seit der Immobilienkrise in den USA und der daraus folgenden europäischen Finanzkrise hat es das Traditionspapier schwer bei vielen Anlegern. Der Pfandbrief ist nichts anderes als ein durch Hypotheken gesichertes Wertpapier – jedoch mit einem Unterschied: Anders als in den USA schützen deutsche Gesetze seit dem 19. Jahrhundert die Investoren. Und so bestätigen Fondsmanager auch: Seit 1901 ist kein einziger Pfandbrief ausgefallen. So punkten Pfandbriefe gerade im Vergleich zu anderen Anleihen mit hoher Sicherheit. Zudem liegt die Rendite deutlich über der solider Staatspapiere.

Privatanleger steigen am besten über einen Fonds ein: Ein Hypotheken-
pfandbrief mit 5 Jahren Laufzeit wirft derzeit 1,2 Prozent jährlich ab. Das
ist nicht viel, aber im Vergleich zur fünfjährigen Bundesanleihe (Rendite:
0,2 Prozent pro Jahr) immer noch mehr.

In Zeiten von (drohenden) Staatsbankrotten sind Pfandbriefe attraktiv: Sie
haben ein doppeltes Sicherheitsnetz. Wenn Sie etwa ein Haus auf Pump
kaufen, refinanziert die Bank den Kredit oft über die Emission eines Pfandbriefs. Kann der Schuldner nicht zahlen, bedient die Bank den Besitzer
des Pfandbriefs weiter. Für den Fall, dass die Bank insolvent wird, wird der
Inhaber des Pfandbriefs laut Gesetz bevorzugt aus der Insolvenzmasse
bedient und hat Zugriff auf den sogenannten Deckungsstock – also auf
jene Immobilie, die von dem Kredit ursprünglich gebaut wurde.
Achtung: Sogenannte Covered Bonds enthalten nicht nur deutsche Hy-
pothekenpfandbriefe, sondern auch vergleichbare Produkte aus anderen
europäischen Ländern wie die spanische Cédulas oder französische Ob-
ligations Foncières. Diese sind zwar renditestärker als Pfandbriefe, bergen allerdings ein Wechselrisiko und stehen nicht unter dem Schutz des
deutschen Pfandbriefgesetzes. Und das gilt immer noch als eines der
sichersten weltweit.

Investmentclubs

In Deutschland fehlt Finanzwissen – deshalb haben sich in den vergangenen Jahrzehnten Investmentclubs gegründet. Die Mitglieder kaufen
gemeinsam Aktien, ähnlich wie bei Fonds. Nur dass hier sie selbst das
Geld managen. Fast 200 000 Bundesbürger sind in Investmentclubs organisiert. Auf den ersten Blick geht es bei Investmentclubs darum, in einer
Gruppe Geld anzulegen und zu sparen. Gemeinsam lernen Sie etwas
über Finanzen.
Die DSW brachte die Clubidee 1963 aus den USA nach Deutschland und
ist heute der Dachverband von rund 6500 Investmentclubs. Man kann
schon mit geringen monatlichen Beiträgen Mitglied in einem Club werden. Anders als bei einem Einzelanleger kann das Geld des gemeinsa-
men Depots breiter gestreut, also über mehrere Anlagen verteilt werden.
Auch die Bankgebühren sind niedriger als für Privatanleger.

Bei Investmentclubs geht es um langfristige Geldanlage. Sie sind nichts
für Zocker, die auf kurzfristige Gewinne aus sind. Wer keine Lust hat, sich
zu engagieren, für den ist ein Investmentclub nichts – weil ein Club eben

gerade kein Fonds ist, in den man nur einzahlt. Ein Investmentclub funktioniert in der Regel basisdemokratisch: Jeder Kopf zählt und nicht die Höhe der Kapitaleinlage. Der Vorteil: Die Anlageentscheidung wird deutlich intensiver geprüft als daheim im stillen Kämmerlein.

Der Hanseatische Anleger-Club (HAC) mit Sitz in Hamburg etwa hat über 4000 Mitglieder in der ganzen Republik. Das Vermitteln von Informationen steht hier im Vordergrund. Dafür werden Vorträge und Seminare in verschiedenen Städten organisiert. Interessierte könnten auch Mitglied werden, ohne Geld zu investieren, und nur die Info-Angebote nutzen. Einzige Aufnahmebedingung: der Mitgliedsbeitrag von 10 Euro im Monat. Wer in die Depots des Clubs einzahlen will, zahlt dafür eine Extra-Gebühr. Der Club richtet sich an Kleinanleger, die nicht nur auf die Bankberatung vertrauen wollen.

Verbraucherschützer warnen: Wer sein Geld vor allem vor Verlusten schützen will, für den sind Investmentclubs nichts. Ob mit Club oder ohne – bei der Geldanlage gilt die Regel, das Vermögen über verschiedene Anlageformen zu verteilen: Festgeld, Rentenverträge, Immobilien und Wertpapiere.

Fazit

Je nach Alter und Risikoneigung fahren die meisten Anleger mit der Faustformel »Aktienanteil = 80 minus Alter« gut. Damit kann ein 30-Jähriger gut 50 Prozent seiner Altersvorsorge in Aktien anlegen, während es bei einem 65-Jährigen nur noch 15 Prozent seiner Werte sein sollten. In jungen Jahren sollten Sie demnach verstärkt in Aktien investieren und bei zunehmendem Alter den Schwerpunkt auf renditesichere Anleihen verlagern. Auf diese Weise ist die Kapitalanlage zum Zeitpunkt des Verkaufs weniger den Kursschwankungen ausgesetzt. Natürlich sind Menschen in jungen Jahren risikofreudiger, wenn es um die Altersvorsorge geht. Schließlich hat man bis zur Rente noch genügend Zeit, kleinere Fehler auszubügeln. Je älter man wird, desto weniger Risiken möchte man eingehen.

Bei Rentenbeginn können Sie sorgenfrei noch rund 15 Prozent spekulative Papiere halten. Je breiter Sie Ihr Erspartes streuen und auf verschiedene Investments verteilen, desto besser sind Sie gegen Turbulenzen an den Börsen gewappnet.

Alternative Geldanlagen – von Wald bis Gold

Das Feld der Geldanlagemöglichkeiten ist weit. Neben den Klassikern Lebensversicherung oder Aktienfonds gibt es alternative grüne Geldanlagen. Spätestens seit der Katastrophe im Atomkraftwerk in Fukushima stehen die Atomenergie und eben auch das Geschäft damit in der Kritik. So kann auch bei der Geldanlage darauf geachtet werden, dass eben keine Anteile oder Aktien eines Atomenergiehändlers im Portefolio sind. Nachhaltige Produkte und worauf Sie bei der Auswahl achten sollten, stellen wir in diesem Kapitel ebenso vor wie andere, mitunter kreative Geldanlagen – wie etwa Oldtimer, Whisky oder Kunstwerke.

Grüne Geldanlagen

Haben Sie sich schon einmal Gedanken über eine nachhaltige oder öko-logische Geldanlage gemacht? Möchten Sie eigentlich nicht, dass mit dem Geld, das Sie in einen Fonds investieren, indirekt Kinderarbeit, Waf-fenhandel oder Umweltverschmutzung betrieben und die Atomenergie mitfinanziert werden? Für Geldanlagen mit ökologischen, ethischen, so-zialen Aspekten gibt es eine Vielzahl von Bezeichnungen: grünes Geld, Green Money, Social Investment, ethisches Investment, ethische Geldan-lage, sustainable Investments. Ein geschützter Begriff existiert nicht – was sich einige Großunternehmen zunutze machen und Unternehmensspar-ten plötzlich unter einem »grünen Mäntelchen« anbieten. Deshalb fordern Verbraucherschützer zumindest ein einheitliches Bundessiegel für echte ethische Anlagen.

Viele Anleger sind immer noch skeptisch – und mancher Bankberater forciert dies gern zugunsten eines Geschäfts mit konventionellen Finanz-produkten –, ob ein Investment, das nach ökologischen und ethischen Prinzipien arbeitet, sicher ist und zudem ebenso gute Rendite wie eine »konventionelle Anlage« erzielt. Weltweite Hungersnöte, Kriege, Umwelt-katastrophen wie der Unfall des Atomkraftwerks im japanischen Fukushi-ma und nicht zuletzt die Finanzkrise haben jedoch in den vergangenen Jahren das Anlegerinteresse an nachhaltigen Investments deutlich ge-steigert.

Nach Angaben von Experten für nachhaltige Geldanlagen haben bis 2012 rund 5 Prozent der Deutschen ihr Geld nachhaltig angelegt. Das ist wenig im Vergleich zum Nachbarland Niederlande, wo es 20 Prozent sind. Im-merhin haben es laut einer Umfrage 70 Prozent der Deutschen vor. Die Nachfrage hat sich innerhalb von zwei Jahren nahezu verdoppelt. Da-durch hatte der nachhaltige Anlagenmarkt in Deutschland nach Angaben des Forums für nachhaltige Geldanlagen (FNG) Ende 2011 immerhin ein Volumen von 63 Milliarden Euro.

In diesem Kapitel werden Ihnen Möglichkeiten aufgezeigt, wie Sie Ihr Geld mit gutem Gewissen anlegen können, welche Banken es alternativ zu den Finanzriesen gibt und wie das Ganze Ihrer privaten Altersvorsorge nützen kann. Es soll aber auch darauf hingewiesen werden, dass nicht in allem, auf dem »grün« draufsteht, auch »grün« drin ist.

Die etwas anderen Banken

Einen wichtigen Anteil der nachhaltigen Geldanlagen haben die Kunden-
einlagen bei den vier deutschen Ökobanken GLS, Ethikbank, Triodos
Bank und UmweltBank. Zusammen hatten sie Mitte 2011 rund 200000
Kunden – Tendenz steigend seit der Pleite des Geldhauses Lehman Brot-
hers und der Atomkatastrophe von Fukushima. Der Anteil der grünen
Banken am nachhaltigen Anlagemarkt lag 2011 bei 63,8 Prozent.

Alle Ökobanken funktionieren wie normale Banken und bieten ihren Kunden alles – vom Girokonto über Kredite bis zu Versicherungen. Auch Investitionen in Aktien und Anleihen, offenen Fonds oder Riester-Sparver-
trägen, Genussrechten oder Bürgerbeteiligungen sind möglich. Aber sie
finanzieren mit dem Geld der Anleger eben nur Projekte, die sozialökolo-
gisch und ethisch korrekt sind. Dazu versprechen sie totale Transparenz
– das heißt, alle Kunden erfahren, an wen die Ökobanken etwa Kredite
vergeben.

Ökobanken

Die GLS Bank (»Gemeinschaftsbank für Leihen und Schenken«) entstand
1977 als Bank für Gemeinwohl und ist heute der Platzhirsch unter den
deutschen Ökobanken. Sie gehört zum Verband der Genossenschafts-
banken. Für sie steht nach eigenen Angaben nicht die Gewinnmaximie-
rung an erster Stelle, sondern ein verantwortlicher Umgang mit Geld. Verantwortlicher
Dafür wurde die GLS-Bank mehrfach ausgezeichnet. Diese Bank vergibt Umgang mit Geld
oft Kredite für Projekte, in die keine andere Bank investierte – und hat
dennoch nach Selbstauskunft in 2010 keine Kreditausfälle gehabt. Wer
bei der GLS Bank ein Konto eröffnet, kann mitentscheiden, welche Unter-
nehmensbranche er mit seinem Geld unterstützen möchte. Dafür bietet
sie allerdings auch nur Liebhaberzinsen: Auf dem Sparkonto der GLS-
Bank liegt der Zinssatz gerade einmal bei 1 Prozent, also unterhalb der
Inflationsrate (www.gls.de).

Die 1984 gegründete UmweltBank aus Nürnberg versteht sich als Förder-
bank für den Umweltbereich. Sie bietet ausschließlich Finanzierungen,
Geldanlagen und Versicherungen im ökologisch nachhaltigen Sektor an.
Die UmweltBank bietet unterschiedliche Sparformen an – vom »Umwelt- Verschiedene
Pluskonto« über das »UmweltSparbuch« bis zum »UmweltSparvertrag«. Sparformen
Daneben betreibt sie einen Handel mit Genussscheinen: Ein hauseigener

Umweltrat, das ökologische Gegenstück zum Aufsichtsrat der Bank, kontrolliert ihre Arbeit. Die UmweltBank ist Mitglied der gesetzlichen Einlagensicherung, gehört jedoch keinem Einlagensicherungsfonds an (www.umweltbank.de).

Die EthikBank ist eine Direktbank und Tochter der Volksbank Eisenberg und bietet ausschließlich ökologisch und ethisch einwandfreie Bankprodukte – für Privatpersonen wie Institutionen. Sie hat einen strengen hauseigenen Anlagekriterienkatalog aufgestellt und vergibt nur nach Einhalten der Kriterien Kredite an ihre Kunden. Im Gegenzug bietet sie Transparenz: EthikBank-Kunden können jederzeit nachschauen, in welche Wertpapiere die Bank investiert und wofür die Ökokredite verwendet werden. Erworbene Zinsen sollen nicht allein den Anlegern zugute kommen. Wer ein soziales oder ökologisches Projekt unterstützen will, kann 0,25 Prozentpunkte seiner Zinsen spenden (www.ethikbank.de).

Strenger Anlagekriterienkatalog

Die Triodos Bank ist eine holländische Bank mit Niederlassungen im niederländischen Zeist, in Brüssel, Bristol, Madrid und Frankfurt am Main. Die aktienähnlichen Rechte der Triodos Bank werden an keiner Börse geführt. Für ihren Verkauf unterhält die Bank einen eigenen »Marktplatz«, den die Stiftung für die Verwaltung der aktienähnlichen Rechte an der Triodos Bank (SAAT) regelt (www.triodos.de).
Die Ökobanken (außer UmweltBank) sind Mitglied im Einlagensicherungsfonds.

Eigener »Marktplatz«

Kirchenbanken

Neben den Ökobanken gibt es deutschlandweit Kirchenbanken, die auch mit einem nachhaltigen Ansatz Bankgeschäfte anbieten:

Die evangelische Bank für Kirche und Diakonie (KD-Bank) wurde in 1920er-Jahren gegründet und hat ihre Hauptstelle in Dortmund. Sie ist eine der größten kirchlichen Banken in Deutschland. Als Universalbank bietet sie alle üblichen Bankdienstleistungen vom Girokonto bis hin zu Wertpapierdepots an. Sie betreibt Filialen in Berlin, Dortmund, Dresden, Duisburg, Erfurt, Kaiserslautern, Magdeburg und Nürnberg.
Die ethisch-ökologischen Anlagekriterien der KD-Bank schließen Investitionen in Kohle-, Öl- und Atomindustrie, Gentechnik in der Landwirtschaft, Embryonenforschung, Unternehmen und Länder, die in Zusammenhang

Ethisch-ökologische Anlagekriterien

mit Menschenrechtsverletzungen sowie Korruption stehen, aus. Die Hälfte der Kundeneinlagen fließt ins Eigenanlagengeschäft der Bank. Die von der Bank vergebenen Kredite gehen zu rund 90 Prozent an kirchliche und diakonische Einrichtungen sowie den Bau und Unterhalt von Krankenhäusern. Der restliche Teil wird in Form von Privatkrediten an die Kunden der Bank vergeben (www.kd-bank.de).

Die Bank im Bistum Essen (BiB) existiert seit den 1970er-Jahren als katholische Genossenschaftsbank, die alle üblichen Bankdienstleistungen anbietet. Die Bank arbeitet als Direktbank und hat nur eine Geschäftsstelle in Essen. Ein Schwerpunkt des Bankgeschäfts liegt auf der Vergabe von Mikrokrediten in Lateinamerika beziehungsweise dem Investment in Mikrofinanzfonds. Die Bank im Bistum Essen wendet ähnliche ethische und ökologische Ausschlusskriterien wie die KD-Bank an, dies gilt auch für Staatsanleihen, Pfandbriefe von Staaten und öffentlichen Einrichtungen. Etwa zwei Drittel der Kundeneinlagen werden als Kredite an kirchlich-karitative oder soziale Einrichtungen wie Altenpflegeheime, Krankenhäuser und sozial-karitative Unternehmen weitergegeben. Der verbleibende Teil geht in das Eigenanlagengeschäft (www.bibessen.de).

Mikrokredite

Die Evangelische Kreditgenossenschaft (EKK) bietet als genossenschaftliche Universalbank alle üblichen Bankgeschäfte an. Filialen unterhält sie in Berlin, Eisenach, Erfurt, Frankfurt/M., Hannover, Karlsruhe, Kassel, München, Neuendettelsau, Nürnberg, Rummelsberg, Schwerin, Speyer und Stuttgart. Auch diese Bank hat eine lange Liste von Ausschlusskriterien für die Kreditvergabe wie die bereits erwähnten Kirchenbanken. Etwas weniger als die Hälfte der Kundeneinlagen wird in Form von Krediten an kirchlich-karitative Einrichtungen der Alten-, Behinderten- und Jugendhilfe sowie Krankenhäuser und Rehabilitationseinrichtungen zur Verfügung gestellt (www.ekk.de).

Viele Ausschluss-kriterien

Die Steyler Bank ist eine vergleichsweise kleine und von einer katholischen Ordensgemeinschaft 1964 gegründete Privatbank. Sie ist eine Direktbank ohne Filialgeschäft, abgesehen von der Hauptgeschäftsstelle in Sankt Augustin. Die Bank verfolgt ihren ethischen Gründungsgedanken im Wesentlichen über zwei Wege: die Geldanlage am Kapitalmarkt unter Beachtung ethisch-ökologischer Kriterien sowie die Verwendung der erzielten Gewinne für die weltweite Arbeit der Steyler Missionare, deren Schwerpunkt die Armutsbekämpfung ist. So haben Kunden die Möglich-

Förderung der Steyler Missionare

keit, auf einen Teil ihrer Zinsen zugunsten der Missionsarbeit zu verzichten. Kreditvergabe findet bei der Steyler Bank nur in geringfügigem Umfang statt (www.steyler-bank.de).

Weitere kirchliche Banken mit ethisch-ökologischen Ausschlusskriterien sind die Bank für Kirche und Caritas, Bank für Orden und Mission (Zweigniederlassung der VR Bank Untertaunus eG), DKM Darlehnskasse Münster, Evangelische Darlehnsgenossenschaft und die Pax-Bank.

Gutes Gewissen – mit Rendite

Entgegen den Meinungen vieler Grüne-Bank-Skeptiker liegen laut Untersuchungen von Stiftung Warentest und Experten für nachhaltige Geldwirtschaft die Erträge bei alternativen Banken für Anleger auf dem gleichen Niveau wie bei herkömmlichen Instituten. Sie sind aktuell nicht sehr üppig, aber das liegt an der momentanen Niedrigzinsphase und nicht etwa daran, dass ethisch-ökologische Anlagen geringere Erträge abwerfen als konventionelle.

Erträge alternativer Banken

Ein paar Beispiele, welche die Zeitschrift *Ökotest* im Oktober 2012 bei einer Untersuchung herausfand: So machte die Triodos Bank das beste Tagesgeldangebot mit 1,15 Prozent Rendite pro Jahr. Bei der Umweltbank gibt es für 500 Euro Mindestanlage 1,05 Prozent Zinsen auf Sparbuch und Tagesgeld. Für den zweijährigen Sparbrief sind sogar 1,5 Prozent drin. Die Bank unterliegt allerdings nur der gesetzlichen deutschen Einlagensicherung von 100 000 Euro pro Sparer. Die kirchlichen Institute und die Ethikbank bieten dagegen nahezu unbegrenzte Einlagensicherung, knausern jedoch mit den Zinsen. Daher rangieren sie mit ihren Offerten teilweise deutlich unter Marktdurchschnitt.

Auch bei der GLS-Bank gibt es keine fetten Zinsen: Mit Zinssätzen von 1,25 Prozent für vier Jahre Laufzeit liegen ihre Sparbriefe aber immerhin im Mittelfeld. Die Steyler Bank lockt mit ihren Missionssparbriefen: Wer 500 Euro mitbringt und auf zwei Jahre festlegt, dem werden 1,2 Prozent Zinsen avisiert. Allerdings wird eine Hälfte des Zinsertrags an die Hilfsprojekte der Steyler Missionare gespendet.

Viele Nachhaltigkeits- und Kirchenbanken bieten laut *Ökotest* allerdings auch Fördervarianten ihrer Sparanlagen an, die keinen großen Zinsverzicht erfordern, sondern durchaus marktübliche Sätze bieten: Das beste Angebot machte dabei die Bank im Bistum Essen. Für ihre Spareinlagen BiB Umwelt und Energie beziehungsweise BiB Mikrofinanzsparen, die frühestens nach anderthalb Jahren wieder gekündigt werden können, gibt es jeweils 2 Prozent Zinsen. Alle Gelder, welche die Bank auf den jeweiligen Sparbüchern einsammelt, werden vom Institut zur Finanzierung des Ausbaus erneuerbarer Energien in der Region oder zur Verbesserung der Gebäudeeffizienz in regionalen Projekten weitergereicht beziehungsweise als Mikrokredite vergeben. Das Anlagerisiko trägt dabei allein die Bank.

Einziges Manko: Die Bank im Bistum Essen steht nur Kunden offen, die Mitarbeiter kirchlich-karitativer Einrichtungen sind.

Die Verbraucherzentrale Bremen hat federführend für alle Verbraucherzentralen in Deutschland 2012 eine Transparenz-Initiative für »Grüne Geldanlagen« gestartet. Als erster Punkt wurden dabei im August 2012 bundesweit 1644 Kreditinstitute zu klimafreundlichen Sparanlagen (Tagesgeldern, Sparbüchern, Sparbriefen oder Ratensparverträgen) befragt. Am Ende stand als Ergebnis: Die großen Banken wie Commerzbank, Deutsche Bank, ING-DiBa oder Postbank bieten keine klimafreundlichen Sparprodukte an. Nur zwölf von über 1000 Volks- und Raiffeisenbanken und 27 von über 400 Sparkassen bieten klimafreundliche Sparanlagen an. Häufig sind die Angebote zeitlich und/oder der Summe nach begrenzt. Von den befragten 13 Öko- und kirchlichen Banken bieten beispielhaft sechs Sparanlagen.

Alle detaillierten Ergebnisse der Untersuchung gibt es im Flyer »Klimafreundliche Sparanlage« und im Internet unter: www.verbraucherzentrale-bremen.de/klimafreundliche-sparanlagen

WISO Tipp

Kombinieren Sie die Festgeld- oder Sparbrieffofferten mit renditestarken nachhaltigen Aktien- oder Mischfonds – und erhöhen Sie damit den Gesamtertrag des Depots! Damit der Anlagemix gelingt, müssen die Fonds allerdings eine absolut saubere nachhaltige Anlagepolitik verfolgen und obendrein überdurchschnittliche Erträge bringen.

Islamische Banken

Spekulationen und Zinsen, Investitionen in Unternehmen, die das Gemeinwohl schädigen, sowie in die Rüstungs-, Tabak- und Alkoholindustrie, in Prostitution und Glücksspiel – all das ist beim sogenannten »Islamic Banking« untersagt. Spekulationen sind ebenso tabu wie Geschäfte mit verschuldeten Unternehmen – alle vermeidbaren Risiken müssen ausgeschlossen werden. Eine Bank, die sich an diese ethisch-religiösen Richtlinien hält, klingt also nach einer Alternative zu deutschen Banken – auch als Nicht-Moslem.

Allerdings wird in Deutschland das islamische Bankgeschäft bislang nur von der Kuveyt Türk Bank angeboten. Seit 2010 betreibt sie eine Filiale in Mannheim, wo viele Menschen mit türkischen Wurzeln leben. Für die Bankenmetropole Frankfurt ist die Eröffnung einer zweiten Filiale schon geplant. Bislang können Kunden in Mannheim allerdings nur für die Türkei und einige andere islamische Länder Konten eröffnen oder Finanzdienstleistungen erhalten. Eine Vollbanklizenz, um in Deutschland als eigenständige Bank zu agieren, besitzt die Kuveyt Türk Bank-Zweigstelle mangels BaFin-Lizenz noch nicht.

Doch wie funktioniert eine Bank ohne Zinsen? Will ein Kunde beispielsweise ein Haus oder ein Auto erwerben, fungiert die Bank bei der sogenannten Fremdkapitalfinanzierung als Zwischenhändler, kauft das Gut für ihn und verkauft es dann in Raten mit einem Gewinnaufschlag an den Kunden, bis es ihm gehört.

Beteiligt sich die Bank mit Kapital an einem Projekt, trägt sie Gewinne und Verluste mit. Ob Zins oder Gewinnaufschlag – am Ende zahlt der Kunde bei einer islamischen Bank etwa das Gleiche wie bei einer konventionellen Bank. Entscheidend sind eben die oben erwähnten ethisch-religiösen Vorgaben. Deren Einhaltung gewährleistet ein Ethikrat aus Mitarbeitern und unabhängigen Wissenschaftlern. Der überprüft auch scharia-konforme Investmentfonds (www.kuveytturk.com).

Geldanlage in Öko-Fonds

Was heißt eigentlich Öko-Investment? Und wer bestätigt, dass Ihre Geldanlage eine ethisch bessere ist? Einheitliche Siegel fehlen sowohl deutschland-, europa- als auch weltweit. Laut der auf nachhaltiges Investment spezialisierten Ratingagentur oekom-research wurde Ende 2012 in der Branche intensiv über ein einheitliches Qualitätslabel für Nachhaltigkeitsfonds diskutiert, das den Anlegern auch einen Eindruck von der inhaltlichen Qualität der Anlageprodukte geben soll. Ein Resultat stand bis zum Druck dieses Ratgebers nicht fest. Allerdings hat das Forum Nachhaltige Geldanlagen, Fachverband für Nachhaltige Geldanlagen in Deutschland (FGN), Österreich und der Schweiz, bereits 2008 ein Transparenzlogo für nachhaltige Publikumsfonds (aufbauend auf einer Transparenz-Matrix) herausgebracht. Dieses erhalten (jedoch nur verbandszugehörige) Fondsgesellschaften, die den Transparenzkodex unterschrieben haben. Aktuell stehen 34 Fondsgesellschaften als Unterzeichner in der Liste. Der Kodex umfasst folgende Grundsätze: Qualitätssicherung durch Transparenz, die Anleger sollen wissen, worin sie investieren, die Erhaltung des vielfältigen Spektrums nachhaltiger Geldanlage, keine Vorgabe ethischer Standards und keine Vorgaben zum Portfolio.

Transparenzlogo

Auf der Internetseite des FGN finden Sie die Unterzeichner: www.forum-ng.org/de/transparenz/unterzeichner-des-transparenz-kodex.html

Umwelt, Soziales und Führung: Um international mit den Kriterien arbeiten zu können, werden die englischen Begriffe »Enviroment, Social and Governance«, kurz ESG, genutzt – die drei großen Bereiche, in denen ethische Geldanlagen nach FGN-Kriterien insgesamt ihre Nachhaltigkeit widerspiegeln sollten: Umwelt bezieht sich auf: Schutz von Natur und Umwelt sowie die nachhaltige Nutzung der Naturgüter; Soziales bedeutet, den Frieden zu fördern, die Menschenwürde und »lokale Kulturen« zu schützen, Armut zu bekämpfen, Bildung und kulturelle Vielfalt und gute Arbeitsbedingung. Und Führung verlangt verantwortliche, kooperative, faire und transparente Führung von Unternehmen und öffentlichen Organen, eine unternehmerische Verantwortung für die Gesellschaft, eine Transparenz in der Unternehmensführung sowie faire Auftragsvergabe.

Möchten Sie in einen grünen Fonds investieren, dann sollten Sie auf Unternehmensanteile aus folgenden Branchen verzichten:

- Streumunition
- Produktion und Handel mit Waffen
- Direktinvestitionen in Nahrungsmittel-Rohstoffe
- Pornografie
- Glücksspiel
- Tabak
- Atomenergie
- Tierversuche
- Alkohol
- Abtreibung
- Kinderarbeit
- Forschung an embryonalen Stammzellen
- Klonen menschlichen Erbguts
- Produktion von Bio-Kraftstoffen aus Lebensmitteln
- Grüne Gentechnik

Branchen, die nicht in »grüne Fonds« passen

Die bereits erwähnten Öko- und Kirchenbanken wählen nach diesen Ausschlusskriterien ihre Fondsangebote aus. Dies kann jedoch nur eine Entscheidungsstütze sein – letztendlich müssen Sie selbst entscheiden, was Ihnen wichtig ist. Schauen Sie als Privatanleger genau hin, wenn Sie Ihr Geld in nachhaltige Fonds investieren möchten. Es bleibt Ihre anspruchsvolle Aufgabe, die Fonds herauszufiltern, die ihren persönlichen Anlagegrundsätzen wirklich entsprechen. Eine Hilfestellung bietet das Internetvergleichsportal www.biallo.de mit seinem Fonds-Analysetool. Darin lässt sich die Strategie der Nachhaltigkeitsfonds erkennen. Das Sustainable Business Institute gibt eine umfangreiche Liste von möglichen Ausschluss-, aber auch Performancekriterien heraus unter: www.nachhaltiges-investment.org

Ein wachsender grüner Anlagemarkt

Die Wachstumsraten bei nachhaltigen Anlagen zeigen, dass es vielen Investoren nicht mehr egal ist, wer mit ihrem Geld wirtschaftet. 2011 hatten ethnische Publikumsfonds in Deutschland laut FNG ein Gesamtvolumen von rund 21 Milliarden Euro. Inzwischen können Sie in Deutschland, Österreich und der Schweiz nach Angaben der Ratingagentur Sustainable Business Institute rund 158 nachhaltige Fonds zeichnen, andere Experten sprechen sogar von 300 derartigen Fonds. Damit stieg das Fondsvermögen Mitte 2012 auf rund 27 Milliarden Euro. Dennoch hat die grüne Fondssparte – je nach Schätzung – nur einen Marktanteil von 1 bis 10 Prozent. Zum Vergleich: Alle beim Bundesverband Deutscher Investment-Gesellschaften BVI geführten Publikumsfonds besaßen 2011 ein Vermögen von knapp 715 Milliarden Euro.

Die besten Öko-Fonds schafften 2011 laut der Zeitschrift *Finanztest* ein Plus von 5 bis 8,5 Prozent gegenüber dem Vorjahr. Dabei ist der Anteil der Privatanleger noch gering, auch wenn das Interesse wächst und wächst. Bislang investieren vor allem Institutionen wie Stiftungen, Pensionskassen oder kirchliche Träger in nachhaltige Anlagen.

Nachhaltige Geldanlagen können sogar eine bessere Rendite erzielen und ein geringeres Risiko haben, besagt eine Studie Mitte 2012 der grünen Ratingagentur oekom research, die seit knapp 20 Jahren Finanzprodukte nach grünen Gesichtspunkten unter die Lupe nimmt.

WISO Tipp

Sie müssen entscheiden, was Nachhaltigkeit für Sie bedeutet. Informieren Sie sich, studieren Sie das Produktinformationsblatt des Fondsanbieters genau, beschäftigen Sie sich mit der Anlage!

Wie sollten Sie als Anfänger anlegen? Auch hier empfehlen Finanzwissenschaftler: Legen Sie in nachhaltige Projekte oder Produkte mit Bedacht an. Nur auf Investitionen in erneuerbare Energien zu setzen ist riskant, das haben viele Anleger in der Solarbranche 2012 bitter erfahren. Hier bestand der Fehler darin, dass Investoren nur den deutschen Markt im Blick hatten, und als dann Absatzprobleme auf dem Weltmarkt entstanden, wirkte sich dies auf die deutschen Anlagen aus.

»Breit streuen« ist auch hier wieder oberste Regel: So gibt es beispielsweise nachhaltige Immobilien- oder Rentenfonds, in die

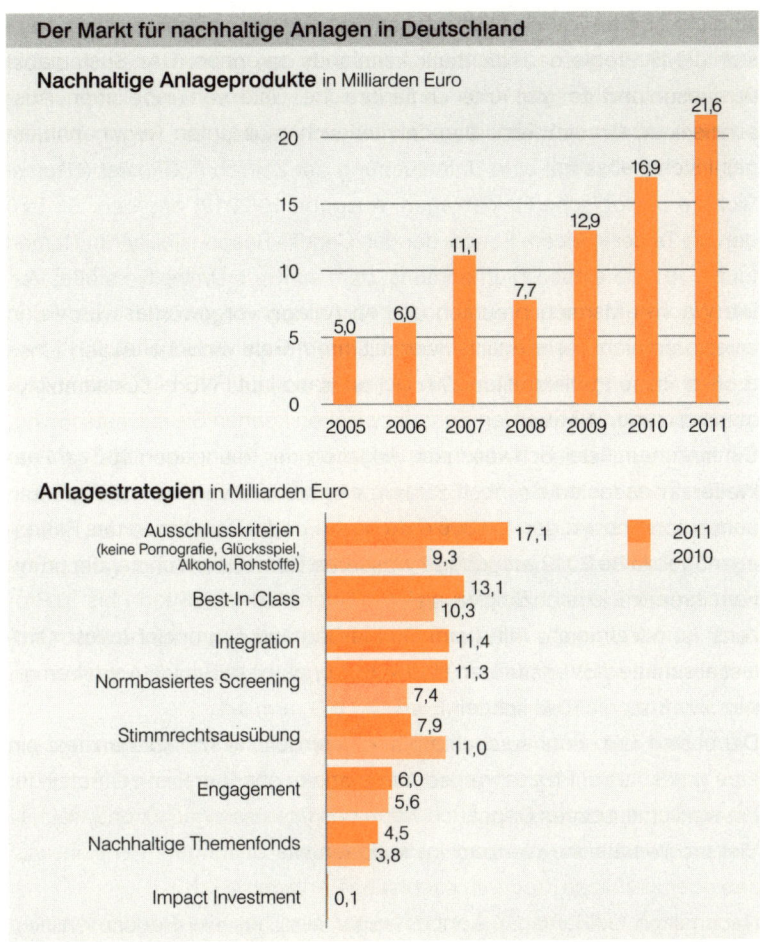

Der Markt für nachhaltige Anlagen in Deutschland

Nachhaltige Anlageprodukte in Milliarden Euro

Jahr	Wert
2005	5,0
2006	6,0
2007	11,1
2008	7,7
2009	12,9
2010	16,9
2011	21,6

Anlagestrategien in Milliarden Euro

■ 2011
■ 2010

Strategie	2011	2010
Ausschlusskriterien (keine Pornografie, Glücksspiel, Alkohol, Rohstoffe)	17,1	9,3
Best-In-Class	13,1	10,3
Integration	11,4	
Normbasiertes Screening	11,3	7,4
Stimmrechtsausübung	7,9	11,0
Engagement	6,0	5,6
Nachhaltige Themenfonds	4,5	3,8
Impact Investment	0,1	

© Forum Nachhaltige Anlageformen e.V.

es sich zu investieren lohnt. Denn Nachhaltigkeit ist ein wirtschaftlicher Vorteil: Energieeffizienz beim Bauen wie bei Passivhäusern ist heute die Voraussetzung, dass man in zehn bis 15 Jahren noch Käufer oder Mieter für die Häuser findet. Rentenfonds, die in nachhaltige Unternehmen oder Staaten investieren, sind ebenso empfehlenswert. Auch Geld in einen Bürgerwindpark zu stecken ist ein gutes Beispiel – schließlich fängt Nachhaltigkeit zu Hause an.

Wie viel Etikettenschwindel gibt es? Wo ein Geschäftsmarkt wächst, dort wächst auch die Gefahr der unseriösen Angebote, zudem ist der Begriff »Nachhaltigkeit« nicht eindeutig oder gar mit einem Label versehen. So ist nicht überall »grüne Geldanlage« drin, wo »grüne Geldanlage« drauf steht. Das Problem: Jede Bank kann sich den grünen Anstrich selbst verpassen und sich die Kriterien für ihre Anlageformen und Fonds selbst ausdenken. Ob sich eine Bank an die sich auferlegten Regeln hält, ist nicht sicher. Das hat eine Untersuchung der Zeitschrift *Ökotest* (*Ökotest* Sichere ökologische Geldanlagen, Ausgabe 10/2012) ergeben. So fanden die Tester in einem Fonds, der den Begriff »Responsibility« im Namen führte, Anteile eines Unternehmens, dem schwere Umweltverstöße, Verletzung von Menschenrechten und Korruption vorgeworfen werden. In einem anderen vermeintlich nachhaltigen Fonds steckten Aktien eines großen Rüstungsherstellers. Dieser Fonds trug das Wort »Sustainability« sogar direkt im Namen.

Sie fanden außerdem Aktien von Unternehmen, die zu den 100 größten Waffenproduzenten der Welt zählen, Wertpapiere von den 100 größten Luftverschmutzern sowie Konzerne, die von der renommierten Ratingagentur Rep Risk zu den größten Wasserverschwendern und -verschmutzern ihrer Branche gezählt werden.

Auch ist der Umgang mit Atomkraft bei Öko-Anlagen uneinheitlich. *Ökotest* ahndete solche Anteile mit Punktabzug, doch bei vielen Anbietern gilt Atomkraft als nicht so schlimm, weil sie CO_2-arm sei.

Dabei sind laut der Untersuchung auch vorbildliche Transparenz und ein sehr gutes Auswahlverfahren der Wertpapiere offenbar keine Garantie für ein wirklich sauberes Depot.

Vier problematische Wertpapiere als Beispiele:

Der Kepler Ethik-Aktienfonds legt 2,76 Prozent seines Fondsvermögens in Aktien von Gold Fields Ltd. an – einem Minenunternehmen, das wegen Zyanid-Entsorgung in Flüssen und auf Farmland sowie Vergiftung von Grund- und Trinkwasser durch Goldminen in Ghana für den Public Eye Award 2012 nominiert war. Weitere 2,75 Prozent des Kepler Ethik-Aktienfonds sind in Aktien von Novartis investiert, das wegen Behinderung der Herstellung und Vermarktung lebenswichtiger Generika für Entwicklungsländer in der Kritik steht.

Der Espa Vinis Stock Global – T ist mit 4,06 Prozent in Aktien von Pfizer investiert, obwohl das Unternehmen zu den 100 größten Luftverschmutzern zählt. 2,16 Prozent vom Fondsvermögen steckten Ende Juli sogar in Aktien von Conoco-Philipps. Die Firma zählt ebenfalls zu den 100 größten Luftverschmutzern und von Rep Risk werden ihr schwerwiegende Umweltverstöße wegen Förderung von Ölsand vorgeworfen.

Der KBC-Fonds steckt zum Beispiel Geld in den Pharmariesen Merck, den Telekommunikationskonzern Verizon und in Coca-Cola.

Der Invesco-Fonds hat fast ein Viertel des Geldes in der Finanzindustrie investiert, auch im norwegischen Öl- und Gaskonzern Statoil ist er investiert.

Quelle: Ökotest & FNP

Anleger mit grundsätzlichen ethischen Bedenken sollten die Negativlisten stets im Detail studieren, damit der Fonds auch hält, was er verspricht. Wenn man beispielsweise nur die beiden Ausschlusskriterien »Atomkraftwerke« und »Atomenergie« eingibt, dann bleiben lediglich drei Fonds für den atomkritischen Anleger übrig, in die er nach seinen eigenen Wertvorstellungen noch investieren kann.

Laut Finanz-Nachhaltigkeitsexperten gibt es immer noch Unternehmen, die über geschönte Nachhaltigkeitsberichte sogenanntes Greenwashing betreiben. Ein Nachhaltigkeitsbericht reicht deshalb heutzutage als Investmentgrundlage nicht aus. Das Gesamtbild des Anbieters muss für den Anleger stimmen. Die Stiftung Warentest bietet eine Übersicht über von ihnen getestete saubere Fonds: www.test.de/saubere-fonds.

WISO Tipp

Egal, ob grün oder nicht: Wählen Sie stets nur solche Finanzprodukte, die Ihrer persönlichen Risikoneigung entsprechen!

Die schwarzen Schafe der Öko-Finanzbranche

Mit reißerischer Werbung versprechen dubiose Unternehmen extrem hohe Rendite mit nachhaltigen Anlagemöglichkeiten wie Wind oder Wälder. So sollten Sie genau hinschauen, bei wem und wofür Sie Ihr Geld anlegen. Die Alarmglocken sollten bei Ihnen sofort läuten, wenn Sie lesen: 12, 13, manchmal sogar 18 Prozent Rendite pro Jahr! Dutzende Werbeanzeigen gibt es vor allem im Internet: »Investieren Sie mit gutem Gewissen und fürs Rentenalter in Holz, Bäume und Plantagen!« Die Anbieter heißen zum Beispiel »LifeForestry«, »Green Planet Group«, »Forstinvest«, »Woodsource«, »Sharewood« oder »Bauminvest« – insgesamt stehen dem Anleger aus Deutschland rund ein Dutzend Anbieter von Wald-, Forst- und Holzinvestments zur Auswahl. Nicht alle sind seriös.

Wie funktioniert die Anlage Holz? Generell gilt der Rohstoff Holz seit Jahren als ein gefragtes Investment – weil nicht nur die Mengen an Holz steigen, die in der Industrie für Möbel und Papier benötigt werden. Sondern auch, weil der Wert von Wäldern stiegt – laut NCREIF Timberland Index seit 1987 kontinuierlich jährlich um 15 Prozent.

Hohe Renditeversprechen sind unseriös

Die Anbieter von Wald-Anlageprodukten pflanzen vom Geld der Anleger Bäume, oft in den Tropen, und verkaufen nach 20 bis 25 Jahren das Holz.

Risiken bei Holzinvestments

Die Rendite soll bei bis zu 25 Prozent pro Jahr liegen. Doch Holzinvestments gelten als hoch spekulativ: Brände, Schädlinge oder schlechtes Wetter können die Plantagen vernichten. 75 Prozent der Unternehmen melden nach rund 20 Jahren Insolvenz an, sagen Verbraucherschützer. Dann ist das investierte Geld der Anleger weg.

Zudem kommt als weiteres Risiko beim Thema Holz immer das Währungsrisiko – denn Holz wird weltweit in Dollar gehandelt. So kann eine anhaltende Dollarschwäche gegenüber dem Euro deutschen Anlegern die erhofften Zielrenditen verhageln.

Drei Anbieterbeispiele, die mit Vorsicht zu genießen sind:

Beispiel 1 – Teakholz Die Schweizer Firma Life Forestry Group etwa wirbt damit, mit Teakholz-Plantagen in Costa Rica oder Ecuador jährlich bis zu 12 Prozent Rendite zu erzielen. Die deutsche Green Planet Group verspricht in einem ähnlichen Angebot 13 Prozent pro Jahr.

Die Bäume werden auf brachliegenden Flächen gepflanzt, aufgeforstet – und nach 20 Jahren mit angeblich hohen Gewinnen verkauft. Der Anleger kauft dabei eine bestimmte Anzahl von Bäumen, wird damit deren Eigentümer. Die Life Forestry Group kümmert sich um die Bewirtschaftung der Plantage. Aber: Laut Wissenschaftlern liegt das natürliche Baumwachstum zwischen 3 bis 4 Prozent und damit auch die interne Verzinsung, die solche Investments bringen können. Wetter und Schädlinge sind dabei noch nicht eingerechnet. Oft haben die Firmen auch keine Erfahrungswerte aus den vergangenen Jahren, wissen also nicht, ob ein Baum wirklich so hoch wächst, wie es die theoretische Gewinnrechnung beschreibt. Die Green Planet Group beispielsweise geht davon aus, dass die Hälfte der gepflanzten Bäume in 20 Jahren eine Höhe von 35 Metern erreicht.

Hinzu kommt, dass niemand weiß, wie sich die Preise in den kommenden 20 Jahren entwickeln. Viele Anbieter gehen von steigenden Teakholz-Preisen aus. Die Life Forestry Group etwa kalkuliert eine Rendite von 11 Prozent, wenn der Holzpreis jährlich um satte 6 Prozent steigt. Forstwissenschaftler gehen von einer Rendite zwischen 3 bis 6 Prozent pro Jahr aus.

Der Haken für den Anleger besteht darin, dass der Kauf von Plantagenbäumen eine sogenannte Direktinvestition ist und damit nicht unter der Kontrolle der deutschen Aufsichtsbehörde BaFin steht.

Fachanwälte warnen deshalb vor vielen Risiken und Unwägbarkeiten. Verbraucherschützer raten gar generell von solchen Investments ab: Die Risiken seien komplett undurchschaubar.

Beispiel 2 – Ölpalm-Plantage Für Investitionen in Ölpalm-Plantagen, die auf brachliegenden Flächen in Ecuador gepflanzt werden, wirbt etwa das Unternehmen Agrofinanz: 9 Prozent Rendite pro Jahr! Die Plantage in Ecuador soll es seit Dezember 2011 geben: Der Anleger kann die Ölpalmen von Agrofinanz kaufen und sie dann rückvermieten an das Unternehmen. Laut Vertrag läuft das Investment zehn Jahre lang, eine »garantierte Miete« soll es ab dem ersten Jahr geben. Läuft der Mietvertrag aus, muss die Firma die Palmen von den Anlegern wieder zurückkaufen. Hört sich doch alles verlockend an – oder?

Fachanwälte warnen auch hier, dass sehr großzügig mit Garantien geworben wird, aber dies nur Zahlungsversprechen sind. Werden diese nicht erfüllt, kommt keine Ausschüttung oder das Unternehmen geht gar pleite, müssen Sie als Anleger Ihrem Geld nachlaufen – und das in Südamerika! Deshalb empfehlen Verbraucherschützer auch in diesem Fall, besser die Finger davon zu lassen.

Beispiel 3 – Holzpellets-Genussrechte Auch hier wird das Positive zuerst beworben: Heizen mit Holzpellets (gepresste Sägespäne) ist deutlich günstiger als mit Gas oder Öl; dazu gelten Pellets als umweltfreundlich. Die Firma German Pellets mit Sitz in Wismar, nach eigenen Angaben Europas größter Produzent von Holzpellets, verspricht in einem von der BaFin genehmigten Prospekt potenziellen Investoren gleich zwei Dinge: eine grüne Geldanlage und 8 Prozent Zinsen. Achtung: Anleger erwerben hier ein sogenanntes Genussrecht – und das ist mit speziellen Risiken verbunden, warnen Verbraucherschützer: Mit Genussrechten ist man am unternehmerischen Erfolg, aber auch am Verlust voll beteiligt. Macht die Firma also Gewinne, bekommt der Anleger gute Zinsen und Ertragsbeteiligungen. Zeichnet das Unternehmen jedoch Verluste, haften auch Sie dafür, ohne dafür angemessene Mitspracherechte zu haben.

Wer das Prospekt der German Pellets genau studiert, stellt fest: Anleger kaufen die Genussrechte nicht direkt bei der Muttergesellschaft, sondern bei der German Pellets Genussrechte GmbH, einer Tochterfirma. Die wiederum gibt das Geld an eine andere Tochterfirma weiter. Schlussendlich wissen Sie nicht, was mit Ihrem Geld passiert. Fachanwälte warnen deshalb: Anleger haben hier mindestens ein doppeltes, wenn nicht ein dreifaches Risiko!

Ein positives Beispiel für Forst-Investment ist laut einem Test des Online-Magazins ECOreporter (Ausgabe September 2012) der geschlossene Forstfonds Blue Forest 1 der Fondsanbieterin Pure Blue GmbH aus Hamburg: Anleger können hierbei ab 5000 Euro in Teakholz-Forstflächen in-

vestieren – und damit rund 7,6 Prozent Rendite pro Jahr erzielen. Die Bewirtschaftung erfolgt laut Fondsprospekt nach FSC-Kriterien, die Plantagenarbeiter werden gerecht entlohnt, versichert und weitergebildet – damit sind Nachhaltigkeitsstandards erfüllt. Zudem existiert die Plantage bereits, einige Bäume haben die schwierige Anwuchsphase von fünf Jahren überstanden und sind damit resistenter gegen Wetter und Schädlinge. Auch bei diesem Fonds soll der Verkauf des Teakholzes die Einnahmen erbringen. Dabei ist die Holzpreis-Steigerung mit durchschnittlich 1 Prozent jährlich laut Check vorsichtig kalkuliert. Bei ungünstigen Marktpreisen könnte die Ernte ohne Wertverluste auf die Folgejahre verlegt werden, da die Bäume mit ihrem Wachstum an Wert gewinnen. Die Tochterfirma Forest Finance kann eine langjährige Erfahrung mit Forstinvestments in Panama vorweisen.

Geldanlage Wind

Wind gehört zu den effizientesten und kostengünstigsten erneuerbaren Energien. Denn Windräder haben im Vergleich zu Kohle- oder gar Atomkraftwerken einen Vorteil: Ihr Grundstoff Wind ist kostenlos! So wurden Windkraftanlagen in den vergangenen Jahren immer effizienter und wirtschaftlicher. Heute ist die Windenergie ein umkämpfter Markt: So können Sie Aktien von Windanlagen-Herstellern kaufen, in Windparkfonds investieren oder Anteilinhaber einer kleinen Wind-Betriebsgesellschaft werden. Experten meinen, sowohl Deutschland als auch Frankreich bieten aufgrund des Wetters für Windinvestments gute Rahmenbedingungen. In Deutschland sind rund 23 000 Windkraftanlagen installiert. Man kann deshalb die Wartungs- und Reparaturkosten gut abschätzen und in der Kalkulation bereits berücksichtigen.

So funktioniert eine Windkraftanlage: Ein paar Hundert Anleger schließen sich zusammen, um gemeinsam mehrere Windkraftanlagen zu betreiben. Oft stehen die Investitionen nur Ortsansässigen offen. Jeder Anleger ist damit direkt an den Turbinen beteiligt, er hat ein entsprechendes volles Mitspracherecht. Sind über größere Fragen zu entscheiden, bestimmen darüber alle Anleger. Die Windkraftanlagen produzieren Strom und dieser Strom wird zu einer festgelegten Vergütung nach dem Erneuerbare-Energien-Gesetz (EEG) in das Stromnetz eingespeist. Die Höhe der Vergütung hängt vom Zeitpunkt des Anschlusses der Windkraftanlage an das Stromnetz ab und ist dann laut Gesetz für 20 Jahre konstant.

Das Risiko: In windschwachen Jahren kann bis zu 30 Prozent weniger

Energie als im Durschnitt erzeugt werden. Kommen mehrere windschwache Jahre in Folge, kann es sein, dass die Ausschüttungen an den Anleger in einzelnen Jahren reduziert oder ganz ausgesetzt werden. Im Extremfall reichen die Einnahmen aus dem Verkauf des Windstroms nicht mehr aus, um Bankkredite zu bedienen, was zu einem wirtschaftlichen Zusammenbruch der Windkraft-Beteiligung führen kann.

Wählen Sie deshalb Konzepte und Anbieter, die Erfahrungen in der Energiegewinnung aus Windkraft haben, Probleme kennen und im besten Fall das Risiko reduzieren – etwa durch den Aufbau von Liquiditätspuffern. Diese können schwache Windjahre ausgleichen.

2011 sind weltweit mehr Windkraftanlagen aufgestellt worden als jemals zuvor. Zusammen können sie rund 40 000 Megawatt Strom erzeugen. Und dennoch haben die börsennotierten Hersteller von Windrädern im gleichen Jahr teils hohe Verluste erwirtschaftet – die Aktienkurse brachen Mitte 2012 ein. So sind etwa die reinen Windkraftanlagen-Hersteller Nordex aus Hamburg (rund 70 Prozent Kursverlust), Vestas aus Dänemark (rund 90 Prozent Kursverlust) und Gamesa aus Spanien (rund 90 Prozent Kursverlust) in die Krise geraten. Der Grund: Sie verkauften zwar mehr Ware, aber weil seit 2009 die Preise für Windstrom gefallen sind, erwirtschafteten sie weniger Einnahmen. Da half es auch nicht, die Produktionskosten zu senken.

So wird derzeit zur Vorsicht bei Aktien von Windturbinen-Herstellern geraten, auch wenn sie günstig sind. Laut Erneuerbare-Energien-Fondsmanager sind die Unternehmen stark verschuldet und werden auch in naher Zukunft mehr Anlagen produzieren, als die Nachfrage bedarf. Die Euro-Finanzkrise erschwert dazu die Finanzierung von Windparks, nicht nur im europäischen Ausland.

Windparkbetreiber machen gern viel Werbung für ökologische Genussrechte. Beachten Sie beim Kauf: Die Papiere sind ein Zwitter aus Anleihe und Aktie und damit riskant. Das Genussrecht ist ein Schuldschein, der nachrangig bedient wird. Geht das Unternehmen pleite, bekommen andere Gläubiger zuerst Geld. Die Zinsen von Genussscheinen hängen vom geschäftlichen Erfolg der Firma ab, die Laufzeit ist lang und der vorzeitige Verkauf schwierig.

Vorsicht bei Genussscheinen

Die Mindesteinlage bei einer Geldanlage in Windenergie ist vom jeweiligen Unternehmen abhängig. Bei den meisten Firmen beträgt sie zwischen 2500 und 5000 Euro; es gibt aber auch Angebote mit nur 100 Euro

Mindesteinlage. Kapitalanlagen in Windenergie sind festgelegte Gelder. Die Laufzeiten variieren von 3 bis 20 Jahren.

Prokon: Musterknabe und Schmutzfink

Der Name »Prokon« ist im Zusammenhang mit Investitionen in Windkraftanlagen in den vergangenen Jahren immer wieder durch die Medien gegangen – erst als Vorzeigebeispiel für eine Firma, die Nachhaltigkeitskriterien optimal erfüllt, zuletzt dann als Schmutzfink der Branche. Der norddeutsche Windkraftanlagen-Bauer betreibt Windparks mit dem Geld von Privatanlegern und bietet ihnen dafür 8 Prozent Rendite jährlich. Allerdings erwerben Anleger bei dieser Firma – wie bereits bei Forstfonds beschrieben – nur Genussscheine und damit einen jährlichen Zinsanspruch. Ein Stimmrecht wie etwa Aktionäre oder Anleihenbesitzer haben sie dagegen nicht. Im Falle einer Insolvenz würden sie ihr gesamtes Geld verlieren.

Auch »Prokon« machte Werbeversprechen mit himmlischen Renditen – bis ihm das das Schleswig-Holsteinische Oberlandesgericht verbot: »zu irreführend«. Denn die Aussagen zur Sicherheit und zur Flexibilität der Anlage im Kurzprospekt und im Werbeflyer treffen nach Ansicht der Richter nicht zu. So darf das Unternehmen nicht mehr damit werben, die Anlage des Geldes in Genussrechten der Prokongruppe sei eine ebenso sichere Geldanlage wie die bei der Bank. Denn für Genussrechte gibt es keine gesetzliche Einlagensicherung. Auch die viel gepriesene Flexibilität der Anlage sei nicht gegeben. Denn Anleger können frühestens nach drei Jahren wieder aussteigen – und auch das nur unter eingeschränkten Voraussetzungen. Eine reguläre Kündigungsmöglichkeit sei frühestens nach fünf Jahren möglich. Zudem kritisierte das Gericht, dass Prokon so tut, als würden die eingesammelten Anlagegelder unmittelbar in den Auf- und Ausbau von Windkraftanlagen investiert. Aber das Unternehmen stellt weder Windkraftanlagen her noch betreibt es sie: Es vergibt lediglich Darlehen an andere Unternehmen der Prokon-Gruppe für deren Investitionen in diesem Bereich.

Geldanlage Wasser

Wie funktioniert ein Wasserkraftfonds? Grundsätzlich ist Wasserkraft eine grundlastfähige und effiziente Energieform. Wenn Sie sich für einen Wasserkraftfond entscheiden, investieren Sie zunächst in einen nachhaltigen Sachwert mit realem Gegenwert, das minimiert das Verlustrisiko. Die Fondsanbieterin Green City Energy AG aus München beispielsweise kauft in ihre Fonds ausschließlich bereits bestehende Kleinwasserkraftanlagen an verschiedenen Standorten Frankreichs und modernisiert diese im Anschluss. Für den Anleger entsteht damit kein Bau- und Genehmigungsrisiko. Dazu garantiert die französische Regierung auf mehrere Jahre den Abnahmepreis des produzierten Stroms, ähnlich der Einspeisevergütung in Deutschland. Bei dem Fonds handelt es sich um einen reinen Eigenkapitalfonds. Das bedeutet, es besteht keine Bankenabhängigkeit. Die Fondsstruktur bietet außerdem erhebliche steuerliche Vorteile.

Green City Energy verspricht seinen Kunden eine Durchschnittsausschüttung von 8,35 Prozent über eine Laufzeit von acht Jahren. Die Erträge von Wasserkraftanlagen werden immer über die gesamte Laufzeit kalkuliert, da das Wasseraufkommen an gewissen Standorten sehr schwankend sein kann. Im Laufe der Zeit gleichen sich die wasserreichen und wasserarmen Phasen aus. Wer mehrere Anlagen in einem Fonds bündelt, sollte in verschiedene Standorte investieren, Trockenphasen in den einen Gebieten fangen Regionen mit feuchten Phasen auf. Schauen Sie vor dem Investment: Eignet sich der angebotene Standort überhaupt für eine Wasserkraftanlage? Im trockenen Süden Frankreichs wohl eher weniger. Entscheidend ist auch, wie sich die Anlagetechnik in den vergangenen Jahren bewährt hat.

Es gibt nicht jedes Jahr gleich viel Wasser

Informationen dazu finden Sie in Fachzeitschriften wie Wasserkraft & Energie: www.wasserkraft-und-energie.de

Beispiel Wasserkraftfonds Green City Energy
Ein Mann, 40 Jahre alt, beteiligt sich mit der Mindestsumme von 10 000 Euro am Wasserkraftfonds Frankreich der Green City Energy AG. Nach einer Laufzeit von acht Jahren bekommt er seine Einlage zurück und zusätzlich 6 700 Euro an Ausschüttungen (vorausgesetzt, die Anlage schüttet 8,35 Prozent Gewinn aus!). Damit wirbt das Unternehmen dann mit »einer Gesamtausschüttung von 167 Prozent«.

Geldanlage Solarenergie

Obwohl viele deutsche Hersteller von Solaranlagen dank der überbordenden Konkurrenz aus China 2012 Insolvenz anmelden mussten – dabei verloren einige Solaraktien innerhalb eines Jahres bis zu 80 Prozent ihres Wertes – oder ums Überleben kämpfen, sagen Experten: Photovoltaik bleibt eine attraktive Investition. Allerdings lohnt sie sich wohl eher für private Kunden, die über die entsprechenden Dächer oder Freiflächen zur Aufstellung der Module verfügen, als für jene, die etwa mit Aktien von

Photovoltaik für Privatanleger

Solartechnik-Unternehmen Gewinn machen wollen. Denn die Kosten werden von Jahr zu Jahr geringer – parallel zur Absenkung der Einspeisevergütung, die das seit 2012 geltende Erneuerbare-Energien-Gesetz vorschreibt: Man wird also weiterhin eine Solarrendite von 4 bis 6 Prozent erwirtschaften – vorausgesetzt, die Anlage ist klug geplant und fachgerecht installiert.

Solar-Fonds Wer hingegen in Solar-Fonds investieren will, kann etwa Angebote des deutschen Fonds-Emissionshauses Chorus nehmen. Die Unternehmensgruppe hat nach eigenen Angaben alle für 2011 getroffenen Prognosen erfüllt oder übertroffen, wie die Tabelle zeigt:

Öffentliche Chorus-Solarfonds 2011

	Standort	Auszahlung Soll für 2011	Auszahlung Ist für 2011	Sonderzahlung
CleanTech Solar 1	9 Anlagen in Italien	6,72 %	6,72 %	2,50 % für 2010
CleanTech Solar 2	9 Anlagen in Deutschland	6,00 %	6,00 %	2,50 % für 2012
CleanTech Solar 3	8 Anlagen in Italien	6,00 %	6,00 %	–
CleanTech Solar 4	1 Anlage in Deutschland	6,00 %	6,00 %	3,00 % für 2012
CleanTech Solar 6	4 Anlagen in Deutschland	6,50 %	6,50 %	2,00 % für 2012

Quelle: Chorus-Solarfonds

Geldanlage Rohstoffe

Kann man wirklich ethisch korrekt in Rohstoffe investieren? Für die einen bieten sie die Chance auf Renditen. Für die anderen sind sie Teufelszeug, weil sie die Preise von Agrarprodukten in die Höhe treiben. Zudem wird beim Abbau von Kohle, Öl und seltenen Erden die Natur geschädigt. Experten bei den Ökobanken sagen: Nein, es gibt keine ethischen Finanzprodukte in diesem Bereich. Investments ins Rohstoffsegment sind mit Nachhaltigkeit nicht kompatibel.

Verbraucherschützer sehen das differenzierter: Anleger, die nachhaltig in Rohstoffe investieren wollen, sollten nicht auf Fonds und Zertifikate setzen, die direkt in Agrarprodukte oder Bodenschätze investieren und damit deren Preise treiben. Sinnvoller ist es, direkt oder über Fonds in Aktien von Unternehmen zu investieren, die umweltschonend Rohstoffe gewinnen und Beschäftigten faire Löhne zahlen. Dadurch gelangen die Gesellschaften günstiger an Kapital.

Die auf nachhaltige Kapitalanlagen spezialisierte Schweizer Sarasin Bank etwa investiert ausschließlich in Aktien von Unternehmen, die besonders umweltschonend Rohstoffe ab- oder anbauen oder verarbeiten. Dazu hat das Institut eine Liste mit Nachhaltigkeitskriterien aufgestellt, die Gesellschaften erfüllen müssen: www.sarasin.de

Sarasin Bank

Das gelingt nur wenigen Unternehmen. Unter den Tausenden Gesellschaften, die Bodenschätze abbauen, haben lediglich die beiden finnischen Erz- und Stahlfirmen Outokumpu und Rautaruukki den Test bestanden. Laut Sarasin-Analysten gewinnen und verarbeiten diese Unternehmen die Erze besonders umweltschonend und renaturieren umfassend ausgebeutete Lagerstätten.

Nachhaltigkeitskriterien – selten erfüllt

Auch in der Öl- und Gasbranche erfüllen nur zwei Gesellschaften die Kriterien: die norwegische Statoil und der britische Gasförderer BG Group.

Geldanlage Müll

Die Weltbevölkerung und die Weltwirtschaft wachsen rasant – und damit auch die privaten und industriellen Abfallaufkommen. Das Recycling von Altmetallen, Elektroschrott und Kunststoffen ist mittlerweile ein höchst lukratives Geschäft, bei dem Milliardengewinne von der Abfall- und Recyclingindustrie erwirtschaftet werden. In Zeiten knapper und teurer Rohstoffe wird Müll dadurch zu einer der begehrtesten Waren der Welt. Davon können auch Privatanleger profitieren. In Deutschland hat beispielsweise das Finanzdienstleistungsunternehmen Fidal sieben ausgewählte börsennotierte europäische und US-amerikanische Firmen der Recycling- und Abfallindustrie in seinem Portfolio. Die Firma gibt in ihren Produktinformationen die Rendite der letzten Jahre mit durchschnittlich 7,7 Prozent an. Anleger können mit einem Betrag von 1000 Euro einsteigen; Ende der Laufzeit ist im Mai 2017.

Lukratives Recycling

Verbraucherschützer-Tipps fürs grüne Investment

– Lieber Finger weg von Produkten, die aggressiv beworben werden.
– Vertragsbedingungen genau lesen, auch das Kleingedruckte – vermeintlich renditestarke Anlagen können durch zahlreiche Sonderzahlungen enttäuschend ausfallen.
– Fragen stellen und skeptisch sein.

- Nicht in Produkte oder Unternehmen investieren, die ganz neu auf dem Markt sind.
- Lange Laufzeiten bis zu 25 Jahren ab Anfang kalkulieren.
- Sich bewusst sein, dass das Anlagekapital bei einer Pleite des Anbieters verloren ist.
- Unsichere Geldanlagen in Windenergieanlagen oder Tropenholz sollten nicht mehr als 10 Prozent des Portfolios ausmachen.
- Auf jeden Fall nachfragen, ob das angelegte Geld durch das Einlagensicherungssystem geschützt ist.

Ausgefallene Anlagemöglichkeiten

Wem nachhaltige Aktien, Fonds und Co. zu langweilig sind, wer darüber hinaus über viel Geld verfügt und sich mit dem Börsen- und Anlagengeschäft seit einigen Jahren beschäftigt, kann sich mit ausgefallenen Anlageprodukten auseinandersetzen. Doch hier ist erst recht Vorsicht geboten!

Diamanten

Sie sind selten, extrem haltbar und – wie Gold – ein begehrtes Spekulationsobjekt: Diamanten. Die Privatbank Berenberg hat gemeinsam mit dem Hamburgischen Weltwirtschaftsinstitut eine Studie über Sachwerte verfasst, sie berichten insgesamt von steigender Nachfrage und steigenden Preisen. Dennoch raten sie von Diamanten ab: Nach ihren Berechnungen kommen Einkaräter bester Qualität bei einem vergleichbaren Gegenwert auf gerade einmal 28 Gramm.

Diamanten sind Spekulationsobjekte

So sollte vom Direktkauf abgesehen werden. Laien könnten die Edelsteine kaum beurteilen. Kein Diamant ist wie ein anderer. Deshalb gibt es im Unterschied zu Gold kein einheitliches Gut, das sich mal eben kaufen und verkaufen lässt. In jedem Fall geht es um das Gewicht, die Farbe, die Reinheit und den Schliff. So muss man dem Urteil eines Edelsteinprüfers vertrauen.

Eine Alternative ist der erste börsenotierte Fonds Diamond Circle Capital. Seit dem Börsengang 2008 hat er allerdings Anlegern ein Minus von 54 Prozent beschert, was die Risiken der Anlage in die »unvergänglichen« Steine verdeutlicht. Wer dort Geld anlegen will, muss davor allerdings einiges mitbringen: mindestens 1 Million Dollar.

Alten- und Pflegewohnheime

Als Geldanlage wecken sie zunehmend das Interesse von Fondsanbietern und Investoren. Bis 2050 wird die Zahl der Pflegebedürftigen auf 4,3 Millionen steigen. Schon bis 2020 sollen nach Prognosen eine Million mehr Pflegeplätze benötigt werden. Wer bei Investitionen in Pflegeheime allein auf das demografische Argument der alternden deutschen Bevölkerung setzt, dürfte sein Geld schneller los sein, als es ihm lieb sein kann, sagen Experten. Richtig ist, dass die deutsche Bevölkerung mit zunehmendem Alter mehr Pflege und Betreuung in Anspruch nimmt. Damit sind aber Rendite und Zukunftsfähigkeit von Investitionen in Pflegeimmobilien nicht gewährleistet. Denn je nach Standort ist der Bedarf durch eine große Dichte an Pflegeheimen bereits gedeckt und die Belegungszahlen in der stationären Pflege tendenziell rückläufig.

Zudem stecken ältere Heime oft im Sanierungsstau und müssen mit erheblichem Finanzaufwand umgerüstet werden, um den heutigen baulichen und betrieblichen Anforderungen zu genügen. Und nicht zuletzt ist es klares Ziel der Politik, auch aus Kostengründen die ambulante Pflege gegenüber der stationären Pflege weiter zu fördern.

Deshalb rechnen Sie genau durch, bevor Sie in ein Alten- und Pflegeheim investieren.

Wein und Champagner

Nur echte Weinkenner sollten diese exotische Anlageform ins Auge fassen. Experten empfehlen, höchstens 10 Prozent des Kapitals in flüssige Anlagen zu investieren, und als Voraussetzung sollte das Startkapital mindestens 10 000 Euro bis 15 000 Euro für das Keller-Depot ausmachen. Auf gut Glück Weine als Geldanlage auszuprobieren, ist wenig sinnvoll. Vor allem raten Weinexperten, dass der Anleger eine strenge Grenze zwischen Weinen, in die er investiert, und solchen, die er trinken möchte, ziehen sollte.

Wer das nötige Kapital und ausreichend Wein-Wissen hat, dem stehen grundsätzlich verschiedene Möglichkeiten des Investments offen. Anleger können auch in geschlossene oder offene Weinfonds investieren. Viele dieser Weinfonds wurden in der Vergangenheit allerdings vorzeitig geschlossen.

Auch spezielle Zertifikate, die Wein- und Spirituosen-Aktien enthalten, wurden bereits aufgelegt. Solche Produkte sind eine Alternative für Kleinanleger, die sich eine direkte Anlage in Wein nicht leisten können. Abgeraten wird von Fonds, die eine bestimmte Zahl von Weinen kaufen und das Portfolio während der Laufzeit des Fonds nicht umschichten.

Kunst

In den letzten Jahren traten immer mehr Kunstfonds an – und versprachen ihren Anlegern Renditen von 10 Prozent und mehr. Wie Schiffsbeteiligungen oder Immobilienfonds sind die meisten von ihnen geschlossene Fonds mit begrenztem Volumen und fester Laufzeit.

Auch die Hamburger Art Estate AG bietet ihre Fonds nach diesem Modell an. Mit einem Mindesteinsatz von 2500 Euro beteiligt sich der Anleger an einem Portfolio von Kunstwerken international renommierter deutscher und US-amerikanischer Künstler, über deren generellen Stellenwert nicht mehr spekuliert wird. Bis zur Ausschüttung im Jahr 2021 kann der Investor laut Prognosen dann mit einer jährlichen Rendite von 10 Prozent rechnen. Mit den richtigen Künstlern im Portfolio und bei Fortsetzung des aktuellen Trends sind solche Gewinne nicht ausgeschlossen.

Wirklich gute Geschäfte machte bislang nur der Londoner Fine Art Fund, der sich allerdings gezielt an Superreiche wendet: Wer beim Fine Art Fund einsteigen will, braucht mindestens 250 000 Dollar.

Das spricht für die Altersvorsorge Kunst Kunstwerke sind als bleibende Originale von beständigem Wert. Der Ölpreis kann steigen, Inflationszahlen oder die Arbeitslosenquote können mies ausfallen – der Kunstmarkt ist gegenüber all diesen Ereignissen relativ immun. Je älter Kunstwerke sind, desto wertvoller werden sie. Durch ihre Einmaligkeit sind sie börsenunabhängig. Die besten Auktionsergebnisse erlangen derzeit Gemälde aus dem 19. Jahrhundert. Zu Lebzeiten hat van Gogh kaum von seinen Bildern leben können. Zudem ist Kunst als »Erbmasse« steuerlich leichter zu handhaben als Geldanlagen oder Aktien und der Erwerb von Werken »nicht anerkannter« Künstler kann steuerlich abgeschrieben werden. In »Artotheken« (Kunstwerk-Verleih) können die Kunstwerke wieder verkauft und damit Gewinne erzielt, aber eben auch Verluste erlitten werden.

Das spricht gegen die Altersvorsorge Kunst Die Schätzung eines Kunstwerkes ist schwierig, denn unter Experten gibt es keine einheitlichen Maßstäbe, sondern nur Richtlinien zur preislichen Beurteilung eines Werkes. Außerdem provozieren Trends, Liebhaberpreise oder besondere Sammlerinteressen starke Preisschwankungen. So muss, wer in Kunst investiert, einen langen Atem haben. Ein Wiederverkauf rentiert sich oft erst nach Jahrzehnten.

Der Verkauf von Kunst ist nicht so einfach wie das Abstoßen von Aktien. Die Veräußerung eines Kunstwerkes ist ein Prozess, bei dem Galeristen, Gutachter und Auktionshäuser auch etwas vom Geldkuchen abhaben wollen. Kunst dient in erster Linie der ideellen Bereicherung des Lebens und sollte deshalb nicht im Zentrum von Geldgeschäften stehen.

Einsteigertipps Einsteiger sollten zunächst ihr Interessengebiet – Ölbild, Druckgrafik, Skulptur, moderne Kunst, Klassiker – eingrenzen und genau überlegen, wie hoch ihr Budget ist. So sind kleinere Druckgrafiken von namhafteren Künstlern bereits ab 300 Euro zu haben. Wer entschieden hat, in welchem Segment er kaufen möchte, sollte sich mit verschiedenen Galeristen austauschen oder auf Sammler- und Kennerseiten im Internet Informationen einholen.

Für Liebhaber der modernen Kunst gibt es in Deutschland die Kunstmessen Art Cologne und das Art Forum Berlin, auf denen alle namhaften Künstler und Galeristen vertreten sind. Hier bietet sich die beste Gelegenheit, Kunst im Original kennenzulernen und zu vergleichen. Die Zeitschrift *Capital* gibt einmal jährlich einen Kunst-Kompass heraus mit wichtigen Tipps zur aktuellen Szene.

Wer auf Nummer sicher gehen will, kauft die Maler der klassischen Moderne wie Picasso oder Erich Nolde. Er sollte aber dabei wissen: Hier ist der Einstiegspreis so hoch wie ein Einfamilienhaus! Die höchste Rendite gibt es laut Experten dort, wo auch das größte Risiko wartet: bei unbekannten Künstlern!

Uhren

Rund 80 Prozent aller Nobelarmbanduhren eignen sich nicht als Kapitalanlage. Eine teure Uhr zu kaufen, die sich später auch als Wertanlage rentiert, heißt für den Anfänger, die Stecknadel im Heuhaufen zu finden. Dennoch sind durch die Finanzkrise Uhren als solide Geldanlagen wichtiger und edle Stücke wieder bezahlbar geworden. Wer Uhren eher als Geldanlage sieht, der sollte sich auf einige wenige Marken und hier wieder auf ausgesuchte Modelle konzentrieren, sagen Uhrenexperten. Als Nobelmarken gelten Rolex, Audemars Piguet und Patek Philippe, aber auch Richemont, Swatch oder LVMH-eingebundene Marken wie IWC,

Jaeger-LeCoultre, Panerai und die beiden ostdeutschen Hersteller Lange & Söhne sowie Glashütte.

Hier einige Beispiele: Eine Rolex, Submariner in Stahl, kostete im Jahr 2000 rund 3500 D-Mark. Heute gehen gebrauchte Stücke für 5000 Euro und mehr über den Tresen. Der legendäre Chronograph, Liebling von Filmstars und Sporthelden, kostete vor vier Jahrzehnten in Stahl um die 900 Mark. Heute werden diese Modelle in gutem Zustand, abhängig von Baureihe oder Zifferblatt, mit Preisen bis 100 000 Euro verkauft. Neu kosten solche Uhren heute zwischen 4000 und 8000 Euro.

Bei aller Sammelleidenschaft und dem Bestreben, selbst mit Luxusgütern noch Geld zu verdienen: Entweder eine Uhr gefällt oder sie gefällt nicht. Der Gesichtspunkt eines lukrativen Investments sollte nicht unbedingt im Vordergrund stehen, sagen Experten. Wer Geld mit vergleichsweise geringem Risiko in Uhren anlegen will, sollte sich mit Taschenuhren beschäftigen. Die Chinesen haben diesen Markt für sich entdeckt und treiben die Preise in die Höhe: So erzielen seltene Vintage-Modelle aus den 1950er-Jahren oft fünf- bis sechsstellige Top-Preise.

Den durchschnittlichen Ertrag, der sich mit Uhren als Geldanlage erzielen lässt, wird von Uhrenkennern auf 8 bis 10 Prozent pro Jahr taxiert. Damit spielen noble Zeitmesser in der gleichen Liga wie Dax, Dow und Co. bei weniger Risiko. Luxusuhren wie Aktien: Nur wer sich eingehend mit der Materie beschäftigt, kann sinnvoll investieren. Andererseits braucht, wer mit Uhren Geld verdienen will, einen langem Atem – fünf bis zehn Jahre.

Oldtimer

Warum nicht einen Teil seines Vermögens in ein altes Auto investieren? Schließlich haben sich die durchschnittlichen Werte von Oldtimern in Deutschland in den vergangenen zwei Jahren deutlich weiterentwickelt. Der vom Verband der Automobilindustrie (VdA) veröffentlichte »Deutsche Oldtimer Index« stieg 2011 um 9,3 Prozent. Damit hat sich der aus 88 Fahrzeugen aus sieben Nationen ermittelte Durchschnittswert in zwölf Jahren fast verdoppelt. Der Preis für gute deutsche Oldtimer hat sich im Wert seit 1999 im Schnitt verdoppelt. Im Gegensatz zu Aktien und auch Immobilien sind die Preise seit 2008 nicht eingebrochen.

So nimmt das Interesse an den hochpreisigen Vehikeln besonders in wirtschaftlich unruhigen Zeiten zu. Der Oldtimer-Markt ist hier dem Kunstmarkt sehr ähnlich. Besonders bei sehr teuren Autos konnten sich die Besitzer über beachtliche Wertzulagen erfreuen (siehe Tabelle). Im unteren Preissegment ist die Situation etwas schwieriger: So kostete ein Käfer 1303 Cabrio (Baujahr 1973–80) im Jahr 2006 13 700 Euro und heute wird er für 16 800 Euro gehandelt.

Als Faustformel sagen die Experten der Oldtimer-Marktforschung Data Classic: Fahrzeuge im Preissegment unter 100 000 Euro eignen sich nicht als renditeorientierte Wertanlage. So ist das automobile Faible für die meisten Menschen mit kleinem Geldbeutel unerschwinglich. Zwischen 200 000 und 300 000 Euro kosten gut erhaltene Modelle eines schnittigen Sportwagens aus den End-Sechziger- bis Anfang-Siebziger-Jahren.

Marke	Modell	Baujahr	Wert 2006 (€)	Wert 2010 (€)	Wert 2012 (€)
Mercedes-Benz	300 SL	1954–1957	325 300	450 000	550 000
Aston Martin	DB 5 (James Bond)	1963–1965	122 600	184 200	260 000
Bentley	4 1/2 Litre Tourer	1927–1931	280 100	349 100	620 000
Ferrari	250 GT Pininfarina	1958–1960	92 800	168 200	205 000
BMW	507 (Roadster)	1956–1959	354 600	527 000	720 000

Quelle: Classic Data

Whisky

Ihn zu sammeln kann reich machen. Liebhaber machen sich vor allem in Schottland auf die Suche nach Flaschen mit hohem Wertsteigerungspotenzial. Whisky ist in der Herstellung eigentlich kein teures Getränk. Die Lagerhallen sind meist hundert Jahre alt und längst abgeschrieben, fassen Zehntausende Fässer mit Millionen Litern und der Whisky im Fass braucht kaum Pflege oder Kontrolle. Wenn ein Whisky durch Lagerhaltung zehn Cent pro Liter und Jahr teurer wird, ist das schon viel, sagen Kenner.

Viel wichtiger für die Preissteigerung sind der ideelle Wert und die Seltenheit eines Whiskys. So geschehen beim Black Bowmore: Der seltene Whisky könnte laut Branchenkennern trotz eines anfänglichen Verkaufspreises von 150 bis 250 Euro durchaus in wenigen Jahren einen Wert von mehr als 1000 Euro pro Flasche erreichen. Inzwischen dürfte der Whisky von 1964, der 1994 und 1995 abgefüllt wurde, pro Flasche Preise um die 3000 Euro erzielen.

Generell setzen Sammler daher auf begehrte Brennereien wie Macallan, Bowmore, Aardbeg, Lagavulin, Laphroaig, Glenmorangie. Da ist der Geschmack für den Sammlerwert weniger entscheidend als der Name – oder die gute Story des Whiskys. Ein Beispiel dafür ist der Glenfiddich Snow Phoenix: Durch starken Schneefall stürzte ein Lagerhaus der Brennerei ein. Die Fässer lagen unter Schnee. Nach der Schneeschmelze im Frühjahr hat Glenfiddich den Whisky abgefüllt und als Snow Phoenix verkauft. Die Nachfrage war riesig. Ein Flasche Snow Phoenix kostete anfangs 70 Euro, noch am selben Tag lagen die Preise bei eBay bei 120 Euro.

Wer sich für Whisky mit Wertsteigerungspotenzial interessiert, sollte sich anfangs vor allem auf die Originalabfüllungen der Hersteller konzentrieren und diese möglichst gleich nach Erscheinen kaufen, solange sie noch vergleichsweise günstig zu haben sind.

Die Single Malts der unabhängigen Abfüller sind in der Regel eher für Kunden geeignet, die den Whisky auch genießen wollen.

Fazit

Lassen Sie sich nicht von »windigen« 13 Prozent Rendite locken, schauen Sie immer, was wirklich hinter einem »grünen Geldanlageangebot« steckt. Es gibt mittlerweile weltweit geprüfte, seriöse Alternativen des nachhaltigen Investments, das Waffenhandel, Atomkraft und Umweltverschmutzung ausschließt. Manchmal ist es eben auch schon das Solardach in der eigenen Gemeinde, das als gewinnbringende Geldanlage funktioniert. Wenn Ihnen das Finanzgeschäft mit Hochwertigem oder Exotischem wie Gemälde mehr Spaß macht, sollten Sie einfach Geld übrig haben.

Geldanlagen Gold und Silber

Den Mythos des Märchenhaften werden sie wohl nie verlieren: Goldbarren und Gold-

münzen. Es ist richtig, dass Gold nie ganz seinen Wert verliert und wohl gerade deshalb

viele Menschen in Krisenzeiten auf Gold setzen. Allein im Oktober 2012 kostete eine

Feinunze 1771 Euro – das war fünf Mal so viel wie zehn Jahre zuvor.

Neben Gold gehört Silber zu einem der wichtigsten Vermögenswerte, um die finanziellen

Folgen der andauernden weltweiten Schuldenkrise zu mildern und die persönliche

Altersvorsorge zu sichern.

Mythos Gold

Es gibt zwei verschiedene Gold-Anlageformen: Man unterscheidet prinzipiell zwischen physischem Gold und sogenanntem Papier-Gold in Form von Wertpapieren, Zertifikaten oder Fondsanteilen.

Zu den beliebtesten Formen im Goldhandel zählen Goldbarren und Goldmünzen: Goldbarren sind in verschiedenen Größen – beispielsweise 1,2,5,10 und 1000 Gramm – erhältlich.

Goldmünzen | **Als Goldmünzen** sind etwa der australische Nugget, Wiener Philharmoniker, der kanadische Maple Leaf, China Panda oder der südafrikanische Krügerrand beliebt.

Goldbarren | **Goldbarren** sollten immer einen Feingoldgehalt von 999,9 (es gibt im Handel keinen 100-prozentigen Reingehalt) sowie einen Goldprägestempel besitzen. Der Goldpreis wird auf dem weltweiten Markt in »Fine Ounces« und amerikanischen US-Dollar gehandelt.

Doch bei allem Glanz dürfen nicht die Stabilität des Edelmetalls über- und die Risiken unterschätzt werden. Wer in Münzen oder Barren investiert, sollte beim Kauf auf Goldgehalt, Gewicht und Gebühren achten. Ungeeignet als Geldanlage sind Kleinstbarren von 1 bis 5 Gramm oder Münzen mit sehr geringem Goldgehalt: Händler verlangen dafür ein sehr hohes Aufgeld. Darunter versteht man die Differenz zwischen An- und Verkaufskurs (siehe Tabelle).

Aufschläge und Lagergebühren | Kurzum: Je geringer der Wert der Goldmünze, desto höher die Aufschläge für den Goldkäufer. Später fallen zudem für die Lagerung im Tresor des Geldinstituts meist Gebühren an. Die Frankfurter Sparkasse nimmt dafür beispielsweise 57,50 Euro pro Jahr, die Commerzbank 85 Euro Tresorgebühr. Der Preis ist stets abhängig von der Fachgröße.

Was der 100-Gramm-Barren bei fünf Anbietern kostet (Stand 16. Oktober 2012, 17 Uhr)

Geldinstitut	Verkauf (Euro)	Ankauf (Euro)	Differenz (Prozent)
Reisebank	4360	4247	2,66
Commerzbank	4261	4379	2,69
Pro Aurum	4384	4258	2,96
Münzdiscount	4382	4216	3,94
Deutsche Bank	4263	4362	2,27

Spekulatives Investment

Bei allem Reiz am Glänzenden: Gold ist und bleibt eine spekulative Geldanlage. Niemand kann vorhersehen, wie sich der Goldpreis langfristig entwickelt – auch wenn er seit 2000 stetig stieg. Es ist spekulativ, auf eine Wertsteigerung zu hoffen – denn auf den internationalen Märkten unterliegt das Edelmetall den Gesetzen von Angebot und Nachfrage. In den vergangenen Jahren haben die Preisschwankungen sogar zugenommen. Kletterte der Kurs in den vergangenen zehn Jahren zwar kontinuierlich nach oben, gab es im August 2012 einen deutlichen Kursrutsch. Käufer haben also keine Garantie, mindestens ihr eingezahltes Geld wiederzusehen. Außerdem wirft Gold weder Zinsen noch Dividenden ab. Erst wenn der Anleger seine Barren und Münzen mit Gewinn abstoßen kann, ist das Ganze für ihn ein Plusgeschäft. Generell sollte der Anleger für eben solche Fälle eine Untergrenze festlegen. Unterschreitet der Goldkurs diesen Wert, sollte er die Reißleine ziehen – und verkaufen.

Gold ist eine spekulative Geldanlage

Allerdings empfehlen Geldanlagen-Experten, als Inflationsschutz etwa 5 Prozent des Vermögens in Rohstoffe anzulegen – dabei steht Gold an erster Stelle.

Gold als Inflationsschutz

Zudem fällt beim Goldkauf die Mehrwertsteuer weg. Die Spekulationsfrist läuft ein Jahr. Das heißt: Wer das Metall mindestens zwölf Monate behält und dann gewinnbringend verkauft, zahlt keine Steuern. Denn Goldmünzen und -barren bleiben von der Abgeltungsteuer verschont. Goldfonds und Goldminenaktien hingegen unterliegen der Abgeltungsteuer (siehe »Papier-Gold«).

Beispiel

Beim Kauf eines 250-Gramm-Goldbarrens bei der Commerzbank zahlen Sie 10 916,75 Euro (Stand 17. Oktober 2012). Dazu kommen Filialgebühren von 12,50 Euro und Gebühren für ein kleineres Schließfach (sofern Sie sich entschließen, den Goldbarren in einem Schließfach zu lagern) von 85 Euro pro Jahr.

Verkaufen Sie nach einem Jahr, fallen wieder 12,50 Euro Filialgebühren an. Dies ergibt Gebühren und Kosten von insgesamt 110 Euro. Berücksichtigen Sie dann noch die Spanne zwischen Kauf- und Verkaufspreis per 17.10.12 von 270 Euro, muss der 250-Gramm-Goldbarren ein Jahr später um mindestens 380 Euro teurer sein, um alle Kosten und Gebühren zu verdienen.

Quelle: Commerzbank

WISO Tipp

Lassen Sie besser die Finger von Goldautomaten oder Goldeinkäufen im Internet. Bei Ihrer Bank oder einem Edelmetallhändler kaufen Sie günstiger.

Fachleute raten: Lösen Sie keine sicheren Geldanlagen auf, um Gold zu kaufen. Der Edelmetallanteil sollte nicht mehr als 10 Prozent Ihres Vermögens umfassen. Kaufen Sie die Barren nur, wenn Sie drei Jahre lang das Geld nicht benötigen. Für Gold bekommen Sie weder Zinsen noch Dividenden – es bringt keine laufenden Erträge.

Papier-Gold

Für alle Anleger, die auf anfassbares Gold im Tresor verzichten, ist Papier-Gold interessant: An der Börse werden auch Wertpapiere wie Goldfonds oder Zertifikate gehandelt. Hier entfallen etwa Lagergebühren und auch die Aufschläge beim Kauf sind geringer. Bei einem Kursgewinn ist allerdings die Abgeltungsteuer zu berücksichtigen, das heißt, auf die Gewinne müssen dann pauschal 25 Prozent an den Fiskus abgeführt werden, wenn Sie keinen Steuerfreibetrag haben.

Es gibt es keinen Gold-Aktienkurs: Denn Gold ist ein Rohstoff, der als Wertpapier wie beispielsweise Zertifikat oder ETF, jedoch niemals als Aktie, verbrieft werden kann. Eine Goldaktie ist daher ein Anteilsschein an einer Firma; einer Mine oder Explorationsgesellschaft. Die meisten Goldminen, Explorer und Firmen des goldverarbeitenden Gewerbes stammen aus Südafrika, Kanada und Australien.

Minenaktien, Goldaktien: Risiko!

Minenaktien oder Goldaktien sind eine interessante Anlagemöglichkeit für risikobereitere Anleger. Die Renditeerwartungen sind in der Regel hoch, aber auch das Risiko ist höher als mit Unternehmensaktien, da man »nur« in eine einzelne Firma investiert. Zudem kann die Aktienpreisentwicklung auch von der Entwicklung des Goldkurses abweichen. Weil der Goldkurs immer in US-Dollar angegeben, aber auch in anderen Währungen gehandelt wird, sollten Sie die Wechselkursschwankungen berücksichtigen.

Verbraucherschützer raten allerdings, sich vor dem Aktienkauf genau über das Unternehmen zu informieren: Minenbetreiber, die zum Beispiel zu wenig Gold finden, können auch in Zeiten eines hohen Goldpreises pleitegehen. So sollten Anleger vor allem bei solchen Unternehmen genauer hinschauen, die Minen in Südafrika betreiben. Dort streikten etwa im Herbst 2012 Hunderttausende Arbeiter, gut 40 Prozent der Goldförderung stand still. Das belastete die Aktienkurse von Anglo Gold Ashanti und Gold Fields, die beide gut 16 Prozent unter dem Vorjahresniveau notierten. Neben dem Investment in Goldaktien gibt es auch noch weitere Goldwertpapiere. Ein Depotkonto bei einem Online-Broker ist in der Regel kostenlos beziehungsweise mit weniger Kosten verbunden als bei der Hausbank oder einer Investmentbank, denn der Kunde verwaltet und verkauft seine Aktien, Fondsanteile und andere Wertpapiere selbstständig. Die Orderkosten sind deutlich geringer und der Aktienkauf oder Kauf von Zertifikaten, Optionen, Anleihen, ETFs und vielen anderen Wertpapiergattungen ist zudem nicht an die Öffnungszeiten der Börse gebunden. Ein Depotkonto kann auf der Internetseite des Online-Brokers in wenigen Schritten eröffnet werden.

Beispiele für Wertpapierdepots nach Gesamtkosten

Anbieter/ Wertpapierdepot	Kosten Depot p.a.	Kosten/ Order	Kosten gesamt p.a.
flatexDepot	0,00 €	5,90 €	70,80 €
CapTraderLivekonto	0,00 €	5,90 €	70,80 €
Lynx BrokerDepot	0,00 €	6,00 €	72,00 €
Deutsche Bankmaxblue Depot	0,00 €	7,90 €	94,80 €
OnVista BankFreeBuy-Depot	0,00 €	8,29 €	99,48 €

Bei Wertpapiertransaktionen können zusätzlich zu den Bankgebühren fremde Spesen anfallen.
Quelle:www.financeads.net

Goldfonds sind eine Möglichkeit, das Risiko eines Investments in einzelne Aktien von Goldminen oder Goldverarbeitern zu streuen und zu verkleinern. Reine Goldfonds, die das gesamte Geld der Anleger in Edelmetall investieren, sind in Deutschland – anders als etwa in der Schweiz oder den USA – allerdings nicht zugelassen. Fonds werden in der Regel aktiv von einem Fondsmanager überwacht, er kauft beziehungsweise verkauft Aktienanteile im Portfolio je nach Entwicklung der Rahmenbedingungen. Seit 2010 haben sich die offensiveren Goldminenfonds eher besser entwickelt, meinen Experten. Im Oktober 2012 hatte der Goldpreis mit 1790 Dollar je Feinunze (31,1 g) sein Jahreshoch. Wegen der während der Finanzkrise von den Notenbanken betriebenen Politik der Staatsanleihekäufe dürfte sich der übergeordnete Aufwärtstrend bei Gold und Goldminen auch 2013 fortsetzen. Investoren fürchten, dass die Staatsanleihekäufe zu Inflation führen, und kaufen Gold, um ihr Geld gegen eine Entwertung zu schützen.

Im Vergleich zu Einzelaktien verringert man bei Goldfonds das Risiko, indem nicht »alles auf ein Pferd« gesetzt wird. Sollte eine Goldmine in wirtschaftliche Turbulenzen geraten, so wird dies durch die breite Streu-

Goldfonds – nicht in Deutschland zugelassen

ung relativ gut abgefangen. Andererseits: Wenn beispielsweise der Aktienkurs einer Mine aufgrund eines sensationellen Goldfundes in die Höhe rast, dämpft er durch die Streuung diese positive Entwicklung einer Einzelaktie im Portfolio. Der Nachteil: Durch das aktive Management des Goldfonds sind Sie vom Können des Fondmanagers abhängig. Achtung: Ist der Fonds in der Vergangenheit gut gelaufen, so hat dies keine Aussagekraft für die Zukunft! Zudem kostet das aktive Management auch eine Managementgebühr. Wenn Sie Ihr Risiko ohne aktives Management

ETFs streuen wollen, können Sie in einen sogenannten Exchange Traded Fund (ETF) für Goldminen investieren.

Gold-ETFs Verschiedene Anbieter haben zudem sogenannte Gold-ETCs aufgelegt: Dahinter stehen börsengehandelte Rohstoffe. ETC-Papiere sind Inhaberschuldverschreibungen, mit denen der Käufer meist einen Anspruch auf eine Goldlieferung erwirbt. Diese Papiere sind allerdings mit einem Ausfallrisiko behaftet: Geht der ETC-Emittent pleite, ist auch das Geld der Anleger weg. Wichtig: Nur wenn ein solches Papier mit physischem Gold hinterlegt ist, können sich die Anleger ihre Anteile bei Bedarf in Gold auszahlen lassen. Das ist beispielsweise beim Xetra-Gold der Fall, dem umsatzstärksten ETC-Papier in Deutschland, das von der Deutschen Börse Commodities herausgegeben wird.

Zertifikate, die den Goldpreis nachbilden, sind meist günstiger als Fonds oder ETC-Papiere. Bei ihnen fallen beispielsweise keine Lagerkosten an. Allerdings sollten die Anleger auf die Höhe der Gebühren achten: So fällt beim Kauf über die Börse eine Börsengebühr an, außerdem verlangen manche Anbieter auch noch eine Managementgebühr. Wer nur kleine Beträge in Gold anlegen will, kann zum Beispiel 100 Euro im Monat in

Gold-Sparplan einen Gold-Sparplan einzahlen. Damit erwirbt der Sparer nach und nach einen Anspruch auf eine Goldauslieferung. Allerdings raten Verbraucherschützer von dieser Anlageform ab, weil meist sehr hohe Gebühren anfallen. Außerdem sind die Sparpläne oft mit einer langen Mindestlaufzeit verbunden.

Das Tafelsilber

Richtig ist, dass Silber etwas härter als Gold ist und sich mechanisch weniger stark abnutzt. Es wird in der Industrie aber unwiederbringlich ver- und gebraucht. Beim Kauf im Edelmetallhandel zahlen Sie im Gegensatz zu Gold 7 Prozent Mehrwertsteuer für Münzen und Münzbarren (ab

1. Januar 2014 wird die Mehrwertsteuer auf 14 Prozent angehoben) be- Mehrwertsteuer bei Silber, Platin und Palladium
ziehungsweise 19 Prozent für Barren. Beim Kauf von Platinmünzen und
-barren fallen 19 Prozent Mehrwertsteuer an. Auch bei Palladium wird die
volle Mehrwertsteuer aufgeschlagen. Wollen Sie also Gewinne machen,
müssen Kursdifferenz und die Mehrwertsteuer ausglichen werden.

Das heißt, der Wert des Silbers muss erst um die genannte Prozentzahl
steigen, damit man »Gewinn« macht. Auf lange Sicht rentiert sich das im
besten Fall: Dieses Edelmetall gilt im Zusammenhang mit staatlichen Verboten als »sicherer«, da Silber deutlich stärker in der Industrie verwendet
wird und somit kaum von einer solchen theoretischen Zwangsmaßnahme
betroffen sein dürfte.

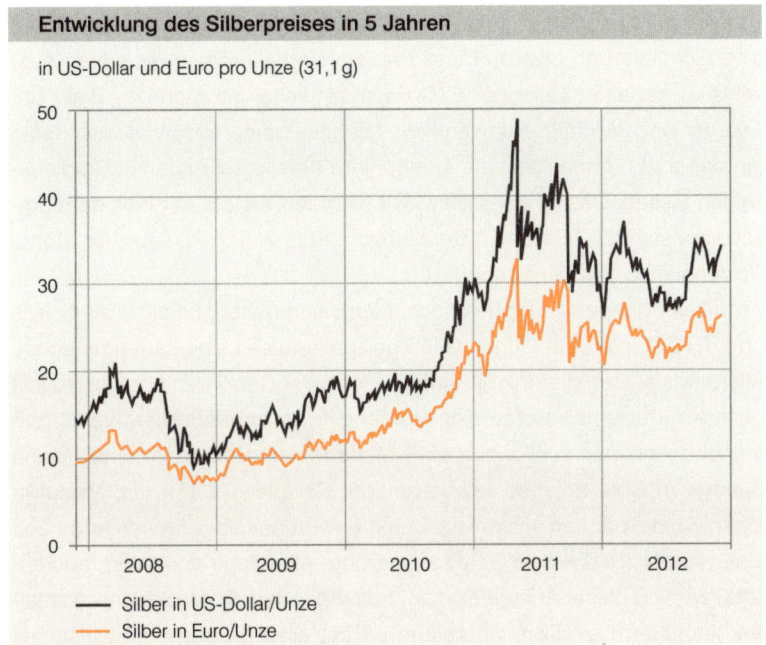

Entwicklung des Silberpreises in 5 Jahren

in US-Dollar und Euro pro Unze (31,1 g)

— Silber in US-Dollar/Unze
— Silber in Euro/Unze

(Stand November 2012) Quelle:www.finanzen.net/rohstoffe/silberpreis/Chart.de

Fazit

Auch wenn der Barren noch so glänzt – kaufen Sie lieber Papier-Gold, denn so sparen Sie
Depotkosten! Insgesamt ist Gold eine gute Geldanlage, sie sollte jedoch immer nur einen Teil
des gesamten Investments ausmachen. Wer auf Silber setzt, fährt nicht falsch – sollte jedoch
Geld und Geduld mitbringen.

Die eigenen vier Wände

Eigenheime gelten seit Beginn der Finanzkrise als sichere Kapitalanlage: Fast jeder Zweite nutzt laut einer Umfrage des Sparkassenverbandes DSGV von 2011 eine Wohnung oder ein Haus für die Altersvorsorge. Jeder dritte Berufstätige plante, so die Studie, den Bau oder Kauf eines Eigenheims. Das war gut ein Viertel mehr als noch im Jahr 2003. Damit investieren immer mehr Deutsche ihr Geld in den Erwerb von Grundbesitz. Tendenz steigend: Gerade deshalb braucht es die richtigen Immo-Kauf-Tipps.

Der Traum vom Eigenheim

Der Tag, an dem der 30-jährige Mann seine Unterschrift unter den Kaufvertrag für die 90-Quadratmeter-Eigentumswohnung setzte, war für ihn ein aufregender Moment. Die erste eigene Wohnung – ein Traum von 85 Prozent aller Deutschen, belegen Umfragen, und zugleich die größte Investition im Leben. So verwundert es nicht, dass ein Großteil des deutschen Vermögens in Gebäuden und Grundstücken steckt. Haus- oder Wohnungseigentümer müssen nicht befürchten, dass die Miete erhöht oder gar eine Kündigung ins Haus flattert. Sie müssen nicht für jede Wand, die sie neu einziehen möchten, die Erlaubnis des Vermieters einholen und nicht zuletzt schaffen sie sich einen Wert, der sich meist im Laufe der Jahre steigert. Selbst bei einer Inflation bleibt der reale Wert der Immobilie weitgehend erhalten – und ist das Haus oder die Wohnung erst einmal abbezahlt, kann man bis zum Lebensende mietfrei darin wohnen. So gelten die eigenen vier Wände noch immer als sichere Methode, um fürs Alter vorzusorgen. Insbesondere wenn man die Immobilie selbst nutzt, um damit die Ausgaben für die Miete einzusparen.

So schön der Traum vom Eigenheim – durchdenken Sie Ihren Weg dorthin gut, planen Sie die einzelnen Schritte richtig und betrachten Sie nicht zuletzt Ihre persönliche finanzielle Situation ehrlich. Sonst wird das Eigentum zum Albtraum.

Vor dem Immobilienkauf

Machen Sie erst einmal einen prüfenden Rundumschlag Ihrer aktuellen Lebensumstände: Bekommen Sie ein gesichertes, regelmäßiges Einkommen? Wo steht die Familienplanung? Könnte jobbedingt ein Ortswechsel (auch langfristig) anstehen, und wenn ja, wie weit liegt dieser von der potenziellen Immobilie entfernt? Erst wenn Sie diese Fragen beantwortet haben, sollten Sie zum nächsten Schritt in Richtung Eigentum gehen: die Finanzierung. Dafür sind konstante Einnahmen (Lohn, Honorar, Erbe etc.) über einen langen Zeitraum hinweg nötig. Bedenken Sie: Als Mieter können Sie immer schneller umziehen, wenn Ihnen Ihr Vermieter oder das Wohngebiet nicht mehr gefällt. Als Eigentümer ist dies schwierig.

Die Lebensumstände sprechen für einen Kauf? Dann machen Sie – wieder einmal – einen Kassensturz. Auch wenn Ihnen Banken und Bausparkassen derzeit extrem niedrige Zinsen für die Finanzierung einer Wohnimmobilie bieten: Ohne Eigenkapital geht es nicht. Mindestens 20 bis 30 Prozent der Kaufsumme sollten Sie nach Einschätzung der Experten der Zeitschrift *Finanztest* als Grundstock für eine solide Finanzierung mitbringen. Denn auf eine 100-Prozent-Finanzierung lassen sich die Banken bei Privatpersonen meistens nicht ein. Außerdem brauchen potenzielle Käufer Rücklagen für unvorhersehbare Ausgaben im Alltag. Drei bis sechs Nettomonatsgehälter sollten als Reserve auf der hohen Kante liegen. Den Rest können Sie in eine Immobilie stecken.

Eigenkapital

Eiserne Reserve

Einen Kassensturz können Sie über den Online-Rechner der FMH-Finanzberatung im Internet machen: http://eigenheim.fmh-rechner.de/rechner2/FMH2/

Ist das Ergebnis des Kassensturzes positiv und Ihr Traum von einem eigenen Haus oder einer eigenen Wohnung lebt weiter, dann sollten Sie ehrlich durchrechnen: Wie viel Immobilie kann ich mir leisten – eine große Eigentumswohnung oder ein kleines Fachwerkhaus? Daran schließt sich schnell die Frage an: Wie viel Immobilie bekomme ich überhaupt für mein Geld? Da wäre der Faktor Ausstattung, der vom Preisniveau des (künftigen) Wohnorts abhängt: Balkon, Terrasse, Aufzug oder Parkettboden gehören nicht zur Grundausstattung und kosten extra. Und das schlägt sich im Kaufpreis nieder.

Ebenso spiegelt sich die Infrastruktur der unmittelbaren Umgebung in der Preishöhe wider: Gibt es Einkaufsmöglichkeiten, Kitas, Schulen und Ärzte, sind die Immobilien teurer. Nicht zuletzt ist Fakt: In den wirtschaftsstarken Ballungsräume wie Stuttgart, München, Frankfurt, Düsseldorf oder Köln sind Wohnungen oder Häuser viel teurer als etwa in Hannover, Helmstedt oder Suhl. In Berlin beispielsweise sind die Preise in den letzten Jahren besonders stark gestiegen.

Beispiele: Kosten Eigentumswohnungen

In Berlin kostet eine Eigentumswohnung in sehr guter Lage mit sehr guter Ausstattung knapp 3000 Euro pro Quadratmeter, das wären 180 000 Euro für 60 Quadratmeter. In einem anderen Stadtteil Berlins in mittlerer Lage sind Wohnungen einfacher Ausstattung bereits für die Hälfte zu haben, das heißt für 90 000 Euro.

In München dagegen müssen Sie 300 000 Euro auf den Tisch legen, um in guter Lage eine Wohnung in gleicher Größe zu bekommen.

In Dortmund hingegen zahlen Sie für ein vergleichbares Objekt nur 120 000 Euro.

Die Finanzierung der Immobilie

Als Faustregel gilt: Mit dem Doppelten Ihrer monatlichen Kaltmiete mal 100 können Sie eine Immobilie finanzieren. Hinzu kommt das Eigenkapital. Wer also heute 1000 Euro Miete bezahlt, könnte bei gleicher monatlicher Belastung eine Immobilie im Wert von etwa 250000 Euro kaufen (bei angenommenem Eigenkapital von 50000 Euro). In Städten mit hohem Preisniveau werden Sie dafür aber selten etwas Vergleichbares finden, erst recht nicht, wenn Sie sich mit dem Einzug in die eigenen vier Wände verbessern wollen. Sie müssten also mit einem höheren monatlichen Aufwand rechnen – oder Abstriche bei der Ausstattung machen. Die lässt sich bei Bedarf später immer noch ändern, Lage und Größe jedoch nicht. Aber: Wer eine ältere und nicht so hochwertige Immobilie kauft, muss höhere Renovierungs- und Energiekosten einkalkulieren.

Immobilienpreis + Kaufnebenkosten

Zum reinen Immobilienpreis fallen beim Kauf weitere Kosten an: Dazu gehören die Grunderwerbsteuer, die Notar- und Grundbuchkosten sowie die Courtage für den Makler. Je nach Region können die Kaufnebenkosten bis zu 13,6 Prozent des Kaufpreises ausmachen. Bei einem Eigenheim im Wert von 250000 Euro sind das stolze 34000 Euro, die Sie zusätzlich zum Eigenkapital aufbringen müssen. Banken finanzieren dies in der Regel nicht und für Käufer ist es verlorenes Geld. Die hohen Kaufnebenkosten sind ein Grund dafür, warum der Immobilienkauf in den ersten Jahren fast immer ein Verlustgeschäft ist.

Ein Darlehen bitte!

Auch wenn man fleißig gespart hat: Ohne einen Baukredit werden sich die wenigsten den Traum vom Eigenheim erfüllen können. Derzeit sind die Zeiten, sich Geld zu leihen, so günstig wie selten: Festzinsdarlehen mit einer Laufzeit von 20 Jahren gibt es schon für 3 Prozent. Vor zehn Jahren waren sie noch doppelt so teuer. Dadurch können sich trotz gestiegener Immobilienpreise heute wesentlich mehr Menschen eine eigene Immobilie leisten als früher. Käufer profitieren von dem Zinsrutsch also gleich mehrfach: Sie können günstig finanzieren, schneller tilgen und der Gewinn, der ihnen durch eine mögliche alternative Geldanlage entgeht, ist gering. Für wen ein Immobilienkauf in Betracht kommt, der sollte die Chance des aktuell niedrigen Zinssatzes also nutzen.

Festzinsdarlehen

Die Höhe des Kredits, den Sie zur Finanzierung Ihres Eigenheims aufnehmen müssen, ergibt sich aus dem Kaufpreis inklusive Kaufnebenkosten abzüglich des eingesetzten Eigenkapitals. Die monatliche Kreditrate lässt sich leicht errechnen:

$$\text{Monatsrate} = \text{Kreditsumme} \times \frac{(\text{Zinssatz} + \text{Tilgungssatz})}{1200}$$

Wie hoch die Tilgung ist, bestimmen Sie selbst: Minimum ist 1 Prozent, Tilgung damit dauert es jedoch sehr lange, bis der Kredit abbezahlt ist. Wer mit seiner Immobilie eine gute Rendite erzielen und spätestens zum Rentenbeginn schuldenfrei sein möchte, muss mit mindestens 2 oder 3 Prozent tilgen. Wenn Sie also einen Kredit von 250 000 Euro aufgenommen und einen Zins- und Tilgungssatz von jeweils 3 Prozent haben, bedeutet das: Sie müssen jeden Monat 1250 Euro an die Bank oder Bausparkasse überweisen. Bleiben die Raten gleich, sind Sie in der Regel nach 25 bis 30 Jahren schuldenfrei.

In Ihrer Gesamtkalkulation kommt nun zu den Kreditraten ein weiterer Punkt hinzu: die sogenannten Rücklagen. Denn anders als der Mieter müssen Sie als Eigentümer für sämtliche Reparaturen und Modernisierungsmaßnahmen selbst aufkommen und dafür monatlich Geld einplanen. Bei Neubauten empfehlen Verbraucherschützer rund 50 Cent pro Quadratmeter, bei Altbauten 1 Euro. Bei einer 100 Quadratmeter großen Wohnung entspricht das 50 bis 100 Euro im Monat.

Hinzu kommen die höheren Betriebskosten. Eigentümer haben in der Betriebskosten Regel eine größere Fläche zu bewirtschaften als Mieter und müssen manchmal, wenn sie eine Eigentumswohnung gekauft haben, einen Verwalter bezahlen. Im Schnitt müssen Eigentümer mit Nebenkosten von 2 bis 3,50 Euro pro Quadratmeter rechnen.

Verbraucherschützer kritisierten Ende 2012 die Kreditvergabepraxis der Banken. Einer Studie zufolge sind 71 Prozent von 400 geprüften Finanzierungsangeboten am Bedarf des Kunden vorbeigegangen. Weil der Vertriebserfolg bei der Kreditvergabe im Vordergrund stehe, würden die Kredite immer schlechter, so die Verbraucherschützer.

WISO Tipp

In Ihrem Darlehensvertrag sollten Sie darauf achten, dass Sie jährliche Sondertilgungen vornehmen können und (teilweise) kostenfrei die Tilgungsraten während der Laufzeit ändern können.

Der lange Weg der Finanzierung – Vergleich Mieter vs. Eigentümer

Die Zeit von der Vertragsunterschrift bis zum wirklichen Eigentum ist lang: Mit einer soliden Planung ist das Eigenheim zu den aktuellen Konditionen nach 25 bis 30 Jahren abbezahlt. Je mehr Eigenkapital Sie mitbringen und je schneller Sie Ihren Kredit tilgen, umso deutlicher ist Ihr finanzieller

Vorteil gegenüber dem Mieter. Denn solange die Erwerbsnebenkosten und die zu zahlenden Zinsen für das geliehene Geld noch hoch sind, ist der monatliche Abschlag eines Käufers höher als der eines Mieters. Dazu kommen die im Vergleich zur Mietwohnung höheren Bewirtschaftungskosten für ein Haus oder eine Eigentumswohnung. Außerdem entgehen Ihnen Zinsen, weil Sie Ihr Geld nicht am Kapitalmarkt anlegen können.

Mit der Zeit wendet sich jedoch das Blatt. Während die Kreditraten für den Käufer für die Dauer der Zinsbindung konstant bleiben, muss der Mieter mit regelmäßigen Mieterhöhungen rechnen: Bei einer durchschnittlichen Steigerung von 1,5 Prozent pro Jahr werden aus einer Monatsmiete von heute 800 Euro in 20 Jahren 1350 Euro, bei einer Steigerung von 2 Prozent sind es knapp 1500 Euro. Die Belastung des Mieters erhöht sich also kontinuierlich – die des Käufers nicht. Hinzu kommt, dass der Schuldenberg des Käufers von Jahr zu Jahr sinkt und sein Vermögen steigt: zunächst nur langsam, mit zunehmender Laufzeit immer schneller. Langfristig liegt also in der Regel der Käufer vorn. Auch wenn Sie weiterhin die Kosten für die Instandhaltung tragen müssen, so sparen Sie doch die monatliche Miete.

Ist die Immobilie abbezahlt, ist sie bei einer erwarteten Wertsteigerung von 1 Prozent pro Jahr satte 374 000 Euro wert (Kaufwert 250 00 Euro) – und die Wertsteigerung gibt es steuerfrei. Unterm Strich hat der Eigentümer rund 30 Jahre nach dem Immobilienkauf damit ein Gesamtvermögen von knapp 400 000 Euro.

Am Anfang wird der Mieter weniger Geld fürs Wohnen ausgeben als ein Käufer, der sein Darlehen abstottert. Dessen Belastung durch Kreditraten, Rücklagen und höhere Bewirtschaftungskosten werden zunächst höher als eine Miete für eine vergleichbare Wohnung liegen. Für den Mieter bedeutet das: Er hat im Vergleich zum Käufer jeden Monat Geld übrig, das er gewinnbringend anlegen und zum Beispiel regelmäßig in einen Sparplan einzahlen kann. Allerdings: Anders als der Käufer muss er die Erträge aus seiner Geldanlage versteuern. Die Mietersparnis des Eigentümers und eine mögliche Wertsteigerung der Immobilie bleiben dagegen steuerfrei.

So wichtig die Berechnung der ersparten Mieten und der entgangenen Zinsgewinne als Entscheidungsgrundlage für den Käufer ist, sie hat einen Haken. In der Realität werden Mieter selten die komplette Differenz, die sie im Vergleich zum Käufer weniger zahlen, in eine alternative Geldanlage investieren.

Die Wohnung fürs Alter

Wer die Wohnimmobilie vor allem als Geldanlage sieht und wissen will, wie lukrativ sie langfristig ist, informiert sich über die Renditeaussichten alternativer Anlageformen wie Festgeld und Sparbrief (momentan wenig Rendite) oder Aktien und Fonds (möglichweise mehr Gewinn, aber risikoreicher). Welche Rendite die Immobilie bringt, ist von Wohnort zu Wohnort unterschiedlich und lässt sich nur schwer prognostizieren. Klar ist: Die steigende Nachfrage hat die Preise an vielen Orten in Deutschland in den vergangenen Jahren mächtig wachsen lassen – etwa in den wirtschaftsstarken Ballungsräumen wie Stuttgart, München, Frankfurt, Düsseldorf oder Köln. In Berlin beispielsweise sind die Preise in den letzten Jahren besonders stark gestiegen. Nach Angaben der Wirtschaftsberatung Empirica kostet in Kreuzberg der Quadratmeter Eigentumswohnung heute bis zu 2465 Euro, 56 Prozent mehr als noch vor drei Jahren. Im Stadtteil Mitte stieg der Preis im gleichen Zeitraum um 44 Prozent. Wer dort vor ein paar Jahren eine Immobilie gekauft hat, hat also einen ordentlichen Gewinn gemacht.

Immobilie als Geldanlage

Steigende Kaufpreise in wirtschaftsstarken Ballungsräumen

In ländlichen Regionen oder strukturschwachen Gebieten mit hoher Arbeitslosigkeit und schrumpfenden Bevölkerungszahlen sieht die Lage anders aus: Die Preise für Häuser und Wohnungen stagnieren oder sinken sogar. Das betrifft zum Beispiel das Saarland, Teile des Ruhrgebiets und Landstriche in Ostdeutschland. So ist es etwa in einer mittelgroßen deutschen Stadt in Sachsen-Anhalt schwierig, ein Haus wieder zu verkaufen. Ob die Rendite einer Immobilie langfristig steigt, hängt auch davon ab, welche demografische Perspektive die Region hat: Wo Einwohner reihenweise wegziehen, verlieren Immobilien an Wert, in Gebieten mit hohen Zuzugsquoten legen sie zu.

Ländliche Regionen

Immobilienpreise und deren voraussichtliche Entwicklung sollten die eine wichtige Rolle in Ihren Berechnungen spielen, die Höhe der Miete und der zu erwartende Mietanstieg die andere. Wie bei den Immobilienpreisen gibt es auch hier große regionale Unterschiede. Der Deutsche Mieterbund rechnet durchschnittlich mit einer Mietsteigerung von 1,5 Prozent im Jahr. Das heißt: Wer zur Miete wohnt, muss mit einer kontinuierlich steigenden monatlichen Belastung rechnen. Je stärker die Mieten steigen, desto größer ist der Vorteil für den Käufer, der später zum Vermieter wird.

WISO Tipp

Hören Sie auch auf Ihr Bauchgefühl. Sind Sie jemand, der sich von der hohen Schuldenlast erdrückt fühlt und der beruflich flexibel bleiben möchte, sollten Sie keine Immobilie kaufen.

Zehn Regeln für den Immobilienkauf

Nach Angaben von Immobilienexperten vergeuden Immobilienerwerber jedes Jahr Millionenbeträge, weil sie eklatante Fehler machen. Damit Ihr Traum von den eigenen vier Wänden nicht zum Debakel wird, sollten Sie ein paar Grundregeln beachten.

Regel Nr. 1: Bleiben Sie geduldig!

Geduld   Wer sein Traumhaus sucht, braucht einen langen Atem. Sie sollten den Immobilienmarkt auf jeden Fall einige Monate genau beobachten, bevor Sie sich für eine Immobilie entscheiden.

Regeln Nr. 2: Die Lage macht's!

Lage   Die Lage entscheidet über den Wert des Hauses. Versuchen Sie abzuschätzen, ob die Lage des potenziellen Kaufobjekts eine Zukunftsperspektive mit Wertsteigerung hat. Waren Reihenhaussiedlungen am Rand der Großstädte vor 25 Jahren noch ideal für Familien, weil die Grundstücke klein und erschwinglich waren, sind die Preise vielerorts stark gefallen. Und stiegen trotz des Immobilienbooms auch nicht so stark wie die Inflationsrate. Einige Eigentümer verloren – gemessen an der Teuerung – mehr als 40 Prozent des Kapitals. Der Grund: Im Quartier mangelt es an allem, was Familien wichtig ist: Schulen, Kindergärten, Supermarkt und Ärzte. Häuser oder Wohnungen in diesen Vierteln lassen sich oft nur mit hohen Abschlägen vermieten oder verkaufen. Deshalb: Analysieren Sie vor dem Kauf das gesamte Umfeld! Gibt es Bus- und Bahnanbindungen?

Regel Nr. 3: Auf die richtige Größe kommt's an!

Größe   Überlegen Sie sich gut, wie groß das Haus sein muss. Mit der Größe steigen nicht nur der Kaufpreis, sondern auch die Neben- und Unterhaltskosten wie Grundsteuer, Instandhaltung, Versicherung. Pro Quadratmeter sollten Sie 1 bis 3 Euro einkalkulieren.

Viele Kapitalanleger halten gern in Großstädten nach Kaufwohnungen Ausschau, weil sie sich dort die besten Vermietungschancen ausrechnen. Dabei langt ihr Eigenkapital oft gerade einmal, um in teuren Metropolen wie Hamburg oder München eine Einzimmerwohnung kaufen zu können. Die jedoch werden in der Regel nur von Singles gemietet – das heißt, eine lange Mietdauer gibt es in den wenigsten Fällen. Die Eigentümer ringen deshalb regelmäßig mit Leerständen und hoher Abnutzung. Mitunter ist die Fluktuation so hoch, rechnen Wohnmarktexperten vor, dass jedes

Jahr für ein oder zwei Monate die Miete ausbleibt, dafür aber Renovierungskosten vor der Neuvermietung anfallen. Geld lässt sich so nicht verdienen.

So sollten Anleger mit wenig Kapital in mittelgroßen Städten wie Magdeburg oder Nürnberg nach geeigneten Immobilien suchen: Dort gibt es für den Preis einer Einzimmerwohnung in Hamburg oder München Zwei- oder Dreizimmerwohnungen. Die sind sowohl bei Paaren als auch alleinstehenden Senioren begehrt – und im besten Fall bleiben diese länger wohnen als ein Single.

Regel Nr.4: Auf die Bausubstanz kommt's an!

Schäden im Mauerwerk, defekte Leitungsrohre, ein kaputtes Dach – manche Immobilie erweist sich nach dem Kauf finanziell als ein Fass ohne Boden. Eine teure Reparatur nach der anderen wird nötig. Schnell können Beträge von mehreren Zehntausend Euro anfallen. Nach einem Bericht der Bundesregierung verursacht Pfusch am Bau jedes Jahr 3,5 Milliarden Euro an Schäden. 32 Mängel weist im Schnitt jedes neue Haus auf, hat die Prüforganisation Dekra ermittelt.

Gibt die Bank keinen weiteren Kredit, bleibt nur der Notverkauf. Doch Käufer können sich leicht schützen: Sie müssen die Immobilie vor dem Erwerb nur durch einen unabhängigen Sachverständigen kontrollieren lassen. Die Experten prüfen, ob Mängel vorliegen, und ermitteln die Reparaturkosten. Das kostet meist unter 400 Euro. Auch bei einem Neubau sollte ein unabhängiger Sachverständiger kontrollieren, ob alle Arbeiten korrekt ausgeführt werden.

Regel Nr. 5: Obacht vor der Schnäppchenfalle!

Viele vermeintliche Schnäppchen entpuppen sich spätestens bei der Heizkostenabrechnung als Kostengrab. Kalkulieren sie also notwendige Modernisierungsmaßnahmen von Anfang an mit ein! Zudem erleben Anleger nach dem Kauf ihrer Eigentumswohnung immer wieder böse Überraschungen: Obwohl die Immobilie bestens in Schuss ist, müssen sie plötzlich Tausende Euro für reine Schönheitsmaßnahmen zahlen – weil etwa das Treppenhaus mit Marmorplatten vertäfelt wird. Das macht das Haus zwar hübscher. Vermieter können solche Kosten jedoch nicht durch Mieterhöhungen hereinholen.

Deshalb sollten Kapitalanleger darauf achten, dass andere Eigentümer ihre Wohnungen nicht selbst nutzen und teure Schönheitsmaßnahmen angehen.

Schnäppchenfalle

Interessenten sollten stets vor dem Kauf die Protokolle der vergangenen Eigentümerversammlungen lesen. Darin ist beispielsweise festgehalten, wie hoch die Instandhaltungsrücklagen sind und ob in den kommenden Jahren Sonderumlagen für größere Reparaturen oder Verschönerungsmaßnahmen geplant sind. Sonderumlagen müssen immer dann weit im Voraus beschlossen werden, wenn die Kosten die Rücklagen übersteigen. Andererseits sind sehr hohe Rücklagen kein allzu gutes Zeichen: Sie zeigen, dass längere Zeit nichts am Haus gemacht wurde und dadurch ein regelrechter Instandhaltungsstau entstanden ist.

Regel Nr. 6: Gesamtkosten richtig schätzen!

Gesamtkalkulation Beachten Sie stets in Ihrer Gesamtkalkulation, dass neben der Kaufsumme meist Maklergebühren und Provision, aber immer Grunderwerbsteuer und Notarkosten anfallen, die sich schnell auf rund 19 Prozent der Kaufsumme belaufen – bei den aktuellen Kaufpreisen für Immobilien sind das leicht mittlere fünfstellige Beträge.

Die rasante Entwicklung der Haustechnik in Sachen Energieeffizienz und die immer strengeren Anforderungen in Verbindung mit steigenden Energiepreisen könnten auch aktuelle Haustechnik bald veralten lassen. Auch dafür müssen Sie Geld bereithalten! Gleichzeitig sollten Sie Ihre Eigenleistung nicht überschätzen, denn der falsche Einbau einer Fußbodenheizung kommt Sie am Ende teurer zu stehen, als wenn Sie gleich einen Fachmann beauftragen. Aber diese Handwerkskosten müssen vorab einberechnet werden.

Regel Nr. 7: Auf die richtige Finanzierung kommt's an

Finanzierung Unterschreiben Sie niemals einen Kaufvertrag, ohne die Finanzierung in der Tasche zu haben. Scheitert der Verkauf, müssen Sie mit Folgekosten und sogar Schadensersatz rechnen. Fragen Sie nicht nur bei Ihrer Hausbank nach Angeboten, sondern gehen Sie zur Konkurrenz und suchen Sie einen unabhängigen Immobilienkredit-Makler auf.

Regel Nr. 8: Auf die richtige Tilgung kommt's an!

Tilgung Die Baugeldzinsen sind auf ihrem historischen Tief. Das verführt zu Leichtsinnigkeit: Manche Anleger kaufen eine Immobilie, die für sie eigentlich viel zu teuer ist. So können die Käufer zwar die anfängliche Tilgungsrate von 1 Prozent stemmen, aber dann scheitert schlimmstenfalls die Anschlussfinanzierung – sollten die Zinssätze bis dahin deutlich gestiegen sein. So sind nach zehn Jahren bei einer Tilgungsrate von 1 Prozent nicht einmal 15 Prozent der Schuldsumme abgezahlt. Geben die Banken dann keinen neuen Kredit, bleibt nur die Zwangsversteigerung.

Die Immobilie sollte also nur so viel kosten, dass eine anfängliche Tilgungsrate von mindestens 2 Prozent getragen werden kann. Besser ist es, wenn sie noch höher liegt. Dann müssen Sie keine Angst haben, später in die Schuldenfalle zu laufen.

Regel Nr. 9: Trauen Sie niemandem außer sich selbst!

Auf der einen Seite ist da die Frechheit einiger Immobilienverkäufer: Sie weisen nicht auf alle Mängel hin.

Deshalb sollten Sie zum einen selbst sehr kritisch beim Hausrundgang sein, die Immobilie mehrmals und zu verschiedenen Tageszeiten besuchen und am besten eine fachkundige Begleitung wie einen Immobiliengutachter dabei haben.

Mängel

Auf der anderen Seite ist da die Blauäugigkeit einiger Anleger: Sie kaufen eine Eigentumswohnung, ohne sich diese vorher anzusehen. In den 90er Jahren hatten unseriöse Vertriebsgesellschaften mehr als 100 000 Schrottwohnungen bei Anlegern in Verkaufsgesprächen am Küchentisch abgeladen. In regelmäßigen Jahresabständen sind dubiose Vermittler unterwegs, die vermeintliche Renditeobjekte in weit entfernten Städten anbieten. Dabei handelt es sich häufig um Wohnungen in heruntergekommenen Mietblocks, warnen Kapitalanlagen-Experten. Käufer sollten sich nie mit einem Exposé zufriedengeben, sondern immer die Wohnung selbst anschauen.

Und wenn Ihnen zu hohe Renditen angeboten werden, haken Sie besser drei Mal beim Vermittler nach. Wahre Schnäppchen sind angesichts des blühenden Immobilienmarkts wohl derzeit kaum zu haben.

WISO Tipp

Nehmen Sie sich einen unabhängigen Bausachverständigen oder einen Architekten, der mit Ihnen die Immobilie genau begutachtet. Das kostet zwar ein paar Hundert Euro, kann Sie aber im Zweifel vor versteckten Sanierungskosten bewahren.

Regel Nr. 10: Verhandeln Sie und nehmen Sie sich dafür Zeit!

Häufig lässt sich der Kaufpreis noch verhandeln. Wer hier Skrupel hat, zahlt mehr, als er müsste. Gehen Sie deshalb mit passenden Argumenten (wie etwa Mängel) ins Gespräch. Vor allem lassen Sie sich nicht durch den Verkäufer oder andere Interessenten unter Druck setzen.

Wägen Sie zunächst alle Vor- und Nachteile ab. Am Ende soll doch Ihr Traum erfüllt werden!

WISO Tipp

Weil die Bewertung des Immobilienkaufes mit Erbpacht für Laien sehr kompliziert ist, ziehen Sie einen unabhängigen Immobiliengutachter vor Objektkauf zu Rate.

Immobilienbesitz im Rentenalter

Viele Rentner haben durchaus Vermögen, können es aber nicht ausgeben – es steckt nämlich im selbst genutzten und meist vollständig abbezahlten Eigenheim. Die Pensionäre müssen auf diese Weise zwar keine Miete bezahlen – weil jedoch ein großer Teil des Einkommens in jungen Jahren für die Immobilienfinanzierung draufgegangen ist, fallen sowohl die Rente als auch die Rücklagen eher mager aus. Das Geld fehlt, sowohl für notwendige Modernisierungen am Haus oder an der Wohnung als auch für Zusatzkosten, etwa für die Pflege im Alter. Ein Verkauf der eigenen vier Wände kommt für viele aus emotionalen Gründen trotzdem häufig nicht infrage.

Umkehrhypothek Manche Banken haben das Dilemma erkannt – und locken mit sogenannten Umkehrhypotheken. Dabei handelt es sich um einen Kredit, den der Kunde entweder auf einen Schlag ausgezahlt bekommt oder alternativ als monatliche Zusatzrente. Das Besondere daran: Er zahlt, solange er lebt, weder Zins noch Tilgung. Erst bei seinem Tod oder aber beim Auszug aus dem Eigenheim werden diese Beträge mit dem aktuellen Wert der Immobilie verrechnet.

Für die Erben gibt es dann zwei Möglichkeiten: Entweder das Haus geht in den Besitz der Bank über und sie erhalten die Differenz des aktuellen Wertes abzüglich des Darlehens. Oder sie übernehmen die Immobilie, zahlen aber das Darlehen zurück.

Das Bundesbauministerium und die Kreditanstalt für Wiederaufbau haben 2012 das Förderprogramm »Altersgerecht umbauen« aufgelegt. Das Ziel: Mehr bestehende Wohnungen sollen barrierefrei umgebaut und mehr neue Seniorenwohnungen gebaut werden. Weil der Umbau zu einer altersgerechte Ausstattung relativ hohe Investitionskosten bedeutet, bietet der Staat Förderung beim Kauf einer Immobilie an.

Mehr Informationen finden Sie hier: https://altersgerecht-umbauen.kfw.de/

Fazit

Die eigenen vier Wände gelten zwar noch immer als sichere Methode, um für das Alter vorzusorgen. Insbesondere wenn man die Immobilie selbst nutzen möchte, kann man sich gewiss Ausgaben für die Miete einsparen. Dennoch: Konzentrieren Sie sich nicht ausschließlich auf das Eigenheim als Altersvorsorge, sondern darüber hinaus auch auf alternative Vorsorgelösungen, die die eigene Rente aufstocken.

Die Pflege-versicherung

In Deutschland sind rund zwei Millionen Menschen auf Betreuung oder Unterstützung angewiesen, weil sie wegen einer körperlichen, geistigen oder seelischen Krankheit oder Behinderung Hilfe und Pflege im täglichen Leben benötigen. Für sie ist die Pflegeversicherung da – einerseits gesetzlich verpflichtend und andererseits privat finanziert. Frauen werden doppelt so häufig pflegebedürftig wie Männer: 90 Prozent der Patienten in stationären Pflegeeinrichtungen sind Frauen.

Die gesetzliche Pflegeversicherung

Um zumindest einen Teil der Kosten für diese Pflege auffangen zu können, wurde 1995 die Pflegeversicherung ins Leben gerufen. Dies bedeutet: Jeder, der über ein eigenes Einkommen verfügt, muss sich gegen das Pflegerisiko absichern. Die Pflegeversicherung ist eine Pflichtversicherung und neben der Kranken-, Unfall-, Renten- und der Arbeitslosenversicherung die sogenannte »fünfte Säule der Sozialversicherung«. Als sozialpflichtig Versicherter werden Ihnen seit Januar 2013 monatlich 2,05 Prozent (Kinderlose: 2,3 Prozent) Ihres Gehalts oder Ihrer Rente abgezogen und an die Pflegekasse überwiesen (bis 2012: 1,95 Prozent). Diese Zahlung ist auf den Höchstsatz der Krankenversicherung limitiert, der aktuell bei 3675 Euro liegt – für diesen Satz müssen Sie allerdings 150 000 Euro brutto im Jahr verdienen.

Im Grundsatz gilt: »Pflegeversicherung folgt der Krankenversicherung.« Das bedeutet: Sobald Sie bei der AOK, einer Ersatzkasse, Betriebskrankenkasse, Innungskrankenkasse, landwirtschaftlichen Sozialversicherung oder der Bundesknappschaft gesetzlich krankenversichert sind, haben Sie dort auch Ihre Pflegeversicherung. Dies gilt auch für mitversicherte Familienangehörige. Freiwillig gesetzlich Versicherte können zwischen der gesetzlichen oder einer privaten Pflegeversicherung wählen. Wer privat krankenversichert ist, muss auch eine private Pflegeversicherung abschließen. Diese ist das Pendant zu der gesetzlichen Pflegeversicherung. Verwechseln Sie auf keinen Fall die private Pflegepflichtversicherung mit einem freiwilligen, privat versicherten Pflegetagegeld. Dazu mehr später im Kapitel.

Auch wenn Sie – etwa als Pflegebedürftiger – bereits eine Leistung aus der gesetzlichen Pflegeversicherung erhalten, müssen Sie weiter Ihren Beitrag ins System leisten. Das Erhalten einer Leistung entbindet also nicht von der Beitragspflicht.

Rund 2,4 Millionen Deutsche sind pflegebedürftig, die Hälfte davon ist demenzkrank – Tendenz steigend. Laut dem Pflegereport der Krankenkasse Barmer GEK Ende 2012 kostet die Pflege von Männern lebenslang im Schnitt rund 42 000 Euro, von Frauen sogar das Doppelte: 84 000 Euro, weil sie älter werden und dadurch oft länger in einem Pflegeheim leben. Die Hälfte der gesamten Pflegekosten kommen von der Pflegekasse: So übernimmt die gesetzliche Versicherung für einen Pflegeversicherten im Durchschnitt Leistungen in Höhe von 33 000 Euro. Dabei liegt die Spanne zwischen 13 000 und 262 000 Euro. (262 000 Euro benötigt nur ein sehr kleiner Teil der Versicherten). Rund 28 Prozent der Pflegebedürftigen erhalten von den Pflegekassen weniger als 5000 Euro, weitere 20 Prozent zwischen 5000 und 15 000 Euro jährlich.

Die 50 Prozent der Gesamtkosten zahlen die Betroffenen allerdings, so die Barmer GEK-Studie, selbst: Männer rund 21 000 Euro und Frauen sogar 45 000 Euro. Damit wird klar: Die gesetzliche Pflegeversicherung kann nur einen Teil der möglichen Pflegekosten tragen. Und dies wird angesichts der alternden Gesellschaft auch so bleiben.

Denn zum Vergleich: Ein Platz im Pflegeheim kostet durchschnittlich zwischen 2267 Euro (Sachsen-Anhalt) und 3263 Euro (Nordrhein-Westfalen) monatlich.

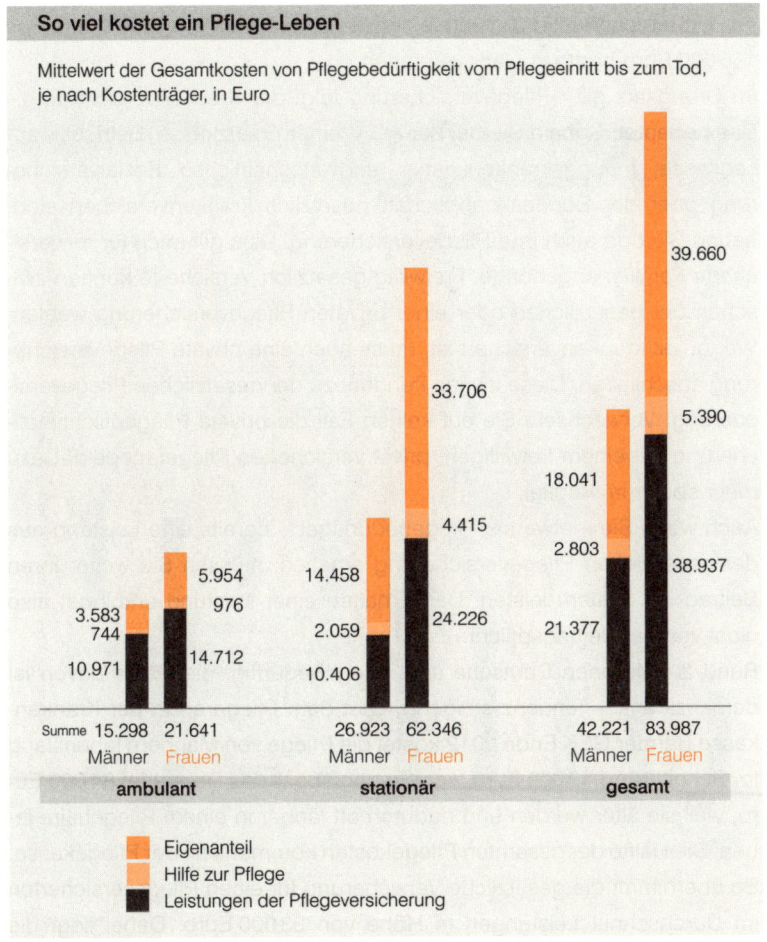

So viel kostet ein Pflege-Leben

Mittelwert der Gesamtkosten von Pflegebedürftigkeit vom Pflegeeinritt bis zum Tod, je nach Kostenträger, in Euro

	ambulant	stationär	gesamt
	Männer / Frauen	Männer / Frauen	Männer / Frauen

ambulant:
- Männer: 3.583 / 744 / 10.971 — Summe 15.298
- Frauen: 5.954 / 976 / 14.712 — Summe 21.641

stationär:
- Männer: 14.458 / 2.059 / 10.406 — Summe 26.923
- Frauen: 33.706 / 4.415 / 24.226 — Summe 62.346

gesamt:
- Männer: 18.041 / 2.803 / 21.377 — Summe 42.221
- Frauen: 39.660 / 5.390 / 38.937 — Summe 83.987

Legende:
- Eigenanteil
- Hilfe zur Pflege
- Leistungen der Pflegeversicherung

© Barmer GEK Pflegereport

Doch das, was die staatliche Versicherung trägt, ist bei vollstationärer Pflege wie folgt gestaffelt:

Pflegestufe I: 1023 Euro

Pflegestufe II: 1279 Euro

Pflegestufe III:1550 Euro

Pflegestufe III plus Härtefall: 1918 Euro

So ist es also Fakt, dass Sie rund 3000 Euro für einen Pflegeheimplatz bezahlen müssen, aber von der Pflegekasse nur knapp die
Hälfte bekommen. Diese Lücke müssen Sie mit Ihrer Rente, Ihrem
Vermögen oder Ersparten schließen. In vielen Fällen springen
das Sozialamt anteilig oder unterhaltpflichtige Kinder ein. 2010
erhielten rund 310 000 Menschen staatliche Hilfe zur Pflege.

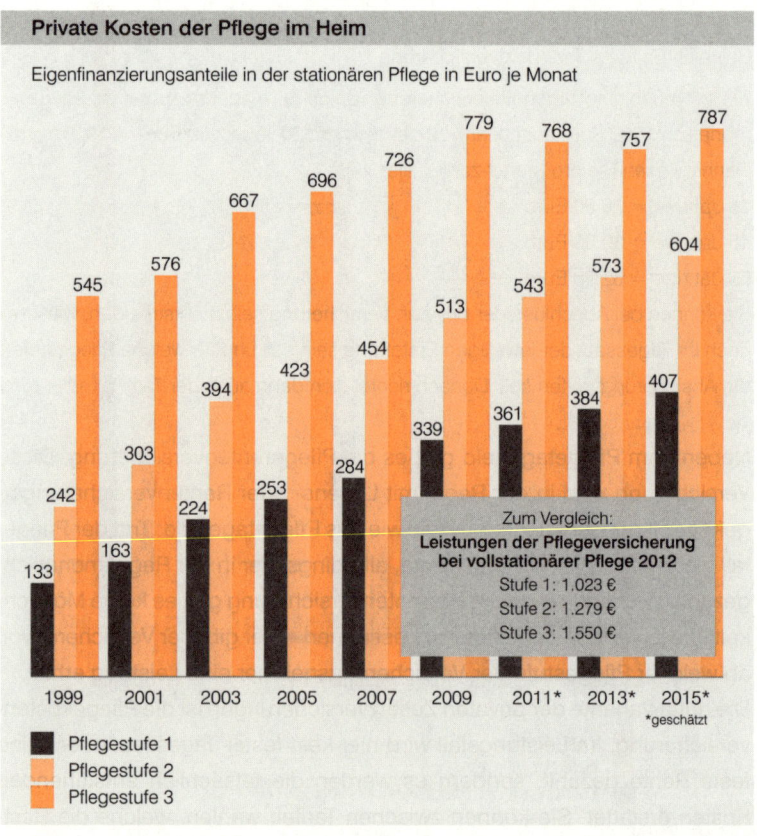

Private Kosten der Pflege im Heim

Eigenfinanzierungsanteile in der stationären Pflege in Euro je Monat

Zum Vergleich:
**Leistungen der Pflegeversicherung
bei vollstationärer Pflege 2012**
Stufe 1: 1.023 €
Stufe 2: 1.279 €
Stufe 3: 1.550 €

Pflegestufe 1
Pflegestufe 2
Pflegestufe 3

*geschätzt

© Barmer GEK Pflegereport

Die private Pflegezusatzversicherung

Sollten Sie nach dieser Kostenaufstellung der Preise von Alten- und Pflegeheimen Deutschland den Rücken kehren und in einem kostengünstigen Altenheim in Osteuropa, Spanien oder Thailand gepflegt werden wollen (www.auswandern.bund.de), ist es ratsam, sich frühzeitig um eine private Vorsorge für die Pflegezeit zu kümmern. Denn hier gilt in der Tat – anders als bei Lebensversicherern –, dass die Beiträge mit zunehmendem Alter steigen.

Grundsätzlich können Sie private Zusatzversicherungen bis zum 65., bei einigen Anbietern sogar bis zum 70. Lebensjahr abschließen. Besonders für Alleinstehende ohne ausreichendes Einkommen und Vermögen, aber auch für Menschen, die ihren Angehörigen später nicht finanziell zur Last fallen wollen, ist eine Pflegezusatzversicherung ratsam. Menschen ab Mitte 40 sollten in ihrer Planung daran denken.

Beispiel: Beiträge Tagegeldversicherung   *Pflegetagegeld*

Sie schließen eine Tagegeldversicherung von 50 Euro ab, um später als Pflegefall monatlich 1500 Euro ausgezahlt zu bekommen: 30 Tage x 50 Euro = 1500 Euro. Dann müssen Sie pro Monat zahlen als:

35-Jährige = 25,50 Euro

45-Jährige = 39,00 Euro

55-Jährige = 62,50 Euro

Sie können bei Abschluss der privaten Versicherung selbst entscheiden, wie hoch Ihr Tagessatz der jeweiligen Erstattung sein soll und für welche Pflegestufe die Absicherung gelten soll. Danach richtet sich dann auch der Tarif.

Neben dem Pflegetagegeld gibt es die Pflegerentenversicherung: Diese *Pflegerenten-* Versicherung wird in der Regel mit Lebens- oder Rentenversicherungen *versicherung* gekoppelt und funktioniert genau wie das Pflegetagegeld: Tritt der Pflegefall ein, wird die vereinbarte Rente, allerdings hier in der Regel monatlich, gezahlt. Wichtig: Bei der Pflegerentenversicherung gibt es keine Möglichkeit, die jeweilige Pflegestufe zu bestimmen – hier gibt der Versicherer vor, ab welcher Pflegestufe der Versicherungsnehmer eine Leistung erhält.

Die dritte Variante der privaten Zusatzversicherungen ist die Pflegekosten- *Pflegekosten-* versicherung. Im Leistungsfall wird hier kein fester Tagessatz oder keine *versicherung* feste Rente gezahlt, sondern es werden die tatsächlich entstehenden Kosten erstattet. Sie können zwischen Tarifen wählen, welche die Restkosten entweder ganz oder auch nur teilweise übernehmen.

Das Deutsche Institut für Service-Qualität untersuchte 2012 die 20 größten deutschen Krankenversicherer hinsichtlich ihrer Privat-Pflegeversicherungsangebote:

Dabei kam heraus, dass die Servicequalität insgesamt nur »befriedigend« ist – so ließen die Mitarbeiter die individuellen Bedürfnisse der Kunden zu häufig außer Acht. Viele Anfragen per E-Mail wurden erst gar nicht beantwortet.

Bei der Analyse der Pflegetagegeldversicherungen zeigten sich erhebliche Preisunterschiede in den Tarifen. Überraschenderweise können Frauen über 50 Prozent einsparen – unabhängig von den jeweiligen Leistungen eines Tarifs. Männer sparen rund 45 Prozent, wenn sie das günstigste Produkt wählen. Allerdings bot kein Versicherer eine günstige Pflegetagegeldversicherung, die gleichermaßen mit guten Vertragsleistungen und hohen Auszahlungen in den Pflegestufen überzeugte. Sie sollten sich also vorab genau überlegen, welche Leistungen Ihnen bei einer Pflegeversicherung wichtig sind und wie viel Sie dafür bereit sind zu zahlen. Alle Ergebnisse finden Sie hier: www.disq.de/studien.php (Studie Pflegeversicherung November 2012).

Pflegereform 2013

Zum 1. Januar 2013 trat in Deutschland nach langer politischer Diskussion zwischen Regierung und Koalition im Sommer 2012 ein neues Pflegegesetz in Kraft. Darin ist neben Verbesserungen in der Pflege selbst vorgesehen, dass der Beitragssatz von 1,95 Prozent auf 2,05 Prozent ansteigt.

Die Mehreinnahmen von rund 1,2 Milliarden Euro sollen den rund 1,2 Millionen Menschen mit Demenz oder geistiger Behinderung, die von Angehörigen zu Hause gepflegt werden und in keiner Pflegestufe sind, zugute kommen. Die Leistungen sollen steigen:

- Bisher erhalten Demenzkranke monatlich 100 oder bei besonders schwerem Bedarf 200 Euro.
- Nach der Reform sollen sie erstmals zusätzlich ein Pflegegeld von 120 Euro bei Betreuung durch Angehörige oder bis zu 225 Euro monatlich für ambulante Pflegedienste erhalten.
- Pflegebedürftige der Stufe I erhalten künftig 665 Euro (vorher: 450 Euro) für ambulante Pflege.
- In der Pflegestufe II sind es dann 1250 Euro (vorher: 1100 Euro).

Auch Familienangehörige, die Demente pflegen, sollen mehr Geld bekommen:
- bei Pflegestufe I jetzt monatlich 305 Euro (vorher: 235 Euro)
- bei Pflegestufe II jetzt pro Monat 525 Euro (vorher: 440 Euro)

Wenn Sie selbst versicherte Pflegeperson sind

Wenn Sie einen Angehörigen 14 Stunden pro Woche zu Hause pflegen, können Sie unter bestimmten Voraussetzungen – Sie üben diese Pflegetätigkeit voraussichtlich mehr als zwei Monate im Jahr aus und sind neben der Pflege regelmäßig nicht mehr als 30 Stunden pro Woche erwerbstätig – Pflichtbeiträge für seine Rentenversicherung von der Pflegekasse erhalten. Diese Beiträge zahlt die Pflegeversicherung allerdings nur, wenn der Pflegebedürftige in eine der drei Pflegestufen der gesetzlichen Pflegeversicherung eingestuft ist.

Der Vorteil: Die Pflegezeit wird auf alle Mindestversicherungszeiten für den Pflegenden angerechnet.

Wenn Alzheimer-Patienten eine Kurzzeitpflege in Anspruch nehmen wollen, wird das Pflegegeld künftig zur Hälfte weiterbezahlt. Bisher wurde es in diesem Fall gestrichen. Angehörige, die sich um mehrere Pflegebedürftige gleichzeitig kümmern, sollen das auch rentenrechtlich geltend machen können. **Alzheimer-Patienten**

Hintergrund ist auch, dass Wissenschaftler für das Jahr 2030 einen deutlichen Anstieg auf 1,8 Millionen Alzheimer-Patienten prognostizieren. Während die Zahl der Pflegebedürftigen zunimmt, sinkt die Zahl der Erwerbsfähigen, welche die Pflege organisieren und bezahlen müssen.

Einen Pflegeheimplatz für die Eltern zu finden, ist keine leichte Aufgabe und dazu muss es häufig schnell gehen. Denn die Pflegebedürftigkeit kommt oft plötzlich – etwa nach einem schweren Sturz oder einer Krankheit.

Die Nähe zur gewohnten Umgebung sollte bleiben: Treffen Sie eine Vorauswahl von fünf Heimen, die Sie genauer unter die Lupe nehmen möchten. Ihrer Mutter oder Ihrem Vater tut es sicher gut, soziale Kontakte nicht ganz zu verlieren. Ehemalige Nachbarn und vor allem Sie können bei kurzen geografischen Distanzen leichter zu Besuch kommen.

Manche Heime haben sich auf bestimmte Krankheiten oder Pflegebedürftigkeiten spezialisiert: Gerade bei Demenzerkrankten sollte man auch in dem vorausgewählten Heim genau nachfragen, welche Angebote es zur Verfügung stellt – und zwar möglichst konkret. Dazu zählen etwa Betreu- **Demenzkranke** ungsassistenten, spezielle Erinnerungsarbeit für Demenzerkrankte, abgeteilte, sogenannte geschützte Bereiche und ähnliche Angebote.

Fragen Sie nach den Qualitätsprüfungen des Medizinischen Dienstes der Krankenkassen (MDK) oder der Heimaufsicht einer Pflegeeinrichtung! Denn seit Anfang 2011 müssen die Einrichtungen die Qualitätsnoten veröffentlichen.

Nicht zuletzt spielen die Kosten bei der Wahl eines Heimes eine Rolle, manchmal sogar die Hauptrolle. Dabei bedeutet nicht automatisch, dass teuer gleich gut ist. Die Qualitätsunterschiede sind enorm – das bestätigen Pflegeberatungsstellen immer wieder.

Probewohnen Einige Heime bieten ein Probewohnen an – nutzen Sie dies und schauen Sie, ob Ihr Angehöriger sich in seiner neuen Umgebung wohlfühlt!

Folgende Adressen im Internet helfen Ihnen bei Fragen rund ums Thema Pflege und Pflegeheim weiter: www.wohnen-im-alter.de, www.aok-pflege-heimnavigator.de, www.heimverzeichnis.de, www.deutsches-senioren-portal.de

Der »Pflege-Bahr«

Zeitgleich zum Start der Pflegereform gibt es seit Januar 2013 erstmals eine staatlich geförderte Pflegezusatzversicherung – den sogenannten »Pflege-Bahr«, benannt seinem Initiator Gesundheitsminister Daniel Bahr. Der »Pflege-Bahr« ist eine private Pflegezusatzversicherung. Wer sie abschließt, bekommt monatlich 5 Euro Zuschuss vom Staat, der aus Steuermitteln gefördert wird.

Wie funktioniert es? Der Einzelne schließt bei einem Versicherungsunternehmen seiner Wahl einen Vertrag über ein Pflegetagegeld in bestimmter Höhe ab. Im Pflegefall wird ihm dies ausgezahlt. Dadurch soll die Lücke zwischen den Leistungen der gesetzlichen Pflegeversicherung und den tatsächlichen Pflegekosten gefüllt werden.

Was kostet es? Nach Berechnungen des Verbands der privaten Krankenversicherungen (PKV) werden bei Abschluss eines Vertrags mit einem Tagegeld von 50 Euro (1500 Euro im Monat), das in Pflegestufe III zu 100 Prozent, in Stufe II zu 70 und in Stufe I zu 40 Prozent ausgezahlt würde, monatlich für Männer im Alter von 40 Jahren 22,50 Euro fällig, für Frauen 34,70 Euro.

50-jährige Männer zahlen bereits rund 37 Euro, Frauen in dem Alter 57 Euro. Preiswerter wird es, wenn beispielsweise das Tagegeld lediglich bei Pflegestufe III ausgezahlt werden soll. Kritiker gehen jedoch von höheren Beträgen aus.

Die Höhe der Prämie ist, wie bei konventionellen Pflegetagegeld-Tarifen, abhängig vom Alter bei Vertragsbeginn. Je älter der Versicherte, desto höher sind die Beiträge. Weil bis zur Einführung des »Pflege-Bahr« in allen Versicherungssparten die 2012 eingeführten »Unisex-Tarife« greifen, zahlen Männer und Frauen identische Prämien.

Was gibt es vom Staat dazu? Bürger, die privat für den Pflegefall vorsorgen, bekommen eine staatliche Zulage von 5 Euro im Monat (60 Euro im Jahr). Auf diese Weise soll ein Anreiz zur Eigenvorsorge gegeben werden.

Welches sind die Voraussetzungen? Es müssen 10 Euro im Monat (120 Euro im Jahr) als Mindestbetrag eingesetzt werden. Bedingung: Der Versicherungsvertrag muss vorsehen, dass in der höchsten Pflegestufe III mindestens 600 Euro pro Monat als Unterstützung fließen. Grundsätzlich sollen alle Bürger – unabhängig vom Einkommen – die staatliche Zulage beantragen können.

Gibt es zusätzliche steuerliche Vorteile? Steuerliche Vorteile gibt es, anders als beim Vorbild der Riester-Rente, nicht, da dabei Geringverdiener nicht in den Genuss der Förderung kämen.

Dürfen Bewerber wegen gesundheitlicher Bedenken abgelehnt werden? Nein. Es dürfen auch keine Risikoprämien verlangt werden. Verwaltungs- und Abschlusskosten dürfen eine bestimmte Höhe nicht überschreiten.

Ab wann können die Leistungen bezogen werden? Erst fünf Jahre nach Beginn der Einzahlung können Leistungen in Anspruch genommen werden. Wie bei einer Risikoabsicherung gehen die Beiträge des Einzelnen an die Versichertengemeinschaft über, wenn der Pflegefall nicht eintritt.

Was passiert mit bestehenden Policen? Die bestehenden 1,88 Millionen Pflegezusatzpolicen sind im Wesentlichen ausgenommen. Grund: Die Förderung ist an enge Voraussetzungen geknüpft, die Altverträge größtenteils nicht erfüllen. Lassen Sie also Ihre alten Policen von den Versicherungsunternehmen prüfen!

Wie teuer wird die Förderung für den Bund? Der Bund stellt 2013 für die Zulagenförderung 100 Millionen Euro zur Verfügung, was für rund 1,6 Millionen Verträge reicht. Wenn 2013 oder in den Folgejahren mehr Verträge abgeschlossen werden, soll der Betrag erhöht werden.

Welche Kritik gibt es? Sozialverbände und Krankenkassen halten die Reform für unsozial und werfen der schwarz-gelben Regierung Klientelpolitik vor. Vor allem Geringverdiener könnten sich die Versicherung trotz des staatlichen Zuschusses nicht leisten. Der Sozialverband VdK schätzt, dass die monatlichen Tarife je nach Geschlecht und Alter zwischen 40 und 80 Euro betragen müssten, um eine Versorgungslücke von zum Teil mehr als 2000 Euro in Pflegestufe III wirklich schließen zu können. Verbraucherschützer raten mit demselben Argument vom »Pflege-Bahr« ab. Er sei ein Geschenk an die Versicherungsbranche.

Fazit

Die gesetzliche Pflegeversicherung kann nur einen Teil der möglichen Pflegekosten, die auf einen Menschen im Alter zukommen, übernehmen. Pflegeheimplätze werden immer teurer, die Lebenserwartung steigt. Deshalb sollte man rechtzeitig eine private Zusatzversicherung abschließen – den eigenen Bedürfnissen entsprechend.

»Mit 66 Jahren, da fängt das Leben an …«

Da viele Menschen heute 80, 90, manche sogar 100 Jahre alt werden, kann die Zeit

ab dem Eintritt ins Rentenalter (mit 65 oder 67 Jahren) noch einmal ein Drittel ihres

Lebens ausmachen! Deshalb ist das Kümmern ums »liebe Geld« nicht allein auf das

Jugendalter beschränkt, sondern auch aufs Rentenalter. Viele Banken bieten spezielle

Seniorenversicherungen an – Vorsicht! In diesem Kapitel erhalten Sie eine kleine

Anleitung, wie der Lebensabend finanziell abgesichert werden könnte.

Das Schöne im Rentenalter

Die Pensionärszeit sollten Sie noch einmal nutzen – für Dinge, die Sie vielleicht noch nie getan haben, die wegen Beruf und Familie auf der Strecke blieben oder für die schlichtweg kein Geld in den vergangenen Jahren vorhanden war.

Ende 2012 ergab eine Studie des Allensbach-Instituts im Auftrag des Versicherers Generali (4000 Männern und Frauen) bei 65- bis 85-Jährigen: Ältere Menschen in Deutschland fühlen sich im Durchschnitt zehn Jahre jünger, fahren bis ins hohe Alter Auto, haben einen stabilen Freundes- und Bekanntenkreis, enge Bindungen zur Familie und sind überhaupt sehr zufrieden mit ihrem Leben.

Im Durchschnitt verfügten die befragten Senioren über ein monatliches Nettoeinkommen von rund 2200 Euro – eine Summe, die nicht überall in Deutschland der Fall ist, wie folgende Übersicht zeigt. Und in den kommenden 20 bis 40 Jahren wird sich dies gewiss nach unten ändern.

So viel Rente bekommen deutsche Pensionäre (Berechnung bezogen auf je 1000 Männer und Frauen)

Westdeutschland		
	Männer	Frauen
1500 Euro und mehr:	134	6
1200 bis 1500 Euro:	218	26
900 bis 1200 Euro:	238	88
600 bis 900 Euro:	162	252
300 bis 600 Euro:	117	290
unter 300 Euro:	131	339
Ostdeutschland		
1500 Euro und mehr:	70	4
1200 bis 1500 Euro:	179	33
900 bis 1200 Euro:	374	137
600 bis 900 Euro:	528	301
300 bis 600 Euro:	253	60
unter 300 Euro:	46	15

Quelle: Deutsche Rentenversicherung, 2011

Steuertipps für Rentner

Bei vielen Menschen hält sich das Gerücht: Rentner müssen keine Steu-ererklärung machen. Allerdings heißt die Verpflichtung, eine Einkommen-steuererklärung abzugeben, noch lange nicht, dass Sie tatsächlich auch Steuern zahlen müssen. Mit einigen Tricks und den richtigen Anträgen und Angaben können Sie Ihre Steuern reduzieren – oder sogar gar nichts an den Staat zahlen.

Antrag auf Verzicht zur Abgabe einer Steuererklärung

Der Grundfreibetrag pro Jahr liegt seit 2013 für Ledige bei 8130 Euro (2014: 8352 Euro) und für Ehepaare bei 16160 Euro. Alles, was darüber liegt, muss versteuert werden. Viele Finanzämter regeln die Abgabever-pflichtung sehr pragmatisch. Liegt der Gesamtbetrag der Einkünfte nur knapp über den genannten Beträgen und besteht er im Wesentlichen nur aus Rentenbezügen, wird das Finanzamt auf Antrag von der Abgabe einer Steuererklärung absehen, wenn klar ist, dass das zu versteuernde Ein-kommen unter dem Grundfreibetrag von 8004 Euro/16008 (ledig/Ehe-paare) Euro liegen wird und keine Steuern anfallen.
So ermitteln Sie das zu versteuernde Einkommen:

	Einkünfte aus Renten, Vermietung und Verpachtung, selbstständiger Tätigkeit
+	Altersentlastungsbetrag (festgelegte Steuervergünstigung für pensionierte Vermieter; verdoppelt sich, wenn in einer Ehe beide Partner Immobilieneigen-tümer sind)
+	Entlastungsbetrag für Alleinerziehende
+	Freibetrag für Land- und Forstwirte
=	Gesamtbetrag der Einkünfte
–	Verlustverrechnung (Investitionen in Eigentum, Verlustvortrag/Verlustrücktrag)
–	Sonderausgaben (Versicherungen, Spenden, Kirchensteuer)
–	außergewöhnliche Belastung (Krankheitskosten, Behinderten-Pauschbetrag)
=	Einkommen
–	Freibeträge für Kinder oder Enkel
–	Härteausgleich
=	zu versteuerndes Einkommen

Lehnt das Finanzamt den Antrag ab, müssen Sie für dieses Jahr eine Steuererklärung ausfüllen. Liegt das zu versteuernde Einkommen wie ge-sagt unter dem Grundfreibetrag, sollten Sie dem Finanzamt eine Kopie dieses Steuerbescheids schicken und den Antrag erneut stellen.

Antrag auf Bescheinigung der Nichtveranlagung

Als Rentner können Sie auch einen Antrag auf eine sogenannte Nichtveranlagungsbescheinigung stellen, wenn Ihr zu versteuerndes Einkommen langfristig unter dem Grundfreibetrag liegt. In diesem Antrag müssen Sie ebenfalls Ihre Einkünfte und Ausgaben auflisten (abrufbar unter: www.bundesfinanzministerium.de). Besteht das Finanzamt darauf, dass Sie eine Einkommensteuererklärung einreichen, gibt es zahlreiche Möglichkeiten, das zu versteuernde Einkommen kräftig zu drücken.

Beraten Sie gemeinsam mit Ihrem Lohnsteuerhilfeverein und Rentenberater, wie Sie Ausgaben so geltend machen, dass Sie unter dem Grundfreibetrag von 8004 Euro/16008 Euro (ledig/Ehepaare) bleiben. Bekommen Sie eine Nichtveranlagungsbescheinigung, die meist drei Jahre lang gültig ist, können Sie diese auch bei Ihrer Bank vorlegen: Dann wird Ihnen für diesen Zeitraum selbst dann keine Abgeltungsteuer mehr abgezogen, wenn die Kapitalerträge über dem Sparer-Pauschbetrag von 801 Euro/1602 Euro (ledig/Ehepaare) liegen.

Behinderungsbedingt Steuern sparen

Der Fiskus erlässt Senioren, die körperlich behindert sind, unter bestimmten Bedingungen einige Steuern. Dafür ist es erst einmal sinnvoll, sich aufgrund einer körperlichen, seelischen oder geistigen Einschränkung im Alltag beim Versorgungsamt um die Feststellung einer Behinderung zu bemühen.

Je nach Grad der Behinderung liegen die steuerlich abziehbaren Behinderten-Pauschbeträge zwischen 310 Euro (25 bis 30 Prozent Behinderung) bis 3700 Euro (bei hilflos und blind). Stellt das Versorgungsamt die Behinderung rückwirkend fest, muss das Finanzamt die für diese Jahre bereits gezahlten Steuern zurückzahlen beziehungsweise bei erstmaliger Abgabe der Steuererklärung rückwirkend weniger einfordern.

Entstehen dem Rentner durch die Behinderung Kosten, die über dem Behinderten-Pauschbetrag liegen, kann er beim Finanzamt beantragen, auch diese höheren Kosten erstattet zu bekommen.

Der Nachteil: Das Finanzamt zieht – anders als beim Behinderten-Pauschbetrag – von diesen Kosten eine »zumutbare Eigenleistung« ab. Informieren Sie sich deshalb sicherheitshalber beim Lohnsteuerhilfeverein, Ihrem Steuerberater oder beim Sozialverband VdK, welche Abrechnungsart für Sie von Vorteil ist.

Fahrtkosten nicht vergessen! Ab einem bestimmten Grad der Behinderung können Sie Fahrtkosten im Zusammenhang mit der Behinderung steuerlich absetzen. Bis 3000 Kilometer pro Jahr gibt es eine Pauschale. Die Kosten für weitere 5000 Kilometer müssen detailliert nachgewiesen werden, dann können sie Sie beim Finanzamt einreichen.

Sind Sie und Ihr Ehepartner behindert, haben Sie beide einen Anspruch auf die Fahrtkostenrückerstattung. Doppelt profitieren Sie selbst dann, wenn Sie gemeinsam nur ein Auto benutzen.

Achtung: Bei Fahrtkosten-Rückerstattungen legt der Fiskus stets eine zumutbare Eigenbelastung zugrunde.

Mit Krankheitskosten Steuern sparen

Zukünftig werden Krankheitskosten in vielen Fällen in größerem Umfang abziehbar sein. Falls das Finanzamt Aufwendungen für alternative Therapien oder wegen fehlender Nachweise nicht als außergewöhnliche Belastungen anerkennt, sollten Sie unter Bezugnahme auf die geänderte Rechtsprechung des Bundesfinanzhofes Einspruch einlegen.

Mehr Informationen: www.wehling-partner.de/aktuelle-themen/mit-krankheitskosten-steuern-sparen

Behinderten-Pauschbetrag des Kindes abziehen

Haben Sie ein behindertes Kind, das keine eigenen Einkünfte hat, können Sie beim Finanzamt beantragen, dass der Behinderten-Pauschbetrag des Kindes auf Sie übertragen wird. Dann wird dieser nicht auf Ihr zu versteuerndes Einkommen angerechnet.

Wenn der Behinderten-Pauschbetrag nicht ausreicht

Wer behindert ist und deshalb in einem Pflegeheim lebt, dem steht bei Hilflosigkeit (wie oben beschrieben) der höchste Behinderten-Pauschbetrag von 3700 Euro zu. Damit sind auch die Kosten für das Pflegeheim abgegolten. Da die Kosten für ein Pflegeheim meist jedoch deutlich höher sind, sollte man statt des Behinderten-Pauschbetrags die tatsächlichen Kosten fürs Pflegeheim geltend machen. Das Finanzamt zieht jedoch von den Kosten eine Haushaltsersparnis von 8004 Euro im Jahr (22,23 Euro/Tag = 667 Euro/Monat) und die zumutbare Eigenbelastung ab.

Fordert das Finanzamt einen Rentner, der in einem Pflegeheim untergebracht ist, auf, eine Steuererklärung abzugeben, genügt oft schon ein Schreiben mit der Kopie des Mietvertrags mit der Pflegeeinrichtung – dann zieht das Finanzamt seine Forderung zurück. Erzielt der Rentner geringe Einkünfte, liegt das zu versteuernde Einkommen nach Abzug der Unterbringungskosten in einem Pflegeheim in der Regel unter dem Grundfreibetrag.

Altersentlastungsbetrag

Bei Einkünften – etwa nicht selbstständige Arbeit, Wohnungsvermieter – haben Senioren ein Recht auf einen sogenannten Altersentlastungsbetrag, der sich seit 2005 jährlich verringert. Dieser Steuerfreibetrag liegt bei bis zu 40 Prozent der Einkünfte und höchstens bei 1900 Euro pro Jahr. Ein Beispiel, wie Eheleute davon gemeinsam profitieren können: Ist etwa der Ehemann Eigentümer einer Immobilie und erzielt Einkünfte aus Vermietung und Verpachtung, profitiert er steuerlich, sobald er seiner Ehefrau einen Teil der Immobilie überträgt – vorausgesetzt, beide Eheleute haben vor Jahresbeginn bereits ihr 64. Lebensjahr vollendet.

Steuerfreie Renten

Rentner und Pensionäre, die eine Einkommensteuererklärung einreichen, sollten wissen, dass sie nicht alle Renten in Anlage R aufführen müssen. Folgende Renten sind beispielsweise steuerfrei:

WISO Tipp

Diese Renten sollten Sie auf einem Extrablatt zur Anlage R aufführen. So ist das Finanzamt informiert und kann sich im Zweifel Rentenbezugsmitteilungen zur Überprüfung besorgen.

– Renten und Kapitalabfindungen aus der gesetzlichen Unfallversicherung
– Sterbegelder
– Renten aus ausländischen gesetzlichen Rentenversicherungen
– Unfallversicherungsrenten aus der gesetzlichen Rentenversicherung
– Renten an Wehr- und Zivildienstgeschädigte
– Kriegsbeschädigtenrenten
– Schmerzensgeldrenten (die nicht als Ausgleich für entgangene/entgehende Einnahmen bezahlt werden)
– Renten zur Wiedergutmachung nationalsozialistischen Unrechts
– »echte« Schadenersatzrenten zum Ausgleich vermehrter Bedürfnisse

Renteneinnahmen aufschlüsseln

Auch in ansonsten steuerpflichtigen Renten können steuerfreie Komponenten stecken. In diesem Fall sollten Rentner ihrer Steuererklärung die betreffenden Rentenbezugsmitteilungen beifügen und in der Anlage R nur den steuerpflichtigen Teil der Rente auflisten.

Folgende Zahlungen müssen nicht versteuert werden:

– Beitragserstattungen und Abfindungen an Witwen oder Witwer wegen Wiederheirat
– Kindererziehungsleistungen für Mütter der Jahrgänge 1921 und früher
– Zuschüsse zur freiwilligen oder privaten Krankenversicherung
– Sachleistungen und Kinderzuschüsse auf Basis der gesetzlichen Rentenversicherung

Besteuerung von Rentennachzahlungen

Bei Rentennachzahlungen stellen sich drei zentrale Fragen:

In welcher Höhe sind diese zu versteuern? Die Höhe der Besteuerungsnachzahlung richtet sich nach dem steuerpflichtigen Prozentsatz der Rente für das Jahr, in dem der Pensionär in die Rente trat.

Ist der Rentenfreibetrag neu zu berechnen? Die Rentennachzahlung ist nach einem günstigeren Steuersatz zu besteuern.

Wie sind Zinsen auf die Rentennachzahlung zu versteuern? Die Zinsen sind mit dem Besteuerungsanteil der Rente zu versteuern (also ebenfalls in der Anlage R zu erfassen und nicht in Anlage KaP).

Rentner und Abgeltungsteuer

Wer als Rentner zu Jahresbeginn das 64. Lebensjahr vollendet hat, dem steht für Nebeneinkünfte, wie bereits erwähnt, eigentlich ein Altersentlastungsbetrag zu. Diese Entlastung gilt jedoch nicht für Kapitalerträge, die der Abgeltungsteuer von 25 Prozent unterliegen. Deshalb ist es gut, einen Antrag auf die sogenannte Günstigerprüfung zu stellen: Dazu reicht man mit der Steuererklärung die ausgefüllte Anlage KaP und die Steuerbescheinigungen über die einbehaltene Abgeltungsteuer beim Finanzamt ein und kreuzt in der Anlage KaP die Günstigerprüfung an. Das Finanzamt rechnet dann automatisch aus, ob man auf diese Zinsen weniger als die Abgeltungsteuer zahlt. Ist dies der Fall, werden die bisher der Abgeltungsteuer unterlegenen Kapitalerträge zu Nebeneinkünften. Und auf die wird dann der Altersentlastungsbetrag angerechnet. Sobald aber die Abgeltungsteuer auf Kapitalerträge abgezogen wurde, fällt der Anspruch auf Altersentlastungsbetrag weg, weil diese Kapitalerträge nicht mehr zum Gesamtbetrag der Einkünfte rechnen.

Öffnungsklausel soll angewendet werden

Wer bislang beim Finanzamt vergeblich versucht hatte, bei der Besteuerung der Rente die Öffnungsklausel durchzuboxen, sollte erneut einen neuen Anlauf wagen. Denn die Finanzverwaltung 2012 sollte endlich ein rentnerfreundliches BFH-Urteil umgesetzt haben. Eine neue Bescheinigung über die Beitragsnachzahlung aus grauer Vorzeit können Sie sich von Ihrem Versorgungswerk holen und beim Finanzamt erneut die Anwendung der Öffnungsklausel beantragen.

Die Öffnungsklausel greift, wenn man nachweisen kann, dass man bis zum 31. Dezember 2004 für mindestens zehn Jahre Beiträge in die Rentenversicherung über den geltenden Höchstbeträgen gezahlt hat. Sollte das der Fall sein, wird ein Teil der Rente wie »früher« je nach Rentenbeginn – nach Abzug eines Rentenfreibetrags – besteuert. Der andere Teil der Rente wird nur mit dem bis 2004 geltenden günstigen Ertragsanteil berechnet.

Rentner, die eine gesetzliche Rente beziehen, sollten dem Finanzamt jeden Cent für Versicherungsbeiträge in der Steuererklärung auflisten.

Bei Versicherungsbeiträgen sind folgende Sonderausgaben zu unterscheiden:

Krankenversicherung/Pflegeversicherung sind in voller Höhe als Sonderausgaben abziehbar.

Sonstige Versicherungsbeiträge KFZ-Haftpflicht, Privathaftpflicht etc. wirken sich steuerlich nur aus, wenn die Beitragszahlungen zur Kranken- und Pflegeversicherung nicht über 1900 Euro/3800 Euro (ledig/Ehegatten) pro Jahr lagen.

Auch geleistete Spenden dürfen beim Finanzamt als Sonderausgaben angegeben werden:

Spenden bis 200 Euro Es genügt der Nachweis der Spendenzahlung per Kontoauszugskopie.

Spenden über 200 Euro Hier muss die Original-Spendenbescheinigung vorgelegt werden.

Übertragung von Freibeträgen für Enkelkinder

Rentner, die sich um den Unterhalt ihrer Enkel kümmern müssen, können beantragen, dass der Kinderfreibetrag und der Freibetrag für Betreuung, Erziehung und Ausbildung (sog. BEA-Freibeträge) auf sie übertragen werden. Lebt das Enkelkind nicht im Rentner-Haushalt, haben die Finanzämter die Übertragung der Freibeträge auf die Großeltern bisher kategorisch abgelehnt.
Das hat sich seit 2012 geändert: Voraussetzung für die Übertragung der Freibeträge ist jetzt, dass die Großeltern eine »konkrete Unterhaltspflicht« haben – weil die Eltern sich nicht ums Kind kümmern können.
Folgende Freibeträge wirken sich positiv auf das zu versteuernde Rentnereinkommen aus:
– Kinderfreibetrag: 4368 Euro
– BEA-Freibetrag: 2160 Euro

Auch die finanzielle Unterstützung von Kindern, die kein Kindergeld mehr erhalten, können Rentner beim Finanzamt geltend machen: Dafür müssen sie den Abzug von außergewöhnlichen Belastungen von bis zu 8004 Euro pro Jahr beantragen. Dieser Höchstbetrag unterliegt nicht mehr der zumutbaren Eigenbelastung. Sie müssen alle getragenen Kosten wie Miet- und Versicherungszahlungen, Taschengeld, Kauf von Lebensmitteln nachweisen.
Achtung: Hat das Kind ein eigenes Vermögen von mehr als 15 500 Euro, kann kein Cent der geleisteten Unterhaltszahlungen abgezogen werden. Hat das Kind eigene Einkünfte von mehr als 624 Euro, vermindert sich der abziehbare Höchstbetrag.

Verminderte Steuerlast nach Handwerkereinsatz

Für Leistungen von selbstständigen Handwerkern oder Dienstleistern im Rentnerhaushalt darf man eine Steueranrechnung beantragen. Sie beträgt je nach Art der Leistung:

Haushaltsnahe Dienst-
leistungen und Handwerkerleistungen finden Sie auch in
der Nebenkostenabrechnung
der Mietwohnung, in der
Wohngeldabrechnung des
Verwalters fürs Eigenheim
oder in der Abrechnung des
Altenheims, in dem der Rentner lebt.

Handwerkerleistungen wie Malerarbeiten, Reparaturarbeiten =
20 Prozent der Arbeitsleistung, höchstens jedoch 1200 Euro pro
Jahr
Haushaltsnahe Dienstleistungen wie mobiler Pflegedienst, Fens-
terputzer, Reinigungsfachbetrieb = 20 Prozent der Arbeitsleis-
tung, höchstens jedoch 4000 Euro pro Jahr
Dafür müssen folgende Voraussetzungen erfüllt sein:
– Rechnung des Dienstleisters
– Rechnungsbetrag per Überweisung oder Abbuchung gezahlt
– Leistungen haben im Haushalt stattgefunden.
Achtung: Essen auf Rädern kann nicht abgerechnet werden, da
die Hauptleistung (= das Kochen der Gerichte) außerhalb der
Rentnerwohnung geschieht.

Belege fehlen – was tun?

Sie haben seit Jahren keine Steuererklärung mehr gemacht, weil Sie
dachten, bei dem bisschen Rente und Einnahmen müssen Sie keine
Steuern zahlen? Dann haben Sie vermutlich auch kaum Unterlagen aufgehoben, mit denen Sie steuersparende Ausgaben belegen könnten.
Einige Tipps, wie man dennoch an Abrechnungen und Co nachträglich
kommen kann:
– Versuchen Sie, Duplikate über Zuzahlungen zu Medikamenten oder
  medizinischen Maßnahmen zu erhalten.
– Rekonstruieren Sie anhand von Kontoauszügen Ausgaben.
– Lassen Sie sich von Zeugen schriftlich bestätigen, dass Sie Ausgaben
  getätigt haben.
– Erstellen Sie notfalls Eigenbelege (notieren Sie, dass die Belege nicht
  aufbewahrt wurden, weil Sie dachten, Sie seien nicht mehr steuerpflichtig) und legen Sie dar, was Sie wann aus welchen Gründen ausgegeben haben.

Folgender Überblick soll Ihnen noch einmal stichwortartig helfen, durch
den Steuerdschungel zu kommen:

Abfindung für Witwen oder Witwer Heiratet eine Witwe oder ein Witwer
wieder und entfällt die gesetzliche Witwenrente, zahlt die Rentenversicherung eine Abfindung des 24-fachen durchschnittlichen Rentenbetrags der
letzten 12 Monate. Diese Zahlung ist steuerfrei.

Altenheim Wohnt ein Rentner in einem Altenheim, ist aber nicht pflegebedürftig, kann er die Kosten für den Heimaufenthalt nicht als außergewöhnliche Belastung absetzen. Werden allerdings Pflegekosten gemäß Pflegestufe O in Rechnung gestellt, winkt ein Abzug zumindest dieser Kosten.

Attestpflicht Rentner, die aus gesundheitlichen Gründen auf Kur gehen und einen Großteil aus eigener Tasche bezahlen müssen, sollten vor Kurantritt ein amtsärztliches Attest über die medizinische Notwendigkeit der Kur vorlegen. Erst dann können Kosten als »außergewöhnliche Belastung« beim Finanzamt eingereicht werden.

Bruttoprinzip In die Anlage R zur Einkommensteuererklärung ist stets die Bruttorente einzutragen und nicht die erhaltene Rente. Im Gegenzug dürfen die einbehaltenen Beitragszahlungen zur Kranken- und Pflegeversicherung als Sonderausgaben abgezogen werden.

Erwerbsminderungsrente Wird eine gesetzliche Erwerbsminderungsrente in eine gesetzliche Altersrente umgewandelt, richtet sich die Höhe des Rentenfreibetrags nicht nach dem Jahr der Umwandlung, sondern nach dem Jahr, in der die Erwerbsminderungsrente das erste Mal ausbezahlt wurde.

Gesetzliche Rente Von einer gesetzlichen Rente wird für Rentner, die in oder vor 2005 in Rente gegangen sind, ein Rentenfreibetrag von 50 Prozent abgezogen. Für jeden neuen Rentnerjahrgang minderte sich dieser Freibetrag um 2 Prozentpunkte. Wer 2012 pensioniert wurde, bekommt nur noch einen Rentenfreibetrag von 36 Prozent.

Gnadensplitting Ist ein Rentner verwitwet, sollte das in der Steuererklärung angegeben werden. Denn heiratet er nicht mehr, wird sein Einkommen im Jahr, das auf das Todesjahr seines Ehegatten folgt, ausnahmsweise noch nach der günstigen Splittingtabelle für Ehegatten besteuert.

Härteausgleich Für Steuerzahler, die Beamtenpensionen oder Betriebsrenten erhalten, gilt bei Nebeneinkünften die Vorschrift zum Härteausgleich. Dabei bleiben Nebeneinkünfte, bei denen keine Lohnsteuer fällig wird – wie etwa Vermietung – bis zu 410 Euro im Jahr unbesteuert. Liegen die Nebeneinkünfte zwischen 410 Euro und 820 Euro, sind sie teilweise steuerfrei.

Haushaltshilfe Stellt ein Pensionär eine Haushaltshilfe auf 400-Euro-Basis an, darf er für 20 Prozent dieser Gehaltszahlungen, maximal für 510 Euro pro Jahr, eine Steueranrechnung beantragen. Ist die Haushaltshilfe regulär angestellt, können ebenfalls 20 Prozent der Lohnzahlungen angesetzt werden, maximal jedoch 4000 Euro.

Hinzuverdienstgrenze Frührentner, die vor ihrem 65. Lebensjahr nebenbei arbeiten, müssen aufpassen. Wer mehr als die gesetzlich festgelegten 400 Euro monatlich verdient, muss mit einer Rentenkürzung rechnen. Wer älter als 65 ist, kann so viel nebenher verdienen, wie er will.

Jahresbetrag Der Behinderten-Pauschbetrag ist ein Jahresbetrag: Stellt das Versorgungsamt also zum 31. Dezember eine Behinderung fest, kann der volle Behinderten-Pauschbetrag abgezogen werden.

Leibrenten Leibrenten aus privaten Rentenversicherungen, aus Lebensversicherungen, die vor 2005 abgeschlossen wurden, aus privaten Unfallversicherungen oder aus privaten Veräußerungsgeschäften werden nach dem sogenannten »günstigen Ertragswertverfahren« besteuert. Je älter der Rentner bei Rentenbeginn ist, desto weniger muss er versteuern.

Rentenfreibetrag Der einmal vom Finanzamt festgesetzte Rentenfreibetrag wird eigentlich unverändert bis ans Lebensende von der Rente abgezogen. Ein Antrag auf Neuberechnung kann nur bei Rentennachzahlungen gestellt werden.

Rürup-Rentenversicherung Erhält ein Pensionär eine Lebensversicherung ausbezahlt, kann er dieses Kapital in eine Rürup-Rentenversicherung gegen Einmalbetrag einbezahlen. Das hat zwei Vorteile: Er kann einen Einmalbetrag bis zu 20 000 Euro/40 000 Euro (ledig/Ehegatten) einbezahlen und erhält dafür einen Sonderausgabenabzug von 74 Prozent. Die sofort beginnende Rente muss er nur zu 64 Prozent versteuern

Versorgungsbezüge Betriebsrentner etwa erhalten einen Versorgungsfreibetrag von 40 Prozent ihrer Versorgungsbezüge, höchstens jedoch 3000 Euro jährlich. Diese Vergünstigung wird jedoch ab 2005 bis 2040 schrittweise für jeden neu in Ruhestand tretenden Jahrgang vermindert: In den folgenden 15 Jahren wird der prozentuale Anteil jährlich um 1,6 Prozent und der Höchstbetrag um 120 Euro reduziert.

In den folgenden 20 Jahren sind es jährlich 0,8 Prozent und 60 Euro. Der Versorgungsfreibetrag wird für die gesamte Laufzeit der Bezüge festgeschrieben.

Werbungskosten Rentner und Pensionäre, die dem Finanzamt keine Werbungskosten auflisten, erhalten automatisch einen Werbungskosten-Pauschbetrag von 102 Euro. Wer dem Finanzamt jedoch Belege vorlegt, kann höhere Werbungskosten abziehen. Dazu zählen:
- Kontoführungsgebühren (16 Euro pro Jahr)
- Beitrag zum Lohnsteuerhilfeverein
- Steuerberatungskosten
- Kosten für Rechts- oder Rentenberater
- Gewerkschaftsbeiträge
- Prozess- und Anwaltskosten

Zuschüsse Erhält ein Rentner mit seiner gesetzlichen Rente noch einen Zuschuss zur Krankenversicherung, ist dieser Zuschuss steuerfrei. Er muss in der Einkommensteuererklärung nur die Bruttorente abzüglich dieses Zuschusses eintragen.

Kassensturz mit 65

Machen Sie auch ab 65 regelmäßig einen Kassensturz: Schauen Sie in Ihre monatliche Kostenausgabe- und -einnahmeliste. Überprüfen Sie, ob Sie alle laufenden Versicherungen noch wirklich benötigen. Die Berufsunfähigkeitspolice ist unnütz, wenn Sie mit 60 Jahren in den Frühruhestand gegangen sind. Die Reisekrankenauslandsversicherung kostet unnötig, wenn Sie beschlossen haben, nur noch Deutschland zu durchreisen. Dafür sollte die Haftpflicht auch fürs Ehrenamt im Verein gelten. Und am Pflegetagegeld darf auf jeden Fall nicht gespart werden.
Als Rentner bekommen Sie in vielen Museen, Kinos und Theatern sowie anderen Freizeiteinrichtungen wie Schwimmbäder Rabatte; Jahresabonnements sind oft noch einmal günstiger. Kommunale Verkehrsverbunde und auch die Deutsche Bahn bieten die Bahncard für Menschen ab 60 Jahren und »Rentner wegen voller Erwerbsminderung« billiger an. Bewohner von Altenheimen, Menschen mit geringem Einkommen und Sozialhilfeempfänger können beim Sozialamt einen Antrag auf Befreiung von der Rundfunkgebühr stellen. Fragen Sie als Kunde auch bei der Deut-

schen Telekom nach Nachlässen und Freigebühren. Vielleicht lohnt sogar ein Wechsel des Telefonanbieters, Hilfe dazu bekommen Sie bei Wohlfahrtsverbänden oder städtischen Seniorenfreizeiteinrichtungen. Wechsel zu günstigeren Strom- oder Gasanbietern sind in den meisten Fällen unkompliziert.

Geldanlage für Über-65-Jährige

»Mit 66 Jahren, da fängt das Leben an« – und die Geldanlage hört noch lange nicht auf. Natürlich sollten Sie mit zunehmendem Alter weniger aufs Risiko setzen, aber ein langfristiger Anteil sollte in Ihrer Geldanlage dennoch vorhanden sein. Und zu Rentenbeginn muss nicht Ihr komplettes Kapital auf dem Tagesgeldkonto verfügbar liegen.

Doch welche Anlageform ist die richtige? Drei Möglichkeiten sollen Ihnen hier vorgestellt werden: Eine Sofortrente aus einer Versicherung, ein Bankauszahlplan und ein Entnahmeplan mit Fonds. Zuvor jedoch kommt der Kassensturz:

Machen Sie Bilanz! Zu einem sind da die fixen Ausgaben des täglichen Lebens wie Miete, Betriebskosten für das Eigenheim, Ausgaben für Strom, Telefon, Essen, Gesundheit, Auto oder Annehmlichkeiten wie Kino, Theater und Urlaub. Auch Einnahmen gehören in die Bilanz: eine Zahlung aus einer ablaufenden Lebensversicherung, ein geerbtes Vermögen, Geld aus dem Verkauf einer Immobilie oder ein über Jahre angespartes Vermögen.

Diese Punkte gehören in Ihre Bilanz:
– Wie steht es um die eigene Altersversorgung?
– Welche Einkünfte sind sicher und in welcher Höhe?
– Wie werden sich die Einkünfte entwickeln?
– Wie viel geht für Steuern und Sozialabgaben ab?
– Wie viel wird für die täglichen Fixkosten benötigt?
– Plant jemand nur für sich oder müssen auch Partner, Kinder, Enkel mit dem Geld abgesichert werden?

Vom Ergebnis der Bilanz hängt ab, ob eine Sofortrente, Festzinssparen mit Auszahlplan oder ein Fondsinvestment mit Entnahme der bessere Weg ist. Ob und wie viel Risiko Sie sich bei Ihrer Geldanlage leisten können, hängt vor allem von Ihrer finanziellen Situation und den Familienverhältnissen ab. Wer zum Beispiel jeden Tag Erspartes einsetzen muss, kann sich im Ruhestand kein Risiko bei der Geldanlage erlauben. Das gilt auch, wenn Rentner möglichst viel vererben möchten, um Angehörige abzusichern. Können Sie dagegen Ihren täglichen finanziellen Bedarf vollständig aus anderen Quellen abdecken, haben Sie die Freiheit, ein höheres Risiko bei der Geldanlage einzugehen.

Sofortrenten Eine Sofortrente beginnt unmittelbar nachdem Rentner einen Einmalbetrag an einen Versicherer überwiesen haben. Wie bei jeder anderen klassischen privaten Rentenversicherung besteht die ausgezahlte Leistung aus einem garantierten Teil und einem unsicheren Teil aus Überschüssen. Wer seine Fixkosten nicht aus anderen lebenslangen Einkünften decken kann, hat kaum eine Alternative zur Sofortrente: Denn nur hier ist eine lebenslange Zahlung sicher! Erben bekommen allerdings in diesem Fall nichts ausgezahlt – es sei denn, der Kunde vereinbart extra Todesfallleistungen.

Frauen bekommen weniger private Rente als Männer, weil ihre Lebenserwartung statistisch betrachtet rund vier Jahre höher ist. Senioren sollten nicht wahllos zugreifen, sondern Angebote der Versicherer gründlich miteinander vergleichen. Für die gleiche Anlagesumme zahlen Anbieter unterschiedlich viel aus. Das liegt hauptsächlich an den Kosten für Vertrieb und Abschluss, die von der Anlagesumme abgezogen werden. Der verbleibende Anteil vom Betrag, der überhaupt angelegt und verzinst wird, ist dadurch je nach Anbieter verschieden hoch.

Bankauszahlpläne Bei dieser Form der Geldanlage legen Sie einmalig Geld zu einem festen Zinssatz für eine bestimmte Laufzeit bei der Bank an. Die Bank überweist daraus regelmäßig feste Raten, bis das Geld am Ende der Laufzeit aufgebraucht ist. Wegen der aktuell niedrigen Zinsen sollte das Geld aber nicht zu langfristig festgelegt werden. Deshalb sind Bankauszahlpläne beispielsweise geeignet, um finanzielle Engpässe aufgrund von Altersteilzeit bis zum Rentenbeginn zu überbrücken. Sie können dabei – bei unterschiedlichen Zinssätzen – mit monatlichen Auszahlungen rechnen.

Achtung: Im Vergleich zur Sofortrente gibt es bei Bankauszahlplänen keine Möglichkeit, die Auszahlungen durch Überschüsse zu steigern. Ebenso werden 25 Prozent Abgeltungsteuer fällig, wenn Anleger ihren Sparer-Pauschbetrag bereits ausgeschöpft haben.

Entnahmeplan mit Aktienfonds Hierfür eignen sich nur breit aufgestellte Fonds – vor allem Indexfonds Welt und Europa, aber auch aktiv gemanagte Fonds, die breit streuen. Sie sollten dabei Ihr Geld mindestens für zehn Jahre anlegen! Neben der höheren Gewinnchance ist die große Flexibilität von Vorteil: Anleger können die Höhe der Auszahlraten und deren Intervalle selbst festlegen. Die Beträge sollten sich an der Entwicklung der Börsenkurse orientieren. Nach deutlichen Kurssteigerungen können hohe Beträge abgebucht werden, nach einem Kursrutsch niedrige Summen oder gar nichts.

Allerdings gilt auch hier: Dies ist eine Geldanlage für wohlhabende und bereits gut abgesicherte Menschen! Denn niemand weiß, wie sich die Aktienkurse künftig entwickeln. Nach einem Börsencrash muss man turbulente Zeiten aussitzen – denn wer seine Fondsanteile verkauft, macht Verluste!

Beispiel

Eine 65-jährige Frau, verwitwet, verfügt über ein Vermögen von 140 000 Euro. Das teilt sich wie folgt auf: ein Fondsdepot von 50 000 Euro und, dank einer fälligen Lebensversicherung, Tagesgeld von 90 000 Euro. Außerdem besitzt die Seniorin ein Einfamilienhaus, das sie in fünf Jahren verkaufen will. Gesetzliche Rente (500 Euro) und Witwenrente (1300 Euro) bringen ihr pro Monat 1800 Euro ein. Davon gehen insgesamt 1975 Euro für Lebenshaltungs- und Betriebskosten sowie Steuern ab. Es fehlen der Rentnerin also 175 Euro monatlich (oder 2100 Euro pro Jahr), um ihren bisherigen Lebensstil beizubehalten.

Als Reserve lässt sie 25 000 Euro – etwa für die Instandhaltung ihres Eigenheims – auf dem Tagesgeldkonto. Damit hat sie 115 000 Euro, die sie anlegt: Als sicherheitsorientierte Anlage, um die Zeit bis zum Hausverkauf plus drei Jahre Puffer zu überbrücken, wählt sie Sparbriefe und kurz laufende Anleihen (43 000 Euro). Das restliche Kapital investiert sie jeweils zur Hälfte in Indexfonds (36 000 Euro) und in vermögensverwaltende Mischfonds (36 000 Euro). Bei diesen Anlagen kann sie mit einer Rendite von rund 3 Prozent jährlich nach Steuern rechnen.

Nach fünf Jahren verkauft die Rentnerin ihr Haus für 200 000 Euro und legt dieses Geld ebenfalls an. Für eine Mietwohnung muss sie fortan 750 Euro Miete monatlich zahlen. Die Betriebskosten für das Haus betrugen zuvor nur 400 Euro.

Nach zehn Jahren ist ihr Vermögen auf rund 310 000 Euro gestiegen. Ihre monatliche Einkommenslücke allerdings von 175 Euro auf 1000 Euro gewachsen. Nach 20 Jahren beträgt ihr Vermögen nur noch rund 250 000 Euro. Monatlich fehlen der Frau 1600 Euro, da die Geldentwertung (Inflationsrate 2,5 Prozent) schneller steigt als ihre Rente (1 Prozent)

WISO Tipp

Wer im hohen Alter noch einmal Geld anlegen will, sollte dies nicht für 20 Jahre machen – etwa in einen geschlossenen Fonds. Denn so hoch die Lebenserwartungen der Deutschen auch sind, 108 oder gar 120 Jahre werden die wenigsten Menschen alt.

und ihre Mietausgaben höher sind als ihre bisherigen Betriebskosten für das Haus. Die Lücke schließt sie durch die eingenommene Rendite ihres Vermögens und den Verkauf von Aktien und Fonds. Wird die Frau 90 Jahre alt, hat sie am Ende ihres Lebens nur noch 150 000 Euro Kapital.

Diese komplette Rechnung funktioniert allerdings nur, wenn die Frau nicht pflegebedürftig wird. In diesem Falle würden zusätzliche Kosten von rund 3500 bis 4000 Euro monatlich entstehen. Diese könnten teilweise von einer frühzeitig abgeschlossenen Pflegeversicherung abgefangen werden. Besteht diese nicht, ist das Vermögen nach vier Jahren Pflegebedürftigkeit aufgebraucht (siehe »Pflegeversicherung«).

Quelle: Vermögenszentrum Frankfurt

Mobil sein – mobil bleiben

In Ihrer Garage steht ein Jahreswagen fast ungenutzt oder gar ein zweites Auto? Schauen Sie, was Steuern und Versicherung im Monat ausmachen und ob Unterhalt und Wagennutzung im richtigen Verhältnis stehen. Vielleicht reicht ein Auto – mit einer guten Alltagsplanung – aus? Vielleicht können Sie den Wagen gar verkaufen? Denn die rund 200 Euro, die Steuer, Versicherung, Abnutzung, Benzin und Reparaturen monatlich (2400 Euro im Jahr) kosten, können Sie sparen! Sind Sie noch körperlich fit unterwegs und wohnen nahe am öffentlichen Personennahverkehrssystem, investieren Sie in eine Monatskarte – damit tun Sie auch noch der Umwelt etwas Gutes.

Wenn es doch sein sollte: Leisten Sie sich ein Taxi! Denn etwa zwei Mal im Monat 30 Euro Fahrtengeld zu zahlen ist am Jahresende viel günstiger als 2400 Euro. Eine andere Alternative ist Car-Sharing, das in vielen großen und mittleren Städten Deutschlands angeboten und vor allem dort von jungen Menschen, die wenig Geld haben, genutzt wird. Dabei werden Sie Mitglied des jeweiligen Car-Sharing-Vereins (oder über das Deutsche Bahn-Angebot Flinkster direkt), zahlen eine Kaution, zudem eine Monatsmitgliedschaft von rund 10 Euro etwa bei Rhein-Main-Mobil und dann wird jeder gefahrene Kilometer mit je 19 bis 27 Cent abgerechnet. Hinzu kommen die Spritkosten. Für Reparaturen und Versicherungen haben Sie keine Ausgaben.

Rentner, die auf dem Land oder in Regionen leben, in denen das Bus- und Bahn-Netz nicht gut ausgebaut ist, könnten sich mit anderen zu etwaigen Einkaufsfahrten zusammentun oder den jüngeren Nachbarn gegen ein kleines Entgeld um Erledigungen bitten. Fahrtkosten zum Arzt können mit 30 Cent pro gefahrenen Kilometer von der Einkommensteuer abgesetzt werden.

Ein Amt in Ehren

In oben erwähnter Allensbach-Studie gab fast die Hälfte der Befragten an, sich ehrenamtlich rund vier Stunden pro Woche zu engagieren. In jeder Stadt gibt es ein Bürgerinstitut oder Ähnliches, in dem die Einrichtungen und Organisationen, die Ehrenämtler suchen, gelistet sind. Lesen Sie gern anderen vor? Dann finden Sie vielleicht in einer Kindergartengruppe bald die richtigen Zuhörer. Kennen Sie sich mit Buchhaltung und Finanzfragen aus, dann ist die Kirchengemeinde sicher froh über Ihre Mitarbeit. Einige Städte vergeben nach drei Jahren Engagement als »Belohnung« Ehrenamtskarten, mit denen Sie Vergünstigungen in Geschäften und Freizeiteinrichtungen erhalten.
Haben Sie früher als Manager in einer großen Firma die Geschicke gelenkt und möchten heute Ihr Wissen an junge Unternehmer weitergeben, können Sie dies über den Verein »Alt hilft Jung«, der bundesweit in regionalen Gruppen strukturiert ist. www.althilftjung.de

Die Generationen-WG

Sie haben ein Haus mit einem Garten, aber leben allein und die Arbeit wird Ihnen aus gesundheitlichen Gründen zu viel? Dann gibt es in den meisten deutschen Studentenstädten Projekte, die das Zusammenwohnen von Studenten und Senioren organisieren. Dabei können Sie ein oder mehrere Zimmer oder die Einliegerwohnung gegen Arbeiten im und am Haus vermieten. Wichtig ist, dass Sie bestimmte Regeln aufstellen, die beide Seiten einhalten müssen, und am besten vertraglich regeln, worin der Austausch besteht und wie viele Arbeitsstunden die Hilfe beinhalten soll. Erkundigen Sie sich bei bestehenden Projekten und nutzen Sie deren Erfahrungen! www.wohnenfuerhilfe.info
Möchten Sie keine fremden Menschen in Ihrem Eigenheim wohnen haben, denken Sie vielleicht über einen Umzug vom großen Haus in eine altersgerechte Wohnung (mit der Möglichkeit zur Erweiterung »betreutes Wohnen«) nach, denn Besitz macht unfrei! Je älter Menschen werden,

desto schwerer tun sie sich, noch umzuziehen. Irgendwann kann man aus gesundheitlichen Gründen nicht mehr selbst entscheiden – dann müssen dies die Angehörigen übernehmen, was oft mit emotionalen und finanziellen Problemen verbunden ist. Wenn Sie Ihr Haus nicht sofort verkaufen wollen, haben Sie die Möglichkeit, mit den Mietern einen Mietkauf zu vereinbaren.

In so genannten Tauschringen können Sie Ihre – nicht nur – handwerklichen, künstlerischen oder Kochfähigkeiten anbieten und bekommen im Gegenzug Unterstützung etwa bei der Steuererklärung, bei Umzug oder Kinderbetreuung. Auf einem Stundenkonto werden Ihre geleisteten Arbeiten gutgeschrieben und damit können Sie die von Ihnen angenommene Hilfe verrechnen. Meist wird eine Vereinsgebühr verlangt.

Auf der Internetseite www.seniorinnen-senioren.de gibt's Tipps für Recht, Freizeit, Pflege, Ehrenamt und mehr. Auch die Bundesarbeitsgemeinschaft der Senioren-Organisationen (BAGSO) informiert über alle Fragen, die sich Rentner stellen.

Nicht rasten und rosten – die Rentenkasse aufbessern

Die einen wollen auch im Ruhestand sich in einem Nebenjob etwas dazuverdienen. Die anderen müssen es, weil die staatliche Rente nicht ausreicht: Seit 2013 dürfen Frührentner 450 statt bisher 400 Euro im Monat im Mini-Job oder mit sozialversicherungspflichtigem Vertrag dazuverdienen, ohne Rentenabzüge fürchten zu müssen. Übersteigt Ihr Lohn 450 Euro, wirkt sich dies »rentenschädlich« aus: Wer beispielsweise 30 Euro mehr verdient als erlaubt, muss eine pauschale Kürzung in Kauf nehmen – mindestens um ein Drittel der Rente. Die Vollrente wird dann nur noch als Teilrente ausgezahlt. Aus einem Rentenbetrag von 1200 Euro kann so schnell eine Zwei-Drittel-Rente von 800 Euro werden. Bei einem besonders lukrativen Nebenverdienst kann die Rente schlimmstenfalls ganz gestrichen werden.

Achtung: Zweimal im Jahr darf der Nebenverdienst überschritten werden, maximal bis zu jeweils 900 Euro. Damit können Sonderzahlungen wie Urlaubs- oder Weihnachtsgeld abgedeckt werden. Wer die Grenze einhält, muss keine Rentenabzüge befürchten.

Seit 2013 steigt die Regelaltersgrenze für die Jahrgänge 1947 bis 1964

WISO Tipp

Wer einen Nebenjob hat, der regelmäßig mehr einbringt als die Zuverdienstgrenze von 450 Euro, sollte sich von der Rentenversicherung ausrechnen lassen, ob das Einhalten der Höchstgrenze nicht günstiger kommt. Bei einer Teilrente müssen die Hinzuverdienstgrenzen individuell berechnet werden.

nach und nach von 65 auf 67 Jahre. Diese persönliche Regelsaltersgrenze sollten Sie kennen, sonst riskieren Sie eine Kürzung ihrer gesetzlichen Rente. Das gilt auch für Menschen, die 45 Jahre lang Pflichtbeiträge gezahlt haben und mit 65 Jahren ohne Abschläge in Rente gehen.

Bisher konnten nur Ruheständler ab 65 dazuverdienen, so viel sie wollen.

Fazit

Auch als Rentner müssen Sie eine Steuererklärung machen – wenn Sie die genannten Tipps beachten, kann dies sogar zu Ihrem Vorteil sein. Wer einen Kassensturz macht, wird feststellen, dass sich die Ausgaben verschoben haben. Einige können Sie noch selbst reduzieren, andere wachsen, weil Sie die Dinge tun sollen, für die zuvor keine Zeit war. Wer sich noch einmal für eine Geldanlage entscheidet, sollte von langen Laufzeiten die Finger lassen. Eine Sofortrente ist eine gute Variante, da sie sofort beginnt, nachdem Sie einen Einmalbetrag an einen Versicherer überwiesen haben. Nehmen Sie vor allem das Geld für sich und Ihre private Pflegeversicherung und legen Sie nicht alles für die Kinder und Enkel beiseite. Sie werden es Ihnen danken – spätestens wenn der teure Pflegeheimplatz bezahlt werden muss.

Dank und Links

Dank

Unser Dank für Hilfe während unserer Recherchen geht an:

Jürgen Beisler, Finanzberatung GayConsult
Telefon: 089 - 6010646, www.gayconsult.de

Klaus Budde, Finanzberatung feminanz
Telefon: 0251 - 7 77 78-0, www.feminanz.de

Gesa Vögele, Forum Nachhaltige Geldanlagen e.V.
Telefon: (0)30 - 264 70 544, www.forum-ng.org

Jens Bartels, Allianz Bank Anlagespezialist Hamburg-Süd
Telefon: 0172 - 4072380

Marco Habschick, evers & jung GmbH - Beratung für Finanzwirtschaft und
Wirtschaftsförderer , Telefon: 040 - 3680968-30, www.eversjung.de

Heide Härtel-Herrmann, Frauenfinanzdienst Köln
Telefon: 0221 - 912807-0, www.frauenfinanzdienst.de/

Michael Huber, VZ VermögensZentrum GmbH
Telefon: 069 - 69 50 50 948-0, www.vermoegenszentrum.de

Laura Rottensteiner, Green City Energy AG
Telefon: 089 - 89 06 68 - 240, www.greencity-energy.de

Alexandra Bücking und Burkhard Fraune

Links

Weitere Informationen und Beratung rund um Geldanlagen:

Verbraucherzentralen Brandenburg, Nürnberg, Hamburg, Lübeck, www.vbz.de

Bund der Versicherten, www.bundderversicherten.de

Deutsche Schutzvereinigung für Wertpapierbesitz e.V. (DSW), www.dsw-info.de

Grünes Geld GmbH, www.gruenes-geld.de

oekom research AG, www.oekomresearch.com

MORGEN & MORGEN GmbH, www.morgenundmorgen.de

Classic Daten Gmbh, www.classic-data.de

Fidelity Worldwide Investment, www.fidelity.de

Deutsches Aktieninstitut, www.dai.de

Zeitschrift Ökotest, www.oekotest.de

Zeitschrift Finanztest, www.test.de

Register